GRÜN IN WIEN

ISBN 3-85439-121-8

1011 Wien, Marc-Aurel-Straße 9
Telefon 0222/533 46 37-0

Abbildungen:
Umschlag-Fotos: Türkenschanzpark / Ingrid Gregor; Prater / Luftbild freigegeben durch das BM für wirtschaftliche Angelegenheiten mit GZ 96 222/120-IX/6/92 (Flug vom August 1991)
Umschlag-Karten: Info Team, 1070 Wien

Die Fotos in diesem Buch stammen zum Großteil von Manfred Seidl und Ingrid Gregor. Viele Aufnahmen wurden aus den verschiedensten Archiven zusammengetragen oder stammen von den Autorinnen selbst (Abbildungsverzeichnis Seite 348).

Grafische Gestaltung: Veronika Illmer
Lektorat: Walter Schübler
Produktion: Susanne Schwameis
Satz: Falter Satz, 1011 Wien
Druck: Manz'sche Buchdruckerei, 1050 Wien

MARIA AUBÖCK, GISA RULAND

GRÜN IN WIEN

Ein Führer zu den Gärten, Parks und Landschaften der Stadt. Mit ausführlicher Beschreibung 42 ausgewählter Anlagen

FALTER VERLAG

DANK

Unser besonderer Dank gilt: Géza Hajós für zahlreiche Anregungen, Hans Dieter Eisterer – Österreichisches Gartenbaumuseum/MA 42, Franz Joachim Ratzka/MA 42, Wolfgang Dvorak/MA 18, Herbert Weidinger/MA 49, Gottfried Haubenberger/MA 49, Hubert Christian Ehalt/MA 7, Werner Pillmann/Bundesinstitut für Gesundheitswesen, Michael Kiehn/Botanischer Garten der Universität Wien, dem Österreichischen Ökologie-Institut, Franz Weber, Wilfried und Maja Kirchner, Cordula Loidl-Reisch, Sepp Kratochwill, Renata Kassal-Mikula/MA 10, Ursula Storch/MA 10, Kurt Ricica/MA 22, Karl Glotter/MA 18, Ingrid Gregor, Manfred Seidl, Andrew Green, Heidelinde Holzinger und Irmgard Janetzky sowie noch vielen anderen.

INHALTSVERZEICHNIS

Durch mehr Stadt mehr Grün 8
Vorwort 10
Einleitung 11
Kleine Geschichte des Wiener Stadtgrüns 13
Geschichte der Wiener Stadtlandschaft 47

INNERE STADT, *Wien 1*
Burggarten 54
Rathauspark 60
Ringstraße 67
Stadtpark 72
Volksgarten 79

LEOPOLDSTADT, *Wien 2*
Augarten 86
Prater 93

LANDSTRASSE, *Wien 3*
Die Gärten des Belvedere 102
Botanischer Garten der Universität Wien 109
Garten Palais Schwarzenberg 115
Kardinal-Nagl-Platz 120
Rochuspark 124
Friedhof St. Marx 128

WIEDEN, *Wien 4*
Alois-Drasche-Park 134
Karlsplatz 137

NEUBAU, *Wien 7*
Andreaspark 146

JOSEFSTADT, *Wien 8*
Bennoplatz 150
Schönbornpark 153
Tigerpark 157

ALSERGRUND, *Wien 9*
Strudelhofstiege 162

FAVORITEN, ***Wien 10***
Erholungsgebiet Laaer Wald – Böhmischer Prater 166
Kurpark Oberlaa 171
Waldmüllerpark 176
Wienerberg 180
MEIDLING, ***Wien 12***
Wilhelmsdorfer Park 186
HIETZING, ***Wien 13***
Die Gärten von Schönbrunn 190
Lainzer Tiergarten 199
PENZING, ***Wien 14***
Dehnepark 206
OTTAKRING, ***Wien 16***
Kongreßpark 212
HERNALS, ***Wien 17***
Neuwaldegg, der ehemalige Schwarzenbergpark 218
WÄHRING, ***Wien 18***
Geymüllerschlössel 226
Pötzleinsdorfer Schloßpark 229
Türkenschanzpark 234
Währinger Park 240
DÖBLING, ***Wien 19***
Setagayapark 244
Wertheimsteinpark und Blindengarten 248
FLORIDSDORF, ***Wien 21***
Alte Donau 254
Floridsdorfer Wasserpark 260
DONAUSTADT, ***Wien 22***
Donaubereich Wien 266
Donaupark 274
Lobau 282

Wienerwald und Höhenstraße 288

Zwischen Beserlpark und Gstetten –
Welche Bedeutung hat Grün in der Stadt? 295
Wer ist für die öffentlichen Grünflächen zuständig? 306
Wichtige Park- und Alleebäume in Wien 317

Spazierrouten für Gartenfreunde 329
Empfehlenswerte Kinderspielplätze 330

Hundezonen / Parkanlagen mit Hundeverbot 331
Adressen zum Essen im Grünen 334
Öffnungszeiten von Grünanlagen 337
Adressenverzeichnis
Gartenverwaltungen 338
Berufsverbände und Ausbildungsstätten 339
Ökologie, Umwelt- und Naturschutz 340
Literaturhinweise 342
Adressenliste der Parkanlagen mit Angabe von Haupteingang, Verkehrsanbindung und Hinweisen für Behinderte 344
Abbildungsverzeichnis 348

Lageplan von Wien mit Verzeichnis der Grünanlagen UMSCHLAGINNENSEITEN VORNE UND HINTEN

Durch mehr Stadt mehr Grün

Wien wächst – die Schaffung neuer Wohnungen und Arbeitsplätze steht daher auch im Mittelpunkt des am 15. April vom Wiener Gemeinderat beschlossenen Stadtentwicklungsplanes 1994. Der STEP ist der Fahrplan für Wiens Weg ins 21. Jahrhundert. Neben der Quantität an neuen Wohnungen und Arbeitsplätzen stellt aber auch die Steigerung der Wohn- und Lebensqualität einen wichtigen Aspekt in der neuen Wiener Stadtentwicklungspolitik dar. Das bedeutet: Wir werden unsere bisher so erfolgreiche „Grünpolitik“ nicht aufgeben. Nur so kann ein Ausufern der Stadterweiterung verhindert werden und können die für die Zukunft unserer Stadt so wichtigen Naherholungsgebiete im Norden, aber auch im Süden Wiens erhalten bleiben.

Als erste Aktion wurde daher für den Norden und Nordosten ein 1000 ha Grün-Programm beschlossen. Das heißt: Die großen Grüngebiete und -verbindungen werden durch Planung, Widmung und stufenweisen Ankauf zu Tabuzonen fürs Bauen erklärt. Eine ähnlich umfassende Grünraumsicherung gab es das letzte Mal 1905 mit der Unterschutzstellung des Wienerwaldes.

Ausreichend Grün soll aber nicht nur ein Vorrecht für die BewohnerInnen in den neuen Stadtteilen am Stadtrand sein, sondern auch für die Menschen in den innerstädtischen Bereichen. Großzügige Grünflächen können in dicht bebautem Gebiet nicht mehr geschaffen werden. Das Grün in der Stadt kann aber die verschiedensten Formen annehmen. Durch eine Reihe von Maßnahmen, die von neuen Fußgängerzonen bis zu Dach- und Fassadenbegrünungen reichen, kann auch in den historischen Stadtgebieten die Wohn- und Lebensqualität entscheidend verbessert werden. Dazu gehört übrigens auch, daß im Sinne einer umweltfreundlichen Verkehrspolitik alle Grünbereiche unserer Stadt optimal vernetzt, also bequem zu Fuß, per Rad oder mit öffentlichen Verkehrsmitteln erreichbar sein müssen. Last, but not least wird auch auf die Erhaltung des kulturellen grünen Erbes großer Wert gelegt. Die großen historischen Parkanlagen sind nicht nur grüne Lungen, sondern auch eine touristische Attraktion.

Generell wird es bei Wiens „grüner Zukunft" aber auch um eine neue Qualität der Gestaltung, angepaßt an den jeweiligen Grün- und Landschaftscharakter, gehen. Es sind daher alle Grüngestalter und Landschaftsarchitekten aus dem In- und Ausland eingeladen, eine neue Qualität auch im Freiraum hervorzubringen.

Im Sinn all dieser Sichtweisen vom Grün in der Stadt soll dieses Buch der Wiener Bevölkerung und den Freunden unserer Stadt einen Anreiz bieten, mit offenen Augen durch die Stadt zu gehen und das grüne Wien zu entdecken.

31. Mai 1994

StR Dr. Michael Häupl
Geschäftsgruppe Umwelt und Sport

StR Dr. Hannes Swoboda
Geschäftsgruppe Stadtentwicklung, Stadtplanung, Verkehr

Vorwort

Die Wiener Stadtlandschaft ist reich an Gärten und Parkanlagen – sie entstanden im Spannungsfeld von Kulturgeschichte und Naturgeschichte der Stadt. Die Topographie, verschiedene Vegetationsgesellschaften und die Produktionsbedingungen prägten im Laufe der Geschichte die Wiener Freiräume. Das gründerzeitliche Wachstum der Stadt und der Bauwillen seiner Bewohner haben dieser Vielfalt einen unverwechselbaren Charakter gegeben, der auch in den bildenden Künsten, der Literatur und der Musik gewürdigt wurde.

„Im Prater blühn wieder die Bäume", „Gschichten aus dem Wienerwald", „Die Strudlhofstiege" und viele andere Werke berichten von einer Stadt, die nach Gartenbezirken unterteilt und verwaltet wird. In diesem Führer sollen die gestalteten Freiflächen und die großen Landschaftsräume Wiens vorgestellt werden, weil sie neben ihrer Wirksamkeit für die Wiener zunehmend an Bedeutung für neugierige Besucher dieser Stadt gewinnen.

Das Wiener Stadtgrün und die damit befaßten Dienststellen freuen sich auf Ihren Besuch!

Leo Frank: „Blick von der Aussichtsterrasse des Nasenweges auf die Donau", Wien 1936

Einleitung

Dieses Buch gibt eine Übersicht über die Wiener Landschaft und stellt eine Reihe von Wiener Gärten und Parkanlagen vor. Für den Gesamteindruck der Kulturlandschaft in und um Wien wird hier eine generelle Information geboten, die in sich und zusammen mit den wertvollen Bauwerken, den Kunstsammlungen und Veranstaltungshäusern die Bedeutung der Wiener Freiräume erschließen will: Die Wiener Kulturlandschaft ist vielfältig und gebrochen, einfach komplex und doch verschieden von ihrem Umland – und mindestens so eckig wie die vermeintlich runde Ringstraße, die ja in Wirklichkeit aus Stücken und Teilen besteht.

Unsere Freiräume sind Kunstprodukte aus natürlichen Elementen, sie reagieren sensibel auf Gebrauch und Zerstörung und sind abhängig vom Gestaltungswillen der Zeit. In den einzelnen Beschreibungen sollen die Gegenwart wie auch die Vergangenheit und – soweit absehbar – die Zukunft der Anlagen vorgeführt werden.

Kulturhistorische, topographische und landschaftsgestalterische Aspekte stehen im Mittelpunkt unserer Betrachtungen, auf soziokulturelle Gesichtspunkte sowie Landschaftsbezug und Gebrauchswert der Anlagen gehen wir näher ein. Jede der ausgewählten 42 Grünflächen und Landschaftsteile wird in einzelnen Kapiteln nach folgenden Kriterien beschrieben: Geschichte und Gegenwart, Vegetation und Raumerlebnis, Bauten und Denkmäler. Die Besonderheiten der Anlagen werden jeweils extra vorgestellt. Ein Lageplan von Wien soll die Orientierung erleichtern. Die Literaturhinweise sind dem Leser zur Vertiefung empfohlen.

Kleine Geschichte des Wiener Stadtgrüns

Dieser Führer beschreibt das Grün in Wien: Das sind die Hügel und Täler, die Wiesen, Wälder, Flußgebiete, die kleinen und großen Gärten – mit Zäunen und ohne, im dichtverbauten Gebiet, eben oder im Hang gelegen, in der Stadt, im Neubaugebiet und an der Donau.

Das Stückwerk der Stadträume ist mit ein Charakterzug der Wiener Grünanlagen, sie sind mindestens so vielfältig wie nützlich, und sie sind zumeist nicht nur repräsentativ angelegt und gestaltet, sie sind jeder für sich Teil des Lokalkolorits. Diesem Umstand sollte hier dadurch entsprochen werden, daß nicht nur öffentlich zugängliche Parks, sondern auch besondere Landschaftsteile und Sonderformen der Stadtlandschaft vorgestellt werden.

Der Führer muß neben den öffentlichen Anlagen auch halböffentliche und private Nischen der Stadt erwähnen, etwa die Innenhöfe, die Durchhäuser, die Schanigärten oder auch die Vorgärten.

Der Stadtraster der Gründerzeit überzieht die dichtverbauten Stadtgebiete mit bebauten Blöcken, Straßen und Platzräumen. Hier bilden der karge Innenhof und der magere „Beserlpark" die Grundausstattung, städtisches Grün ist selten opulent vorhanden. „Die steinerne Stadt" wird heute durch die Straßenbegrünungen und die einzelnen Parkanlagen aufgelockert. Das Gegengewicht dazu sind die Gastgärten, die Heurigen und die Ausflugsrouten, die tief in den Wienerwald, zum Bisamberg, in den Prater und in die Lobau führen. Diese Vielfalt muß Hugo von Hofmannsthal vor Augen gehabt haben, als er 1903 schrieb: „Dies Ganze ist ja ein einziger Garten, zusammengesetzt aus Tausenden von kleinen Gärten und aus wilden, aber gartenhaften Hügeln. Und dieses Ganze reicht von Baden im Süden bis zu jener Donauecke im Norden, auf der Klosterneuburg thront und die so schön ist, daß Napoleon sie nach Frankreich mitnehmen zu können wünschte."

Der Wandel von der „Stadt in der Landschaft" zur Stadtlandschaft

Das Wiener Umland erfuhr über die letzten Jahrhunderte eine schrittweise Urbanisierung. Im Westen und Norden entwickelte sich die Stadt entlang der Siedlungsachsen, im Süden über die Stadtgrenze hinaus Richtung Baden. Die Flußlandschaft der Donau war in ihrer vielarmigen und wechselhaften Befindlichkeit bis in das 19. Jahrhundert gegen jede Stadterweiterung nach Nordosten eine prägende Barriere.

Die mittelalterlichen Stadträume der Inneren Stadt blieben lange Zeit bestimmend. Die Stadt wurde mit dem Korsett der Wehranlagen und den weitläufigen Anlagen des Glacis umgeben. Die Weinbaugebiete, die Felder und Wälder der nahe gelegenen Dörfer bestimmten das „Weichbild" der Stadt, wie auf einem Stich von Folbert van Alten Allen von 1683 (1686) erkennbar ist: Wien, eine Festung inmitten blühender Felder.

Erste Gärtnersiedlungen waren das Nottendorf und die Jägerzeile im heutigen 2. Bezirk, später der Erdberger Mais im 3. Bezirk. Diese Gartenbaugebiete blieben noch lange bestehen, sodaß einige Flurbezeichnungen und Bezirksnamen heute noch gärtnerischen Ursprungs sind und die Selbstversorgung Wiens mit Gemüse bis heute gesichert ist.

Der rasante Landschaftsverbrauch im 19. Jahrhundert veränderte jedoch die Wiener Freiräume grundlegend. Man kann sogar von einem Krieg der Nutzungsinteressen sprechen. In den letzten zwei Jahrhunderten wurde die Landschaft in und um Wien ganz pragmatisch zur Erweiterung der Stadt verbraucht: Die Vororte und Vorstädte wuchsen ab der Mitte des vorigen Jahrhunderts zu verdichteten Stadtgebieten, deren Freiflächen sich radikal verringerten.

Das Glacis war zur Verteidigung der Stadt als weiter Wiesenraum geschaffen worden und blieb bis zur Errichtung der Wiener Ringstraße und ihrer Neubaugebiete ein breiter Wirtschafts- und Erholungsraum rund um die Innere Stadt. Der Wienerwald wurde um die Jahrhundertwende per Dekret zum „Wald- und Wiesengürtel" gemacht, und bis in unsere Zeit wird dieser weiterentwickelt. Die Donauregulierung (1873) erforderte noch in

1: 50.000

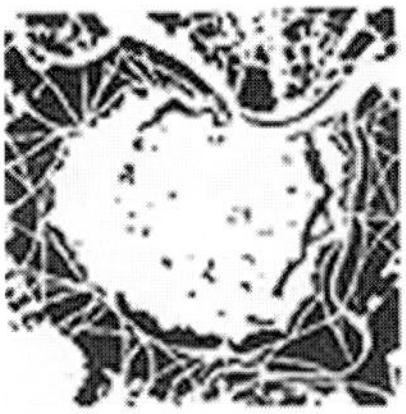

1710

1862

1832

1886

Friedrich Fischer: „Entwicklung der Grünflächen in Wien", Wien 1971

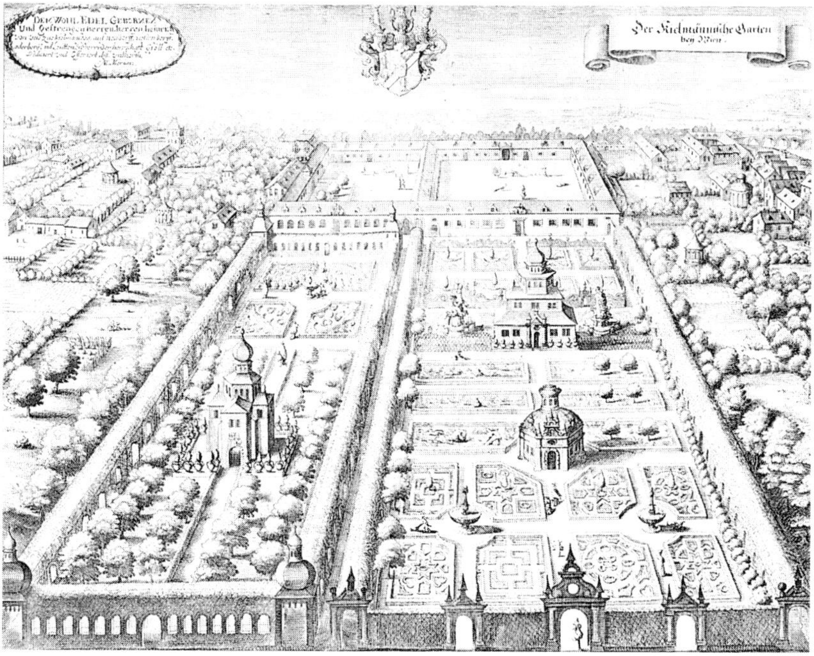

Salomon Kleiner: „Der Kielmännische Garten“

unserem Jahrhundert weitere Planungsschritte, die zu neuen Landschaften wie Donauinsel, Marchfeldkanal und den Umbauten am Donaukanal führten. Zusammenhängende Landschaftsteile stehen heute nur mehr im Osten und Südosten der Stadt zur Disposition der Stadterweiterung, der Prozeß der Urbanisierung schreitet voran.

Die Entwicklung der großen Landschaftsteile

Einerseits „beginnt am Rennweg der Balkan“, wie Metternich gesagt haben soll, andererseits handelt es sich hier in Wien um eine der großen Metropolen Europas, deren Tradition auch auf dem Gebiet der Gartenkultur weit zurückreicht und einige internationale Einflüsse aufzuweisen hat.

Das große unstrukturierte Gelände des Glacis – ursprünglich Verteidigungsraum vor der Stadt, in Friedenszeiten aber als Erholungsraum genutzt – wurde mit der Erbauung der Ringstraße 1865 zu einem Stadtgebiet, das auf einer komponierten Abfolge von Repräsentationsbauten und Parkanlagen aufgebaut ist. Das Konzept erinnert an die Theorien des Städtebautheoretikers Ebenezer Howard, der die Zentren seiner Gartenstädte als Grünanlage mit lose eingestreuten Repräsentationsbauten konzipierte. Die Wiener Ringstraße wurde aber – vergleichbar mit der beliebten Wiener Petitpointstickerei – viel steifer als in England erdacht und als die bedeutendste Prunkstraße der Monarchie realisiert.

Der Bedarf der Großstadt an Grünflächen ging weit über die repräsentativen Ansprüche hinaus: Friedhöfe, Kleingärten, Sportanlagen, Freibäder und viele andere Sondergrünanlagen mußten ebenfalls geschaffen werden, um Wien gesund und lebenswert zu erhalten

Auch vom Wienerwald führte ein mehrfach gekrümmter historischer Weg zum Wald- und Wiesengürtel: Die freie Landschaft wurde schon immer verwaltet, privatisiert, für die öffentliche Nutzung freigegeben, aus den landwirtschaftlichen Gebieten wurden Stadtbezirke und aus den Jagdgebieten geschützte Landschaftsteile. Erst in diesem Jahr wurde das „1000 ha-Programm" beschlossen, das die Landschaft im Nordosten Wiens sichern wird.

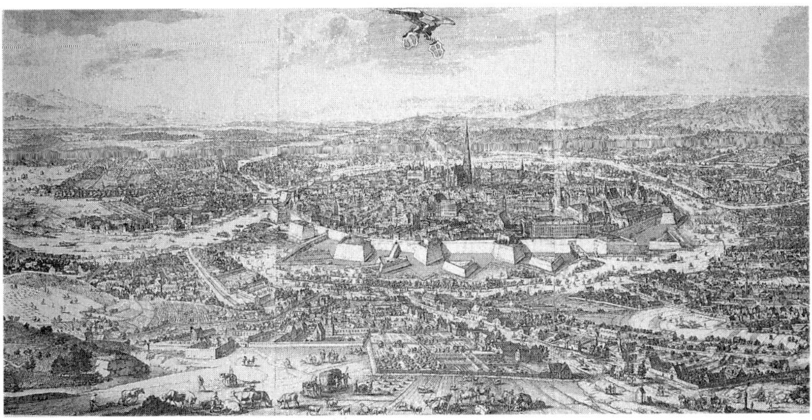

Folbert van Alten Allen: „Vogelschau der Stadt Wien und Umgebung", um 1683 (1686)

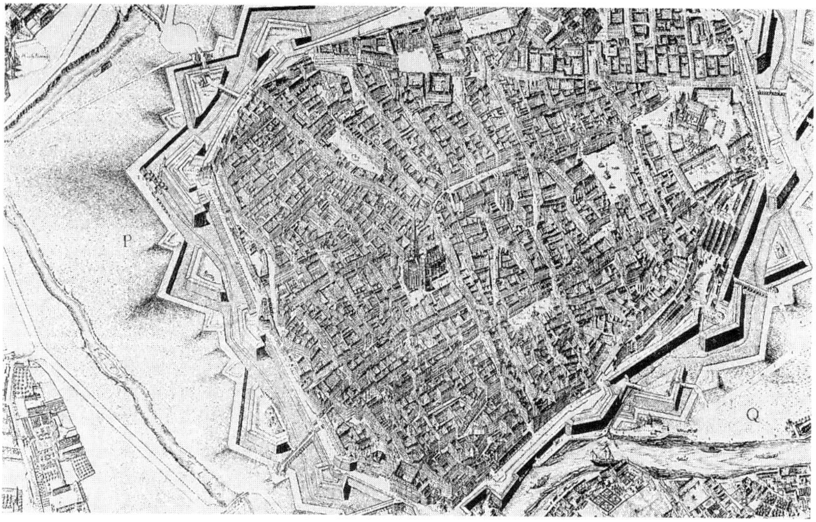

Josef Daniel Huber: „Vogelschau der Innenstadt", Wien 1769–1774

Wien und das Umland

Die großen Landschaftsbereiche erstrecken sich über Wien hinaus nach Niederösterreich. Die politischen Grenzen zwischen diesen Verwaltungsgebieten haben sich im Laufe der Geschichte mehrmals verschoben – die Grenzen der Gartenlandschaften sind fließend geworden. Heute breitet sich rund um Wien ein vielfältiger Landschaftsraum aus, der vor allem im Süden und Südwesten von Haus- und Villengärten, aber auch von großen Parks geprägt wird. Man findet wunderbare Parkanlagen in der Umgebung von Wien, deren Geschichte eng mit der der Hauptstadt verflochten ist, etwa die barocken Anlagen von Schloß Hof, den Landschaftsgarten in Laxenburg oder den Kurpark in Baden. Doch bleiben wir in der Stadt.

Geologisch und literarisch bestimmte Trennlinien

Im Wiener Raum treffen zwei europäische Großlandschaften aufeinander: Wien liegt an der Donau und im Wienerwald, die verschiedene Vegetationsgesellschaften aufweisen, und an einer Klimagrenze, die diese Stadt zu einer geographischen und naturräumlichen Schnittstelle macht. Diese Gebrochenheit, dieses Einerseits-Andererseits könnten wir zum Prinzip erheben und meinen, da es für die Landschaft stimmt, es auch ganz typisch für die Wiener ist, somit auch für die gestalteten Freiräume so gesehen werden kann. Eine in sich ruhende Gebrochenheit, sozusagen eine literarische Welthaltung, die nie eines allein will, sondern gleich mehr auf einmal. „Der Mann ohne Eigenschaften" ist nicht ganz untypisch ein Wiener!

Die bürgerlichen und die kaiserlichen Gartenfreunde in Wien waren wichtige Auftraggeber gewesen, etwa der „Blumenkaiser" Franz II. (I.) (1768–1835), der selbst im Burggarten als Gärtner wirkte, oder Erzherzog Johann (1782–1859), der den Alpengarten bestellte. Die Linie läßt sich fortsetzen zu Freiherr von Hügel, der die Gartenbaugesellschaft initiiert hat, und Adolf Loos, der die Siedlerbewegung unterstützte, oder Innenminister Beppo Afritsch (1901–1964, Minister 1959–63), der ein gelernter Gärtner war.

Wie Musil dieses Wien durch sein literarisches Werk erklärte, so schrieben auch Karl Kraus und andere Schriftsteller seiner Zeit über die Wiener Landschaft und das merkwürdige Verhältnis

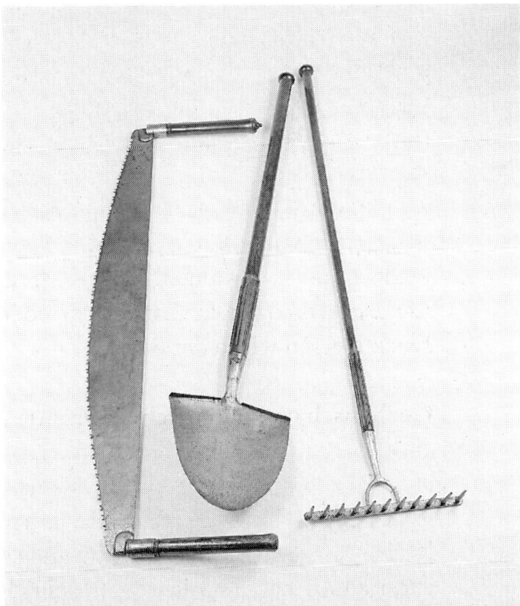

Mahagoni- und Stahl-Gartenwerkzeug von Kaiser Franz II. (I.), Bundesmobiliensammlung Wien

zwischen Öffentlichkeit und Privatheit in dieser Stadt. Hier findet man im Kaffeehaus alle Öffentlichkeit und ist in der Lobau ganz privat. Hier kann man mit der U-Bahn zum Bergsteigen fahren und Pflanzentauschaktionen und Friedensdemonstrationen in Wiener Parks erleben.

Vom Gärtner zum Gartenkünstler

Eine handwerkliche Ausbildung der Gärtner existiert seit Jahrhunderten, seit dem frühen Barock, um genau zu sein. An den Fürstenhöfen wurden die Garteningenieure an mehreren Gartenanlagen beschäftigt, die Gartenkünstler der barocken Fürsten waren gesuchte Spezialisten. Garteningenieure und Wasserbauingenieure lieferten im 19. Jahrhundert die weitläufigen Konzeptionen der Landschaftsgärten, gegen Ende des Jahrhunderts gab es heftige stilistische Kontroversen mit den Architekten und zu Anfang des 20. Jahrhunderts eine einflußreiche Natur- und Heimatschutzbewegung.

In Wien gab es keinen Le Nôtre, der in den sechziger Jahren des 17. Jahrhunderts die Erdmassen von Versailles bewegte und die Sümpfe für den Sonnenkönig trockenlegte. Es gab auch keinen Peter Josef Lenée (1789–1866, „Königlich Preußischer Garten-Director"), der mit seinen weiträumigen Entwürfen die Stadtlandschaft Berlins bis heute definiert. Was Olmsted im Central Park für New York schuf, das bietet uns in Wien der Stadtpark – klein, aber fein!

Die Gartenkünstler des Barock wie Dominique Girard oder Jean Trehet kamen aus Frankreich. Sie wurden sowohl für längere Aufenthalte nach Wien geholt als auch von Residenzen wie München „ausgeborgt", wo etwa Girard eine feste Stellung hatte. Es gab aber auch Kontakte nach England und nach Übersee, die durch Expeditionen vertieft wurden, so zum Beispiel durch die Garteningenieure Franz Boos und Franz Bredemeyer, deren Pflanzenbeute heute noch in den Glashäusern von Schönbrunn zu bewundern ist. Im 19. Jahrhundert war die Vielfalt dieser Sammlungen und des sogenannten „Holländischen Gartens" eine ernstzunehmende Konkurrenz zu den berühmtesten botanischen Gärten von Kew Gardens in London. Antoine, Rosenthal, Abel und Siebeck waren Gärtner, die im vorigen Jahrhundert den beruflichen Wandel vom Herrschafts- zum Stadt- und Handelsgärtner miterlebten. Auch für die Grünflächen gilt wie für vieles andere: Diese Stadt hat immer schon Innovationen importiert und hier in Wien umgeformt.

Die wichtigste Ausbildungsstätte für Garteningenieure der Monarchie war in Eisgrub, heute Lednice, wenige Kilometer hinter der Grenze in Tschechien. Es handelte sich um einen prachtvollen Besitz der Familie Liechtenstein, dessen Landschaftsgarten und Glashäuser ideale Studienobjekte für die angehenden Garteningenieure waren. Die Wiener Gartenkünstler des Jugendstils wie Titus Wotzy und Albert Esch hatten ihren Beruf dort erlernt. Nach wechselnden Schulstandorten entstand 1951 die Höhere Bundeslehr- und Versuchsanstalt für Gartenbau, kurz die Gartenbauschule Schönbrunn, als Ausbildungsstätte für das Ingenieurstudium. Heute ist die berufliche Ausbildung zu einem akademischen Studium der Landschaftsplanung an der Universität für Bodenkultur geworden. Der Aufgabenbereich der Grünflächenplanung umfaßt Projekte der Landschaftsplanung und Landschaftsgestaltung, von der Objektgestaltung der Außenanlagen bis hin zur Flächensicherung für zukünftige Entwicklungen und zur Analyse der sozialhygienischen Aspekte der Freiräume, die eine Großstadt für ihre vielfältigen Funktionen braucht.

Ein Spaziergang durch die Geschichte

„Wien ist keine Gartenstadt, wohl aber eine Stadt der Gärten", schrieb der Gartendirektor Fritz Kratochwjle 1931. Er hatte recht – die Gartenlandschaft Wiens säumt diese Stadt, durchsetzt sie, und vor einigen Jahren ernannte der Bürgermeister Wien zur grünen „Umweltmusterstadt". Ist damit das Ende der urbanen Entwicklung zur „steinernen Stadt" erreicht?

Der Gartenbau im Wiener Raum ist bis in die Römerzeit zurück nachzuweisen. Kaiser Probus soll die Weinrebe in unser Gebiet gebracht haben. Fundstücke in Oberlaa belegen die Wehrbauernhöfe, die rund um das römische Fort existierten und für die Nahrung sorgten, Rebmesser bezeugen den geglückten Weinbau.

Die zahlreichen Weinhauerorte – etliche sind ja bis heute erhalten: Nußdorf, Sievering, Grinzing, Neustift – hatten sich schon im 11. und 12. Jahrhundert zu Weingartendörfern entwickelt. Der Weinhandel spielte bereits damals eine bedeutende Rolle. Die für die heutigen Außenbezirke kennzeichnenden Grabendörfer in den Tälern der Wienerwaldbäche wurden ab dem 18. Jahrhundert beliebte Ausflugsziele der Wiener. Die Institution des „Wiener Heurigen" ist hier fest verankert und bildet eine heimische Form der Freizeitgestaltung, die Erholungs- und Therapiecharakter hat. Genaugenommen ist diese Wiener Erfindung eine historische Leistung der Weingartenkultur.

Wien vor der Neuzeit

Im Laufe der Jahrhunderte haben sich die Ansprüche, die die Menschen an den Naturraum der Stadt machten, gewandelt. Die Natur war einst allmächtig, gefährlich und mußte ständig bezwungen werden – hier in Wien hat die Donau mit mehr als 82 katastrophalen Überschwemmungen im Verlauf der letzten 900 Jahre einige Flur- und Dorfnamen ausgelöscht. Der Fluß bildete eine natürliche Grenze für die Entwicklung der Stadt. Die Gärtner nutzten dennoch ab der Neuzeit die fruchtbaren Böden der Augebiete. Bereits im Mittelalter hatten Reisende von den blühenden Gärten rund um Wien berichtet, so zum Beispiel der spätere Papst Pius II., Aeneas Silvius Piccolomini, 1438 anläßlich seines Besuches in Wien. Blumig äußert sich sein Landsmann Bonfini, der Hofhistoriograph von Matthias Corvinus, der 1477 schreibt: „Wiens ganzes Gebiet ist ein ungeheurer, herrlicher Garten mit schönen Rebenhügeln und Obstgärten bekrönt." Die ersten Gartenanlagen, die wir in Stadtplänen finden können, sind einfache Hausgärten, es folgen Gartenbaugebiete mit Gärtnersiedlungen und später die herrschaftlichen Gärten. Bis in das 14. Jahrhundert waren sogar noch landwirtschaftliche Betriebe innerhalb der Stadtmauern zu finden. So beschreibt Richard Groner die „Wällischen Gärten", die die Gemahlin des Grafen Pretta, Aria della Scala, 1445 den Augustinern schenkte. Es handelte sich um Baum-, Wein- und Safrangärten, nach deren Verbauung die Wällischgasse im heutigen 3. Bezirk entstanden ist. 1452 wurde im Stadtgraben

Adolf Obermüller und Alexander Bensa: „Der Donau Eisstoß bei Wien im Jänner 1880", Wien 1880

für Ladislaus Postumus ein Tiergarten angelegt, der aber nach dessen Tod wieder aufgelassen wurde. Man betrieb dort um 1530 eine Fischzucht, später entwickelte sich dieser Bereich zu einer beliebten Volkspromenade. Heute steht dort das Burgtheater.

Zu erwähnen ist der kaiserliche Lustgarten, der sich – durch eine Aufschüttung angehoben – im Bereich des heutigen Michaelerplatzes befand. Dieses Areal, „Paradeisgartl" genannt, war im Bereich der Hofburg gelegen und nach außen durch eine Gartenmauer und ein Eckrondell abgeschlossen, das noch 1710 auf einem Plan vermerkt wird.

Die Stadtkarte von Wolmuet von 1547 zeigt noch 150 Rasen- und Baumgärten im inneren Stadtbereich, doch verschwinden diese im Laufe der nächsten Jahrhunderte. Man verlegte sie auf die Landstraße, nach Erdberg, in die Roßau, somit verdrängte dort der Gartenbau die Landwirtschaft, wie diese durch die herrschaftlichen Jagdgebiete eingeengt worden war.

Die mittelalterliche Landschaft außerhalb der Stadtmauern war nicht nur durch Land- und Forstwirtschaft, sondern auch durch Jagd- und Hegewirtschaft geprägt. Schon die Babenberger hatten die Pratergebiete als Jagdgebiet genutzt. Die Habsburger hegten und pflegten ihre Jagdgründe im Lainzer Tiergarten, im Wienerwald und den Donauauen, in der Lobau und im Prater.

Die Gärten der Renaissance

Manche kaiserlichen Anlagen, zum Beispiel Kaiserebersdorf – lange Zeit Lieblingsaufenthalt des Hofes –, der Augarten oder die Khatterburg (später Schönbrunn), dienten hauptsächlich dem Jagdaufenthalt. Die erste Allee im Bereich des heutigen Augartens ließ Ferdinand I. anlegen – sie deckt sich mit der Hauptallee bis zum ersten Rondeau.

Das Neugebäude in Wien-Simmering, die Kielmannseggschen Gärten vor dem Stubentor und Kaiserebersdorf sind Beispiele renaissancezeitlicher Gartenanlagen. Ein ganz besonderes Beispiel für hochstehende Wiener Gartenkultur ist das Neugebäude auf der Simmeringer Heide. Maximilian II. (1527–1576) ließ um 1569 den Bau dieser Anlage beginnen, „weil nur die Baukunst und die Horticultur für ihn Erholung seyen“. Es handelte sich um eine mehrschichtige Anlage mit Sommerschloß und Gartenterrassen, die zur Donau hin abgestuft angelegt waren.

Vermutlich wurden in den Gärten des Neugebäudes auch seltene Pflanzen kultiviert. Es kann leicht sein, daß hier das erste Mal in Europa die Tulpe geblüht hat, denn man hatte unter anderem den berühmten niederländischen Botaniker Carolus Clusius an den Wiener Kaiserhof gerufen. Er soll an den Anlagen des Neugebäudes mitgewirkt haben, er durchforschte die heimische Flora und machte viele Arten gartenwürdig, zum Beispiel die Primel und die Trollblume. Sein Werk „Rariorium aliquot stirpium per Pannoniam, Austriam et vicinas provincias observatum“ (1583) beschreibt Hunderte von Pflanzen, die er entdeckt hatte.

Durch den regen diplomatischen Kontakt mit dem Orient wurde Wien zur Premierenstadt für exotische Pflanzen in Europa. In Konstantinopel herrschte damals bereits die Tulpenmanie – der Sultan feierte Feste, wenn eine besondere Züchtung glückte, und man zählte über tausend verschiedene Tulpenarten. So brachte der österreichische Gesandte in Konstantinopel, Augier Ghislain Busbecq (von 1554 bis 1562 Botschafter am türkischen Hof), die Tulpe und andere Zwiebelgewächse sowie den Flieder nach Wien. Die Wiener nannten den Flieder, der in Busbecqs Garten wuchs, türkischen Holler. Sein Haus auf der Mölkerbastei, Ecke Seilerstätte/Himmelpfortgasse, hieß laut Richard Groner „Zur Hollerstauden“, ebenso wie ein Quartier zwischen der heutigen Seilerstätte und der Himmelpfortgasse.

Barocke Gartenkunst

Die frühbarocken Anlagen wie der Augarten dienten zugleich der Jagd und der Repräsentation und somit den Ansprüchen des höfischen Lebens. Dieses war in vielen europäischen Ländern bereits sehr verfeinert worden, die Entwicklung am österreichischen Hof war allerdings durch die Türkenkriege sehr beeinträchtigt gewesen. Die Alte und die Neue Favorita sind gute Beispiele für den Zustand der großen Gärten des 16. und frühen 17. Jahrhunderts in Europa.

Durch die Türkenbelagerungen von 1529 und 1683 waren fast alle Orte um Wien zerstört worden und die Landstriche verwaist. Diese unruhigen Zeiten hatte das ältere Neugebäude überstanden, weil, wie man berichtet, seine Anlage die türkischen Heerführer an ihre Heimat erinnert haben soll. Auch ein Eichenhain im 11. Bezirk, der bereits 1649 in Zeillers „Topographia Austriae“ erwähnt wird, blieb bis heute erhalten.

In der Wiederaufbauphase am Ende der Türkenkriege und des 17. Jahrhunderts wurde durch die Habsburger Steuerfreiheit „auf grünem Grund“ geboten. Die Folge war ein gründerzeitlicher Bauboom in den Vorstädten, es entwickelte sich ein Kranz von herrschaftlichen Gärten rund um das Glacis und die Innere Stadt. Salomon Kleiner verewigte in seinem Stichwerk 1725 eine Zusammenstellung der wichtigsten Gartenanlagen: Trautson, Liechtenstein, Schönborn und Belvedere für die Nachwelt. Die meisten dieser Palais sollen mit ihren Hauptachsen als eine Form der Huldigung an das Kaiserhaus auf die Hofburg gedeutet haben. Der Siedlungshistoriker Adalbert Klaar schrieb dazu: „Um 1770 aber waren bereits in den inneren Vorstädten fast alle Gründe ver-

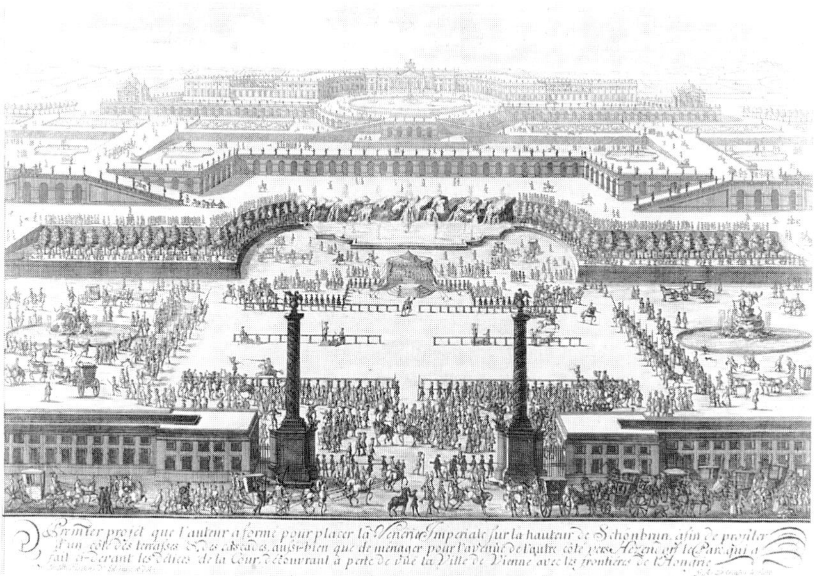

Das erste Projekt für Schönbrunn, 1693/94

geben." Wenn man den spätbarocken Plan von Joseph Daniel Huber von 1775 mit unserer Stadtkarte vergleicht, so sieht man, daß es damals viel mehr Gartenanlagen und Freiflächen in den inneren Bezirken gegeben hat, als bis heute erhalten geblieben sind.

Weitläufige Alleen verbanden die herrschaftlichen Residenzen mit den Vorstädten und den Jagdgebieten: Die Schönbrunner Allee, die Hofjagdzeile, die Prater Hauptallee bestehen heute noch inmitten der dichtverbauten Stadt.

In dieser Phase entstanden aber auch städtische Strukturen der Sozialhygiene, die auf die Freiräume der Stadt wirkten, etwa die Wasserversorgung, die Kanalisation der Stadt und das Krankenhauswesen, das zum Beispiel die Hofanlagen im Allgemeinen Krankenhaus hervorbrachte. Kehren wir in die Welt der Barockgärten zurück: Die Raumideen faszinieren bis heute: Achsen, Parterres und Boskette, Wasserkünste und Treillagen.

Hinsichtlich der barocken Überraschungseffekte wie der Ordnung der Gartenräume, der Wasserkunst und des Skulpturenpro-

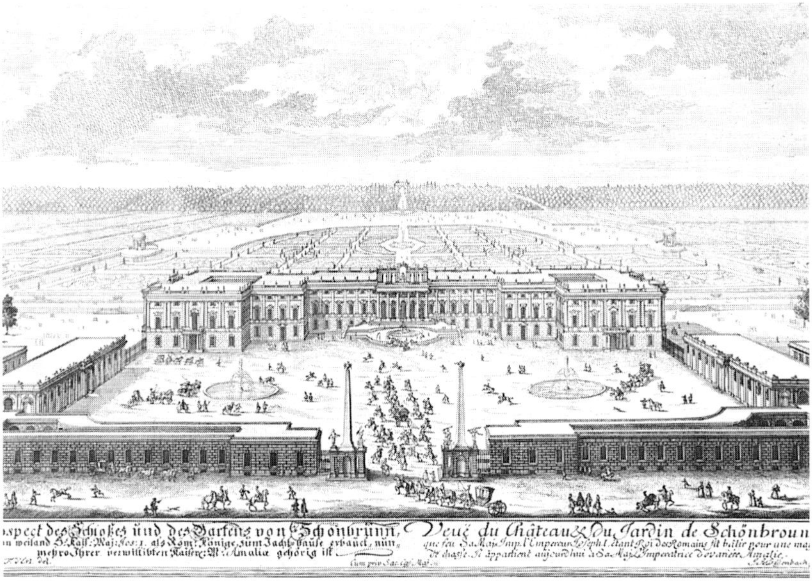

Das zweite Projekt für Schönbrunn, 1695/96

gramms ist eine der interessantesten Anlagen in Wien der Belvederegarten des Prinzen Eugen, der von 1700 bis 1725 errichtet wurde und hier als ein Beispiel für viele gelten soll.

Ein Lustschloß von einmaliger Großartigkeit sollte Schönbrunn nach den Plänen Fischer von Erlachs werden: Versailles weit in den Schatten stellend, plante der Architekt ein gigantisches Schloß auf dem heutigen Gloriettehügel. Aber der Bau wurde letzten Endes (1695) viel bescheidener in der Senke zum Wienfluß realisiert, der jüngere Fischer setzte ihn fort, und Nicolaus von Pacassi vollendete das Werk. Der Gegensatz von Schloßfassade, Parterre und Abhang erzeugt einen landschaftlichen Dialog zwischen dem Gebäude und dem Garten. Der weitläufige Schloßpark beinhaltet in seiner barocken Struktur viele Rokokoelemente. Neben den ausgedehnten Pflanzensammlungen wurde die kaiserliche Menagerie eingerichtet, in deren Mitte sich der 1753 errichtete Frühstückspavillon der Kaiserin Maria Theresia befindet.

Viele andere Anlagen aus der Glanzzeit des 18. Jahrhunderts sind verschwunden, hier soll noch der Garten des Palais Schwarzenberg am Rennweg erwähnt werden, denn heute ist er der bekannteste barocke Garten in privatem Besitz in Wien. Es gibt noch andere – den Liechtenstein-Garten und den Garten des Palais Auersperg –, doch sind diese längst in ihrer Parzelle und in ihrer Grundstruktur verändert worden.

Das barocke Wien hat aber auch frühere Anlagen der Stadt übernommen. Die Innere Stadt war seit dem 12. Jahrhundert befestigt gewesen und bot nur wenig Raum für Grünflächen, doch gab es sie: Die Grünangergasse hat zumindest den Namen erhalten. Die Straßen und Plätze basieren heute noch in ihrer Konfiguration auf dem mittelalterlichen Stadtgrundriß. Die Hofburg ist darin gleichsam ein urbanes Labyrinth und stammt aus verschiedenen Bauepochen. Der Ballhausplatz heißt heute noch nach dem beliebten sportlichen Gesellschaftsspiel, das bei Hof „im Ballhaus“ gespielt wurde – heute befinden sich hier die Amtsräume des Bundeskanzlers und des Bundespräsidenten, die sich hier nun die Bälle zuwerfen ...

Verlorengegangen ist das „Paradeisgartl“, eine kleine Grünfläche auf der Bastei mit herrlichem Aussichtspanorama, etwa dort, wo heute der Michaelerplatz an den Hofburgtrakt stößt. Bis in das 19. Jahrhundert war die Innere Stadt umgeben von den Basteien und diese vom Glacis, einer weiten Wiesenfläche, die man aus militärischen Überlegungen unbebaut ließ. Von den Wienern wurde das Glacis friedlich genutzt – zur Heuernte, zum Wäschetrocknen und zum Spazierengehen. Dieses Gebiet war ein beliebtes innerstädtisches Erholungsgebiet, denn es lag zwischen der Vorstadt und der Inneren Stadt. 1776 ließ Kaiser Josef II. Laternen aufstellen und 1780/81 mit Bäumen bepflanzen. Dazu schrieb Joseph von Eichendorff: „Abends nach halb 8 Uhr zum erstenmale mit Wilhem allein zum Stubenthore hinaus, Birnen gekauft und einsamer Spaziergang über die Glacis durch die schöne unendliche Allee mit den herrlichen Ansichten auf den Stephansturm und die Vorstädte mit ihren Palästen. Auf den Rasen der Glacis legten wir uns dem Schwarzenbergschen Palais gegenüber und lagen dort, bis es finster wurde.“

Die Vorstädte entwickelten den jeweils typischen Charakter – je nachdem, wie sie bewirtschaftet wurden: Es gab die Gegenden

Ferdinand Georg Waldmüller: „Die römische Ruine in Schönbrunn"

der Gemüsebauern im heutigen 9. und 3. Bezirk, der Handwerker, des Gewerbes, des Adels etc. Diese Vorstädte wurden von dem zweiten Verteidigungswall Wiens, von der Linie, der ungefähr dem Bereich des heutigen Gürtels entspricht, umgeben.

Dieser wieder wurde umschlossen von einem breiten Gürtel aus Wald- und Wiesenflächen, der seit dem frühen Mittelalter von den Wienern sehr geschätzt wurde. Das beweist die Tatsache, daß bereits Kaiser Friedrich III. im Jahre 1476 zum Schutz der „Silva Viennensis" Anordnungen treffen mußte. Rodungen waren von diesem Zeitpunkt an nur mehr mit besonderer Erlaubnis möglich. Maximilian I. führte zum Schutz des Waldes eine spezielle Ordnung ein, etwa zwei Jahrhunderte später – im Jahre 1741 – erließ Maria Theresia ein öffentliches Patent, wodurch sogar das Maibaumsetzen untersagt war, „weil dadurch viele tausend junger Bäume gefällt wurden". Von allen Freiräumen, die in und um Wien existiert haben, sind es bis heute noch immer der Wienerwald, der Prater und der Lainzer Tiergarten, die dank des einmaligen Schutzes und des Erhaltungswillens übriggeblieben sind.

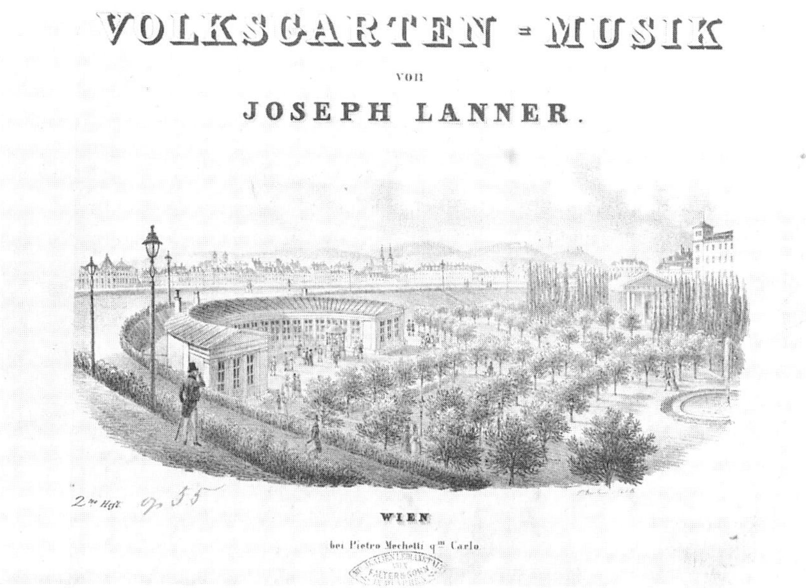

Notendeckblatt zur Volksgartenmusik von Josef Lanner, um 1850

Landschaftsgärten und Stadtplätze

Mit der Aufklärung und dem neuen naturwissenschaftlichen Verständnis des späten 18. Jahrhunderts sowie der aufkommenden Romantik verändert sich wieder das Bild, das sich die Menschen von der Natur machen: Der beschauliche Spaziergang in der freien Natur, die Bewunderung für merkwürdige Landschaften sind Phänomene der Naturschwärmerei dieser Zeit.

Der Lacygarten, das Josefstöckl im Augarten, Schloß Cobenzl, Schloß Erlaa, Kalksburg und Schloß Laudon werden zu neuen Treffpunkten der Wiener Gesellschaft. So waren etwa Frühstückskonzerte im Wiener Augarten eine sehr schicke Veranstaltung, hier spielten Mozart und Beethoven. Der Korso in der Prater-Hauptallee bot zur Zeit des Wiener Kongresses bis in die Gründerzeit Gelegenheit, sich als Teil der Wiener Gesellschaft zu sehen und gesehen zu werden.

Der Gartentheoretiker und Reiseschriftsteller Christian Cay Laurenz Hirschfeld schrieb 1785: „Der Prater bey Wien liegt eine Viertelstunde vom Stadtthor auf einer großen Insel der Donau und erstreckt sich auf eine halbe Meile. Er ist mit dicken Waldungen bewachsen, die mit grünenden Auen und Wiesen untermengt sind. Eine vierfach gepflanzte Reihe Kastanienbäume vermehrt die ungekünstelte Anmuth dieser Insel. Sie stand vormals nur den Kutschen des Adels offen; allein Josephs edle Menschenliebe eröffnete hier allen Menschen, Gehenden, Reitenden und Fahrenden, den Eingang. Sogleich wurden die Auen mit Zelten, Hütten, Sommerhäusern zu Erfrischungen, Ringelrennen, Kegelschieben und andern Ergötzungen besäet. Diese Hütten und Sommerhäuser im Walde verschönerten sich bey dem Zulauf der Menschen von Jahr zu Jahr. Auch fehlt es nicht an Musik."

Im 19. Jahrhundert wurde die Repräsentation der Natur im Stadtgarten kultiviert und der Korso zur Bühne des Bürgers. Bereits unter Josef II. entstanden gestaltete Stadtplätze, um den Ausbau der Vorstädte urbanistisch vorzubereiten. Viele Straßen und Plätze wurden begrünt und große Wohnhäuser in den Vorstädten errichtet.

Betrachtet man ein Luftbild von heute, so wird das andere Gesicht der Stadt sichtbar: die Innenhöfe, die Durchhäuser und Vorgärten. Die Wiener Schanigärten sind bekannt – sie werden im Frühjahr vom Hausdiener „Schani" auf den Wiener Gehsteigen aufgestellt –, berankte Holzkisten als eine besondere Form mobilen Grüns.

Wien besitzt bis heute eine große Anzahl relativ dicht bewachsener und gut nutzbarer Innenhöfe. Sie haben eine sehr wichtige Funktion als Erholungsfläche, als ökologische Nische für die Tier- und Pflanzenwelt und bilden eine konkrete Möglichkeit der Durchgrünung der Stadt. Diese privaten grünen Inseln gehen ebenso auf die Bautypen des 18. Jahrhunderts zurück wie die großen öffentlichen Anlagen, die ab der Mitte des 18. Jahrhunderts der Bevölkerung zugänglich gemacht wurden: der Prater 1765 und der Augarten 1775.

Diese älteren Anlagen sind Teil einer Reihe von Landschaftsgärten, wie sie in und um Wien zwischen 1770 und 1820 entstanden. Es waren weitläufige Projekte der privaten Auftraggeber, von denen einige heute noch als öffentliche Grünflächen existieren. Die Idee der „englischen Gärten" beruhte auf dem damaligen

Zeitgeist, der die Naturverehrung in Literatur und Kunst vor andere philosophische Kategorien stellte. Manche Anlagen waren rein landschaftlich gestaltet, andere wurden mit mehreren Einbauten bestückt, die den Aufenthalt abwechslungsreich machen sollten. In vielen Stichen ist das Leben in den Gärten Wiens dokumentiert, etwa der Lacy-Garten in Neuwaldegg, der Pötzleinsdorfer Park, der Park von Schloß Laudon, Erlaa etc.

Dazu schreibt Géza Hajós 1989: „Der neue englische Gartentypus, der ab etwa 1770 auch im Wiener Raum anzutreffen ist, hatte nicht nur die herkömmliche Funktion eines Gartens, sondern er war gleichzeitig der symbolisch verdichtete Ort der neuentdeckten Wiener ‚Gegenden'. (...) In den Augen der Zeitgenossen ist die Wiener Umgebung innerhalb einer kurzen Zeit – zwischen 1770 und 1800 – ein einziger Landschaftspark geworden, der mit den neuen Gärten, wenn auch nicht lückenlos erschlossen, doch in weiten und wichtigen Teilen belegt und illustriert, als ein neuartiges romantisches Ensemble erscheinen konnte."

Der Blumenwahn und die Biedermeiergärten

Der „Furor Hortensis", der Blumenwahn des 18. und 19. Jahrhunderts, hat jedoch nicht nur die landschaftsbegeisterten Amateure erfaßt und die Botaniker in ferne Kontinente reisen lassen, sondern darüber hinaus die bildende Kunst beeinflußt: Die Blumen- und Landschaftsmalerei war eine wichtige Kunstkategorie geworden. Für das Kaiserhaus verfertigte der Blumenmaler Anton Knapp (1778–1833) 280 Darstellungen österreichischer Pilze, 300 Blätter exotischer Pflanzen und 400 Blätter verschiedener Früchte. Weiters erarbeitete er eine „Flora Alpina" mit mehr als 300 Alpenpflanzen. Das Kaiserhaus ließ aber auch Wachsmodelle von Pflanzen und Früchten anfertigen, und der Blumenmaler Franz Xaver Gruber (1801–1862) erhielt den Auftrag, die Orchideen und Palmen der Schönbrunner Orangerie zu porträtieren.

Zwischen 1755 und 1821 waren nicht weniger als sechs große Expeditionen nach Westindien, den Vereinigten Staaten, Venezuela, Brasilien und zum Kap der Guten Hoffnung gereist, die die Pflanzensammlungen des Kaiserhauses bereichern sollten. Der Adel und das Bürgertum veranstalteten auch deshalb Gartenbauausstellungen, um die eigenen botanischen Errungenschaften vergleichen zu können.

Es waren gebildete Amateure, die sich als Förderer und Betreiber der Gartenkunst betätigten. Die Rosenbaumsche Gartenanlage im 4. Bezirk ist sicher das bekannteste Beispiel der kleinteiligen und vielfältigen Biedermeiergärten, die rund um die Vorstädte in den Außenbezirken entstanden. Diese Anlage ist zwar schon lange parzelliert, aber ihr gestalterischer Reichtum wurde als Stichserie überliefert. Exotische und einheimische Gehölze, Schlängelwege und Einbauten boten dem Besucher ein abwechslungsreiches Bild.

Freiherr von Hügel und die Gartenbau-Gesellschaft
Carl Freiherr von Hügel (1795–1870) war der Begründer der Gartenbau-Gesellschaft, der als botanisch interessierter Diplo-

Das Hügel-Denkmal im Hügelpark

Gesellschaft im Garten der Villa Moll, um 1905 (v. l. n. r. Alfred Roller, Alma Mahler, Carl Moll, Gustav Klimt, Anna Moll, Max Reinhardt und Josef Hoffmann)

mat Forschungsreisen unternahm und selbst in seinen Gärten und Glashäusern die Gartenkultur pflegte. 1827 fand auf seine Initiative hin die erste Pflanzenausstellung statt, an der 24 Aussteller teilnahmen. Am 29. April 1832 wurden die Statuten der neuen Gesellschaft genehmigt und die weiteren „Pflanzenausstellungen" im Pronayschen Garten durchgeführt, der für botanische Amateure der Biedermeierzeit interessante Neuigkeiten bot. Ab 1837 erschienen auch Veröffentlichungen der Gartenbau-Gesellschaft, doch unterbrach der Bürgerkrieg 1848 diese Unternehmungen. 1861 schenkte ihr der Kaiser das Grundstück, um ein festes Gartenbaugebäude am Wasserglacis errichten zu können. Die „Gartenbau" – wie sie kurz genannt wird – übernahm es, durch jährliche Blumenschauen neue Märkte zu öffnen, Fachkongresse zu organisieren und neue Ausbildungsstätten zu finden und zu fördern. Bis heute findet sich am Gartenbauring eine wertvolle Anlaufstelle für alle Gartenfreunde in Wien. Diese

Organisation gibt heute die Monatszeitschrift „Garten“ heraus und veranstaltet Ausbildungs- und Weiterbildungskurse sowie in Zusammenarbeit mit dem Wiener Stadtgartenamt populäre Aktionen wie die Kampagne „Wien im Blumenschmuck“.

Die Gartenanlagen des Historismus

Erst um 1850/60 wurde durch den Bau der Ringstraße und die Verbauung des Glacis ein wichtiger Teil der Stadt zwischen den Vorstädten und der Inneren Stadt verändert. Auf den weiten Wiesenflächen waren Parkanlagen zwischen den Repräsentationsgebäuden der Ringstraße entstanden, die Rasterviertel wurden von breiten alleegesäumten Straßen durchzogen: „Promenieren ließ sich auf der Ringstraße, im Volksgarten, Prater, Stadtpark, im Park von Schönbrunn: ‚Lästeralleen‘ nannte man solche Wege, weil in den dort geführten Gesprächen kein gutes Haar an den Mitmenschen gelassen wurde“, schreibt Roman Sandgruber in „Alltag des Fin de siècle, Wiener Glanz und Elend“.

Arthur Schnitzler berichtet in „Jugend in Wien“ vom Mai 1887: „Und ein Frühlingsfest, das Ende Mai im Prater stattfand, brachte mir endlich eine bescheidene Erfüllung. Mit Eltern und Geschwistern nahm ich am Blumenkorso teil, da begegneten wir im Gedränge der Wagen demjenigen, in dem Frau Olga mit ihrer jüngeren Schwester Gabriele saß. (...) Über eine Wagenreihe, die uns trennt, werfe ich ihr eine Blume in den Schoß und mir zu Füßen, aus ihren Händen, flattert eine gelbe Rose. Wir danken einander wortlos, ohne Lächeln. (...) Ich folge, solange es irgend angeht, ihrem Wagen, bis er im Gewühl entschwindet.“

Die Anlagen der Großstadt erforderten einen neuen Berufsstand: den Stadtgärtner. Die Hof-und Herrschaftsgärtner gab es schon länger, doch nun waren neue, städtische Aufgaben zu bewältigen. Hier sollen die Stadtgärtner Lothar Abel, Gustav Sennholz und Rudolf Siebeck erwähnt werden sowie – neben anderen – Konrad Rosenthal, der die berühmte Gartenanlage der Familie Rothschild auf der Hohen Warte verwaltet hatte und später Handelsgärtner wurde.

Einen Triumph für das Bürgertum bedeutete es, als die Fläche des ehemaligen kaiserlichen Exerzierplatzes an der Ringstraße

Arbeitsbeschaffungsmaßnahmen in den späten dreißiger Jahren

1875 zum Rathauspark umgebaut werden konnte: Er zählt heute zu den schönsten und interessantesten Parks von Wien. Man findet dort neben anderen botanischen Raritäten eine geschlitztblättrige Rotbuche, mehrere Platanen, eine Schwarznuß, einen Tulpenbaum und eine mehrstämmige Flügelnuß.

Der Gartendirektor Siebeck, ein Schüler Lenées, verwirklichte im Wiener Stadtpark wohl die Idealutopie der Epoche: den idyllischen Stadtgarten auf dem ehemaligen Wasserglacis. Diese Anlagen bildeten eine Fassadenwelt, wenn man bedenkt, daß zur gleichen Zeit viele andere Probleme der Metropole gelöst werden mußten: Die Vorstädte wurden massiv verdichtet und die industrialisierte Arbeitswelt vorangetrieben. Der kleine Quartierpark im Rasterviertel wird im Wiener Dialekt „Beserlpark" genannt, wohl auch deshalb, weil „Pflege" und Gebrauch dieser Anlagen nicht mehr als „Beserln" hervorbrachte.

Entlang der Gürtelstraße wurden ebenfalls Grünflächen angelegt, sodaß diese später „Ringstraße des Proletariats" genannt werden konnte.

Russische Soldatengräber im Volksgarten, 1949

Der Kampf um den Wienerwald

Einerseits gestaltete man aufwendige Parkanlagen im Bereich der inneren Stadtbezirke, andererseits aber war der Wienerwald gefährdet: Der Kampf um den Wienerwald bedeutete einen weiteren Schritt zur Flächensicherung für das Stadtgrün von heute. Über die letzten Jahrhunderte waren die Wälder um Wien vom Hof und anderen Grundeigentümern verwaltet worden. Das Hofamt hatte um 1870 die Rechte zum Holzverkauf freigegeben, doch konnte diese Entscheidung durch das mehrjährige zähe Verhandeln des Abgeordneten Schöffel rückgängig gemacht werden, und in der Folge wurden die wertvollen Waldflächen vom Wiener Magistrat 1905 durch die Schaffung des Wald- und Wiesengürtels gesichert.

Die rücksichtslose Ausbeutung der Ressourcen, wie sie auch im Wien der Gründerzeit zur Erweiterung der Stadt üblich war, ging nicht nur auf Kosten des dann doch geretteten Wienerwaldes, auch die Gestaltung der neuen Stadträume wurde knapp bemessen. 1868 bis 1881 wurde die Donauregulierung durchgeführt und auf den gewonnenen Flächen neue Stadtviertel errichtet. Durch diese fast die Gesamtlänge des Stadtgebietes umfassende wasserbautechnische Maßnahme ergaben sich für die Landschaft Wiens gravierende Folgen, zum Beispiel eine weitreichende Absenkung des Grundwassers. Erst in den letzten Jahrzehnten wurden diese unerwünschten Begleiterscheinungen mittels weiterer wasserbaulicher und landschaftsgestalterischer Maßnahmen korrigiert.

Die Projekte der Gartenstadtbewegung wurden in Wien nie realisiert, wie das in England oder Deutschland der Fall war, dazu war die Tradition der mitteleuropäischen Stadt viel zu stark. Das Cottage in Wien-Döbling ist ein gebautes Beispiel einer privaten Vereinigung wohlhabender Bürger, ein neues Quartier in der Stadt zu schaffen. Der Türkenschanzpark war in dem Gesamtkonzept integriert und von Gustav Sennholz 1885 als Park mit Arboretum und zentraler Wasserfläche angelegt worden.

Neue Ziele in der Zwischenkriegszeit

Die Zeit der Ersten Republik (1918–1934) stellte die Wiener Stadtverwaltung vor neue Aufgaben: Die Ansprüche an das öffentliche Grün waren viel stärker geworden. Es mußten die Wohnbaufrage gelöst und die Gesundheits- und Bildungseinrichtungen neu geplant werden. Dieser Druck auf die Wiener Stadtverwaltung ließ eine große Anzahl neuer Projekte mit neuen Inhalten im Bauwesen entstehen. Die veränderte Naturauffassung wurde im Volkspark formuliert, die Landschaftsräume wurden im Sinne des Freizeitgedankens genutzt. So läuft die Gründung der Sportvereine, die Entwicklung der Wandervogelbewegung und die Entstehung des Naturschutzgedankens zwar zeitlich parallel zu jener der neuen Parks, trotzdem repräsentieren diese verschiedenen Phänomene eine ganz unterschiedliche Auffassung vom Umgang mit Natur. Die Gestaltung der Freizeit in der Stadt erforderte neue Schutzmaßnahmen für sensible Landschaftsbereiche, Lösungen für anstehende Konflikte illegaler Landnahme und die Schaffung neuer Grünanlagen, um den Druck der explosionsartig vergrößerten Bevölkerung auszugleichen. Aus diesen urbanen Konflikten ist auch die sprunghafte Zunahme von Kleingartenvereinen nach dem Ende des Ersten Weltkriegs zu verstehen.

Die wilde Landnahme führte zu illegalen Siedlungen im Lainzer Tiergarten und in anderen sensiblen Landschaftsteilen. Auf den ehemaligen Exerzierplätzen der Monarchie wie auf der Schmelz und in der Wasserwiese im Prater wurden Schrebergärten angelegt.

Adolf Loos wirkte längere Zeit im Siedlungsamt der Stadt Wien, um die drückende Wohnungs- und Hungersnot lösen zu helfen. Er schrieb im „Tag der Siedler 1921“: „Die rettung? Jener doktor daniel gottlieb schreber hat sie geahnt. (...) Die kinderreichen familien mögen sich zusammentun, ein kleines stück land vor den toren der stadt pachten und die kinder unter freiem himmel, fern von dem getümmel und staub der großstadt, in luft und sonne spielen lassen. Das kleine grundstück möge von laubhütten eingefaßt werden, wo vater und mutter nach getaner arbeit ihren feierabend verleben können.“ Und weiter: „Der schrebergarten rettet nicht nur den menschen, er rettet den staat.“

Neben der Siedlerbewegung wurde die Schaffung der großen Gemeindebauten von der Stadtverwaltung vorangetrieben, des-

Pergola im Haydnpark, 1954

Ziegelteich in Oberlaa, 1968

halb sind auch die Freiräume der Wiener Wohnhausanlagen hier zu erwähnen. Unter der Vielzahl von ganz unterschiedlichen, zum Großteil freiraumgestalterisch hochinteressanten Anlagen soll hier der George-Washington-Hof angeführt werden, der 1927 von den Architekten Robert Oerley und Karl Krist erbaut und von dem Gartenbaubetrieb Gälzer ausgepflanzt wurde. Bis heute werden dort die Höfe nach den Gehölzen benannt: der Fliederhof, der Akazienhof, der Ahorn- und der Ulmenhof.

In vielen Außenbezirken wurden große öffentliche Gartenanlagen geschaffen, etwa der Herderpark in Wien-Simmering, der Schubertpark in Wien-Währing, der Hugo-Wolf-Park oder der Waldmüllerpark in Wien-Favoriten. Zu diesem Zweck wurden einige der Bezirksfriedhöfe in Parks umgewandelt. Durch Schenkungen und Ankäufe kam die Gemeinde Wien auch in den Besitz von privaten Gartenanlagen wie zum Beispiel der Villa Wertheimstein in Döbling, deren Park wertvolle Gehölzbestände aufweist.

Luftbild der Baustelle WIG 74, Oberlaa, 1975

Kriegseinwirkungen

Zur Linderung der Not in der von Massenarbeitslosigkeit geprägten Zwischenkriegszeit gab es eine Reihe von Hilfsmaßnahmen des Magistrats, so zum Beispiel den Einsatz von Arbeitslosen zur Parkpflege und die Entnahme von Freiholz aus den Parks.

Die Monsterprojekte, die das Dritte Reich für Wien plante, etwa neue Stadtachsen an die Donau zu schlagen, blieben zwar Utopien auf dem Papier, doch wurden manche Parkanlagen durch den Einbau von Bunkern und Flugabwehrtürmen schwer gestört, besonders der Augarten, der Esterhazypark und der Arenbergpark wurden zu Schottergruben und Schützengräben umfunktioniert – der Kampf um Wien im Frühjahr 1945 fand auch in den Wiener Grünanlagen statt, die Bombentrichter im Belvedere sind bis heute sichtbar.

Wiederaufbau

Nach dem Ende des Zweiten Weltkriegs bestanden die Aufgaben des Wiederaufbaus auch darin, vorhandene Schäden zu reparieren und neue Anlagen zu erschließen. Die Bombentrichter mußten gefüllt werden, die Schuttberge wurden entfernt. Im Bereich der Alten Donau wurde das Material auch dazu verwendet, um eine neue Badeanstalt am Gänsehäufl zu errichten.

Man bemühte sich in den fünfziger, sechziger und siebziger Jahren um eine klare und moderne Konzeption für die Grünflächen Wiens. Nicht alle Maßnahmen können hier erwähnt werden. Viele große neue Gebiete wurden für die Wiener erreichbar gemacht, wie die Lobau im Südosten Wiens und der Bisamberg im Nordosten sowie die Gebiete im Lainzer Tiergarten. Die Hermesvilla wurde saniert und als Schaustück des Lainzer Tiergartens hergerichtet. Die Schließung des Wald- und Wiesengürtels wurde durch Grundkauf und Aufforstung vorangetrieben. Die Wohlfahrtsaufforstung am Laaer Berg ist nun nach 25 Jahren so weit, daß sie zu einem neuen Wald geworden ist. Der Landschaftsplaner Friedrich Woess schrieb 1974: „Es steht nicht mehr die Grünanlage um ihrer selbst willen im Vordergrund. (...) In der Grünplanung im Rahmen der Stadtgestaltung ist naturgemäß der Bewohner wichtig. Auf ihn muß die Nutzung des öffentlichen Grüns ausgerichtet sein. Hinsichtlich dieser Benutzbarkeit ist heute im öffentlichen Grünraum ein passiver und ein aktiver Anteil zu unterscheiden."

Die zwei großen Gartenschauen der Zweiten Republik, 1964 und 1974, dienten neben ihrer spektakulären Publizität auch dazu, Freiflächen zu sichern und aus dem Gelände gebrauchsfähige große Parkanlagen zu machen – der Donaupark und der Kurpark Oberlaa gehören zu den großen Grünanlagen, die während der Zweiten Republik in Wien geschaffen wurden. Auch der Wohnbau verlangte neue Freiräume: Die Landschaft um Alt-Erlaa, die im Nahbereich des Liesingbaches als „Natur aus zweiter Hand" zu den Wohntürmen dort geschaffen wurde, sei hier nur als ein Beispiel erwähnt.

Der Donaubereich sollte die größte Aufgabe werden, die bis heute im zentralen Landschaftsbereich beplant wird. Die Donauinsel wurde nach dem wasserbaulichen Projekt mit Gestaltungswettbewerben von den Landschaftsarchitekten Hansjakob, Heiss und Kirchner zu einem großzügigen neuen Erholungsgebiet für die Wiener entwickelt.

Die Aufgaben heute

In letzter Zeit hat die Stadtverwaltung den Schwerpunkt der Grünflächenplanung von den verdichteten Stadtgebieten ausgehend auch auf die Stadterweiterungsgebiete verlagert. Auf verschiedenen Planungsebenen wurde der Ausbau der Stadt vorangetrieben.

Dies hat zur Folge, daß die notwendigen Aufwendungen für die Planung, aber auch für die Pflege und Erhaltung der in Verwaltung stehenden Anlagen stetig steigen. Hier setzt ein permanent steigender Druck, der zwischen dem Bedarf und der Kostenschere pendelt, den zuständigen Ämtern eine manchmal pragmatische Grenze der Belastbarkeit. So entstanden in den letzten Jahren vergleichsweise schlichte Anlagen am Stadtrand und spektakuläre Einzelgestaltungen, die als Leitfiguren dienen können für das, was ein Stadtgarten oder ein städtischer Freiraum sein könnte. In den innerstädtischen Gebieten wurden vor allem die urbanen Freiräume wie Plätze und Fußgängerzonen gestaltet, zum Beispiel der Michaelerplatz, wo die Stadtarchäologie den Wiener Untergrund in einer ganz besonderen Fassung von Prof. Hans Hollein zeigen kann; der Setagayapark, ein japanischer Garten in Wien-Döbling, bringt alle Elemente der ostasiatischen Gartenphilosophie auf die Hohe Warte, und am Belgradplatz zeigt das Stadtgartenamt, was eine Grünanlage in Favoriten können muß – abgesehen davon, eine Gehölzkulisse in der Stadt zu sein.

Viele andere Aufgaben müssen im Zusammenspiel der einzelnen Abteilungen der Stadtverwaltung bearbeitet werden:

– Die Erneuerung der Straßenbegrünung wurde von der Ringstraße ausgehend in Angriff genommen. In vielen Stadtgebieten werden Bäume neu gepflanzt, um die Wohngebiete der Peripherie zu durchgrünen.

– Wasserbaulich notwendige Maßnahmen wie der Marchfeldkanal und die Arbeiten am Donaukanal brachten es mit sich, daß in Wien ganz neue „lineare Landschaften“ entstanden sind, die erst in den nächsten Jahrzehnten ihre Qualitäten erweisen werden.

– In den dichtverbauten Gebieten wurde eine Unzahl kleiner und größerer Platz- und Gartenanlagen geschaffen, die ihren Gebrauchswert im Alltag beweisen (zum Beispiel in der Arndtstraße im 12. Bezirk).

Kinderspielplätze, Fitneßwege und Picknickplätze sind Phänomene unserer Zeit: Kinder haben keinen Platz zum Spielen mehr, also brauchen sie Spielplätze; die Erwachsenen bewegen sich nicht, brauchen also gestaltete Fitneßwege; und die heilige Natur will beobachtet werden und bedarf also der Picknickplätze. Es gibt noch mehr Paradoxien im öffentlichen Raum der Stadt, die alle beobachtet, beplant und budgetiert werden sollen. Und die städtische Natur wird verwaltet. Denn die ständige Nutzung erfordert auch regelmäßige, aufwendige Pflege, um die Erholungsräume brauchbar zu erhalten. In den letzten Jahren haben die Verwahrlosung und der Vandalismus in so hohem Maße zugenommen, daß es viel Motivation erfordert, die Stadtnatur lebendig zu erhalten. In den kleinen Alltagsproblemen bis hin zu den großen Planungsaufgaben treten oftmals dieselben paradoxen Konflikte auf. Eine eigens von der Stadt Wien eingesetzte Umweltbeauftragte soll

Ein Beispiel: Der kleine Park an der Arndtstraße

dafür sorgen, daß Naturschutz in der Stadt und fortschrittlicher Umweltschutz keine Utopien mehr sind.

Heute spielen Landschaftsplanung und Stadtökologie wichtige Rollen in der Stadtentwicklung. Der Naturgarten und die Stadtwildnis sind neue Hoffnungsträger geworden – neben dem gesteigerten Bewußtsein für den gestalteten Freiraum der Wiener Stadtbewohner.

Deshalb dürfen andere Aufgaben der Freiflächengestaltung nicht außer acht gelassen werden: die kleinteiligen städtischen Freiräume, die neuen und die historischen Gärten, das wohnungsnahe Umfeld, die Sport- und Spielplätze. Die irakische Planerin Zaha Hadid sagte einmal in einem Interview: „Man muß auf Freiflächen Leben erzeugen. Und: Dieser öffentliche Raum muß von den Kommunen, der öffentlichen Hand mitstrukturiert werden." Alle Pflichten eines Amtes zum Wohle der Bevölkerung können nur dazu dienen, daß das Ergebnis dieser Bemühungen, der städtische Freiraum, in der ganzen Komplexität und Vielfalt der Stadtlandschaft so benutzerfreundlich wie möglich weiterentwickelt werden kann.

Literatur

Auer, Alfred, *Wien und seine Gärten*, Wien 1974, S. 69, S. 97–104.

Auböck, Maria, *Die Gärten der Wiener*, Wien 1975, S. 4–36.

Bösel, Richard, *Der Michaelerplatz in Wien*, Wien 1992, S. 11–12.

Czeike Felix, *Historisches Lexikon Wien*, Band 1 und 2, Wien 1992.

Fischer, Friedrich, *Die Grünflächenpolitik Wiens bis zum Ende des Ersten Weltkriegs*, Wien 1971, S. 14, S. 16, S. 32.

Fischer, Gerhard, daedalus, *Die Stadt und die Wildnis, Wien 1000–1500*, Frankfurt 1992, S. 15–20.

Hajós, Géza, *Romantische Gärten der Aufklärung*, Wien 1989, S. 37.

Hirschfeld, Christian Cay Laurenz, *Theorie der Gartenkunst*, 5 Bände, Leipzig 1779–1785, S. 196.

Klaar, Adalbert: *Der barocke Wiener Stadtgrundriß*. In: Walter, Friedrich: *Wien, Die Geschichte einer deutschen Großstadt an der Grenze*, 2 Bände, Wien 1941, S. 383.

Neubauer, Erika, *Lustgärten des Barock*, Salzburg 1966, S. 25.

Woess, Friedrich, *Entwicklung der Wiener Grünanlagen*. In: *Naturgeschichte Wiens*, Wien 1974, S. 227.

Wetter und Klima – Frostzeitraum

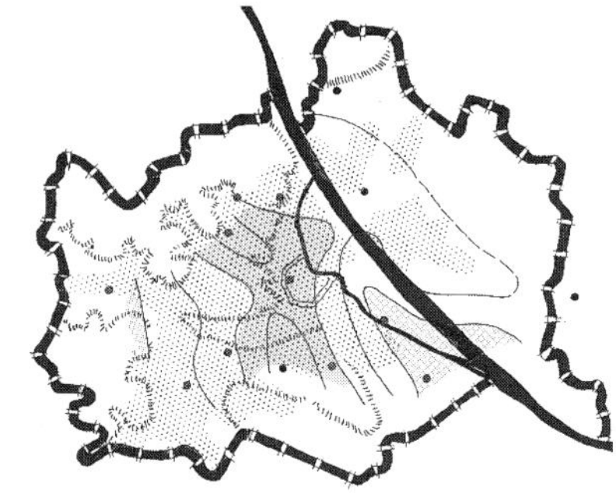

Mittlerer Zeitraum zwischen frühestem und spätestem Frostauftreten für die Periode 1951–1965 (in Tagen)

Quelle: Naturgeschichte Wiens, 1970

Häufigkeit der Windrichtungen

in einem Wintermonat bei tiefliegenden Inversionen nach Terminen

an den übrigen Terminen desselben Zeitraums

Häufigkeit der Windrichtungen und Windstillen in winterlichen Antizyklen mit Inversionen unter 1000 Meter im Winterhalbjahr

Quelle: Naturgeschichte Wiens, 1970

Landschaften im Wiener Raum

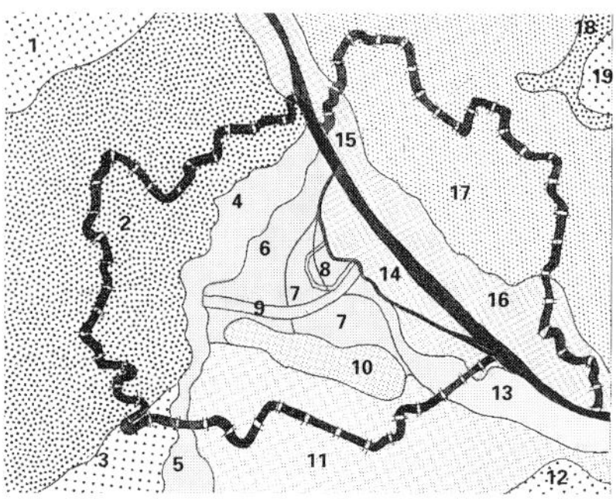

1 Tullner Feld
2 Sandstein-Wienerwald
3 Kalkwienerwald
4 Nußbergterrasse, Burgstallterrasse
5 Randzone
6 Wienerbergterrasse
7 Arsenalterrasse
8 Stadtterrasse
9 Wiental
10 Laaer-Berg-Zug
11 Quarzschotterhügelland
12 Rauchenwarther Platte
13 Friedhofterrasse
14 Praterterrasse
15 Wiener Pforte
16 Donau-Auland
17 Unteres Marchfeld
18 Rußbachmulde
19 Oberes Marchfeld

Ursprüngliches Gewässernetz

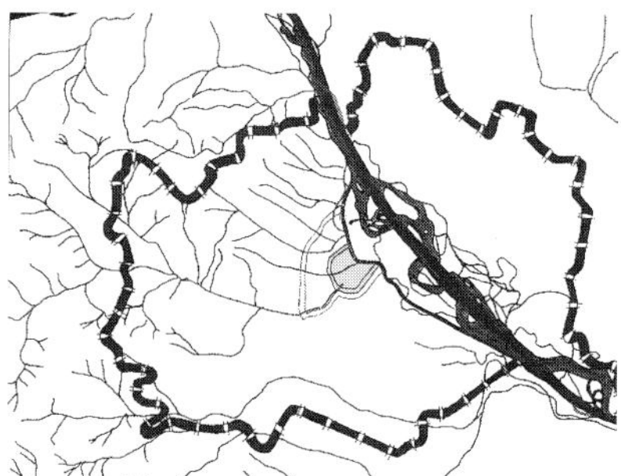

Ursprünglicher Gewässerverlauf im Wiener Raum

Quelle: Naturgeschichte Wiens, 1970

Die Wiener Stadtlandschaft

Die Wiener Landschaft ist außergewöhnlich vielfältig. Es gibt nur wenige Städte in Mitteleuropa, die in Gestalt und Form vergleichbar sind: Wien liegt geographisch und geologisch am Schnittpunkt verschiedener Landschaftstypen und Klimabereiche. Der Geograph Hugo Hassinger schreibt 1946, „daß in kaum einer anderen Stadt die Entwicklung so abhängig vom Bodenrelief ist wie in Wien". In Anlehnung an den Sandstein-Wienerwald steigt eine Reihe von Terrassen stufenförmig bis zum heutigen Stadtkern und zur Donau herab, und diese werden im Süden vom Sporn des Wienerberges und des Laaer Berges aufgefangen. Im Norden und Nordosten wird dieser Aufbau durch den Bisamberg und die Ebene des Marchfeldes mit ihren speziellen Flurformen und Schotterteichen ergänzt. Wenn man einen Geländeschnitt betrachtet, wird das Relief ganz deutlich. Man hat den Wiener Boden, dessen Form durch die Terrassen schüsselförmig ist, mit einem Amphitheater verglichen, bei dem die einzelnen Ränge ansteigend den am tiefsten liegenden Teil wie in einem Halbkreis umgeben.

Hugo von Hofmannsthal schrieb dazu in seinem Essay „Gärten": „Das Kostbarste dieser Anlage, wofür das Budget keiner Großstadt ausgereicht hätte, hat die Natur auf sich genommen: die Erdbewegungen. Diese Zehntausende von kleinen, wundervoll variierten Erhöhungen und Senkungen, von Kuppen und Rücken und Wällen, von Abhängen, Klüften, Mulden, Terrassen, Hohlwegen, Überschneidungen – ich glaube, es gibt nicht einen älteren mittelgroßen Garten in Heiligenstadt oder Pötzleinsdorf, in Döbling, in Dornbach, Lainz oder Mauer, der an diesem unerschöpflichen Reichtum nicht seinen Anteil hätte. Hier kann keiner klagen, daß sein Garten klein ist. Denn es ist nicht ein Stück flachen Bodens, an dem man nach Belieben rechts und links hätte einen Streif mehr haben können, sondern fast jeder von diesen unzähligen Gärten ist ein Individuum und kann eine Welt für sich werden."

Man kann es auch so sehen: Wien hat die Form einer offenen Handfläche, wobei die rechte Hand nach oben und der Daumen nach außen gedreht ist. Die Finger bilden die Wienerwaldabhänge, der Daumen die Zone zwischen dem Donaukanal und der Donau, die über die Hand fließt, das Handgelenk stellt den Aubereich der Donau dar. Die Terrasse der Innenstadt sowie die der Vorstädte werden durch den Handteller gebildet, während der Laaer-Berg-Zug im Süden und Südosten der Stadt vom Handballen dargestellt wird. Der geomorphologische Aufbau und das historische Wachstum der Stadt, das im Prinzip auf einer Ringstruktur basiert, haben Wien bis heute geprägt. Auf einzelnen Terrassen liegen die Innere Stadt, die Vorstädte und die Vororte bis zu den Außenbezirken. Wien ist heute über die natürlichen Begrenzungen hinausgewachsen, im Süden und Westen haben sich Ausläufer gebildet.

Westlich verläuft in weitem Bogen der Wienerwald, und Prater-, Stadt- und Simmering-Terrasse sowie der Laaer Berg bilden die Fortsetzung des natürlichen Walls. Eine weitere Bewegung erhält der Wiener Boden durch die zahlreichen Bäche des Wienerwaldes, welche die genannten Terrassen zerschneiden. So bildeten sich im Laufe der Zeit breite Täler, zwischen denen sich Reststücke der einheitlich ausgebildetenTerrassen erhalten haben. Am deutlichsten ist dies bei der Wiental-Terrasse erkennbar. Für die Grünanlagen in Wien ergab sich aus dem bewegten Gelände eine Reihe von begünstigten Standorten, an denen die Hänge und Terrassen eine differenzierte Anordnung von Parks und Gärten ermöglichten. So sind der Türkenschanzpark oder der Pötzleinsdorfer Park eben vor allem auch durch die Topographie interessant. Anlagen wie der Schubertpark oder der Waldmüllerpark erheben sich durch gestaltete Stützmauern und Treppenanlagen über den Straßenraum.

Nach dem Geologen Hubert Trimmel könnte man diese Stadt eine „Stadt der Gegensätze“ nennen. Hier treffen sich das Alpenvorland, das Karpatenvorland und das pannonische Becken. Dazwischen: die Wiener Pforte, ein Durchgangsbereich, ein Tor zur Welt, das in der Geschichte oft auch die Verbindung verschiedener Kulturen ermöglichte. Zwischen den Großlandschaften Europas war die Donau seit Jahrhunderten ein wichtiger Handelsweg.

Landschaftliche Fachgespräche am „1000 ha"-Fest

Die Vielfalt, die der Boden dieser Stadt zeigt – eine Unmenge verschiedener Gesteine ist in Wien anzutreffen –, ist nicht nur im Terrain abzulesen: Die wichtigsten geologischen Aufschlüsse stehen unter Schutz, etwa ein neolithisches Feuersteinbergwerk in Wien-Mauer aus der Zeit um 2500 v. Chr., das für Wien Seltenheitswert besitzt. Häufig findet man in den Donauschottern bedeutende Funde fossiler Tier- und Pflanzenarten des Miozän-Meeres.

Die Potentiale dieser vielfältigen Wiener Landschaft wurden während vieler Jahrhunderte durch die Stadt bereichert: Von den Ansiedlungen der Römer bis in unser Jahrhundert wuchs der Boden weiter, denn die Schuttberge unserer Vorfahren sind unsere Bodenprofile.

Dazu schreibt Jörg Mauthe in seinem Roman „Die Vielgeliebte": „Da drüben, jenseits der Donau und noch ein Stück weiter oben, wo die nördliche Stadtgrenze in die Ebene ausufert, hat sich unbemerkt eine neue Art von Landschaft geformt, eine

Umkehr- oder Negativlandschaft gewissermaßen, die sich im selben Maß, in dem sich die Stadt wieder zurückzieht, ihrerseits ausdehnt:
Über die Abfall-Moränen der Stadt ...
– über die schon lange nicht mehr bestellten Felder ...
– über die verlassenen Schottergruben ...
– über die Hügel des Aushubs ...
– über die zerbröckelnden Betonpfeiler begonnener Bauten, die nie mehr beendet werden ...
– über rostige Bleche, vergilbendes Plastik ...
– über Stahlfedern, Nägel und Draht; über Scherben jeglicher Art und Ziegel und Kacheln und Knochen und zersplitterte Bretter und kaputte Maschinen und Papier und löchrige Gefäße und armlose Puppen und zerfressene Bücher, zerbrochene Möbel und all die unendlich vielen anderen Bestandteile und Instrumente und Beweismittel der laufenden Programme ...
... darüber weht nun der unausstehliche Wind des Marchfelds, rieselt der Sand, bildet der Flughafer seine unfruchtbaren Felder und huschen hindurch die Ratten und Mäuse und manchmal ein Hase: so wird aus dem Dschungel die Tundra, und weil die Zeit jetzt verkehrt läuft, wird hinterher wohl das Eis noch kommen.“

Da Wien an der Grenze des mitteleuropäischen, des alpinen und des pannonischen Klimagebietes liegt, machen sich hier gleichermaßen kontinentale wie ozeanische Einflüsse geltend, das Wetter wird in Wien gerne als schwankend und launisch beschrieben. Die Hauptwindrichtungen verlaufen entsprechend der Lage Richtung Nord-West/West/Südost. Die Vegetationsphasen sind in den verschiedenen Stadtgebieten Wiens recht unterschiedlich. Im Westen der Stadt kommt der Frühling oft später als in den übrigen Bezirken.

Die Pflanzenwelt übernimmt die geologische und klimatische Vielfalt. In Wien trifft die Region des europäischen Mischwaldes (Buche, Ahorn, Eiche und Hainbuche) auf die pannonische Vegetation mit ihren Eichenwäldern und Trockenrasen, wie sie im 10. Bezirk zu finden ist, wo es einen Reliktwald aus krüppeligen Flaumeichen gibt. Die weiten Buchenwälder im Nordwesten der Stadt, die dichten Waldränder und Wiesen im Westen und die außergewöhnlich vielfältige Flußlandschaft der Lobau gehören mit zu den schönsten Landschaften Österreichs, wenn man das Naturschöne hier als Begriff heranziehen möchte. Hier in Wien finden sich (leider auch auf den Roten Listen befindlich und durch das Naturschutzgesetz streng geschützt) zum Teil sehr selten gewordene heimische Arten wie der Diptam, verschiedene Orchideenarten und Kuhschellen. Es finden sich hier aber auch Elsbeere, Robinie, Götterbaum, Flieder und Roßkastanie, die aus anderen Gebieten stammen und aus den Gärten ausgebrochen sind. Nicht nur die botanische Neugierde und der exotische Reiz brachten Fremdlinge von weither nach Wien, oft war es auch die Hoffnung, die Wirtschaft anzukurbeln oder den Obstbau zu beleben. In der Folge wurden sie landschaftsprägend. Ein Beispiel dafür sind die genannten Roßkastanien und der Flieder, die beide Importe aus der Türkei sind. Weitere Beispiele sind der Safran, der längst wieder verschwunden ist, und die Maulbeerbäume, die bis heute in den Hinterhöfen Wiens anzutreffen sind. Sie wurden zur Zeit Maria Theresias gepflanzt, da man damals die Seidenraupenzucht einführen wollte und die Blätter zur Fütterung der Raupen benötigte.

Durch die Erkenntnisse der Ökologie angeregt, steht heute der Schutz der biologischen Lebensräume im Vordergrund. Natur- und Landschaftsschutz sind innerhalb der Stadtplanung zu einem Nutzungsanspruch geworden, der gleichrangig mit Wohnen, Verkehr oder Industrie ist und damit Anspruch auf den Schutz biologischer Vorrangflächen hat.

Literatur

Auböck, Maria, *Wiener Naturdenkmäler*, im Auftrag der MA 22, Wien1983, S. 16–21.

Loidl-Reisch, Cordula, *Freiräume im städtischen Kontext von Wien – ein Vokabular. Ansätze zur Typologie öffentlich zugänglicher Freiräume*, im Auftrag der MA 18, Wien 1992, S. 1, 5, 23.

Sauberer, A., *Die Pflanzenwelt der Wiener Grünanlagen.* In: *Naturgeschichte Wiens*, hg. v. Arbeitsgemeinschaft im Institut für Wissenschaft und Kunst, Band 5, Wien 1974, S. 236.

I. BEZIRK
INNERE STADT

Im Burggarten gibt es Rasenfreiheit

BURGGARTEN

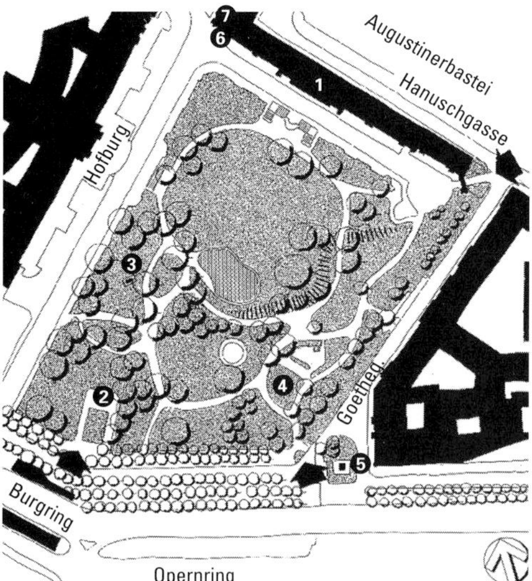

Lage: *Burgring*
Größe: *38.000 m^2*
Planung: *Ludwig von Remy, Franz Antoine*
Verkehrsverbindung: *57A, 1, 2, D, J*

1. Glashaus
2. Mozartdenkmal
3. Franz I-Denkmal
4. Kaiser Franz Josef-Denkmal
5. Goethe-Denkmal
6. Cafe
7. Gartenverwaltung

Der Burggarten liegt hinter den Baumreihen der Wiener Ringstraße verborgen und ist ein Teil des gründerzeitlichen Ensembles rund um die Hofburg. Als einer der kleinen eleganten Parks von Wien besitzt er einen prächtigen Baumbestand und ein besonders schönes Glashaus.

Geschichte und Gegenwart

Die Geschichte des Burggartens begann, nachdem die französischen Besatzungstruppen die Burgbasteien (1816–1819) gesprengt hatten. Es hatte bereits früher kleine Gartenanlagen im Innenbereich der Hofburg gegeben. Die neue Anlage wurde Hof- oder Kaisergarten genannt. Der „Blumenkaiser" genannte Franz II. war an Botanik und Gartenkunst sehr interessiert und soll sich hier gärtnerisch betätigt haben. Sein Werkzeug befindet sich heute noch im Bundesmobiliendepot.

Nach den Plänen des Hofbaudirektors Ludwig von Remy wurde der heutige Burggarten als private Gartenanlage des Kaiserhauses von Hofgärtner Franz Antoine 1818/19 angelegt. Das

Erwin Pendler: „Ansicht Glashaus", 1923

Oskar Laske: „Motiv aus dem Burggarten“, um 1950

Areal befindet sich an den Seitentrakten der Hofburg und lag ursprünglich auf dem Niveau des Glacis. 1863 wurde die Anlage Richtung Goethegasse und Burgring erweitert und mit einem gußeisernen Gitter umgeben. 1881 wurde die Fläche durch den Bau der Neuen Hofburg verkleinert und 1919 in Burggarten umbenannt und der Öffentlichkeit zugänglich gemacht. Seit damals ist die Anlage im Besitz der Republik Österreich und wird von den Bundesgärten verwaltet. Die Aufmerksamkeit der Öffentlichkeit richtete sich Ende der siebziger Jahre auf die kurzlebige juvenile „Burggartenbewegung“, die die allgemeine Benutzbarkeit der Grünflächen forderte: „Rasenfreiheit!“ war der Slogan, mit dem ein neues Benutzungsrecht der Rasenflächen gefordert wurde. Heute sind Picknickgruppen geduldet.

Raumerlebnis und Vegetation

Es gibt verschiedene Eingangstore, die dem Besucher jeweils verschiedene Stimmungsbilder bieten. Abraham a Santa Clara steht an der Goethegasse bereit, vor der Welt zu warnen, und in Ring-

Kaiser Franz Joseph I. im Frühling

Das Mozartdenkmal

nähe wartet das populäre Mozartdenkmal auf die touristischen Bewunderer. Ebendort befinden sich auch neben der großen Eibengruppe eine Gruppe chinesischer Strauchpäonien, die mit ihrer leuchtenden Farbenpracht die gepflegte Erscheinung der Anlage beleben. Der Besucher wird bei Betreten des Burggartens von dem bewegten Gelände überrascht: Die Anlage senkt sich von dem mittleren Teich in sanft gewölbten Rasenpartien zu den Futtermauern, seitwärts führen strenge Stufenanlagen hinab in die tieferen Gartenpartien.

Der romantische Bereich an der Wasserfläche ist besonders reizvoll – eine ruhige Insel in der Stadt und in seinem Erscheinungsbild eine gepflegte kleine Nische. Cordula Loidl-Reisch schreibt dazu: „Für die Dauer des Aufenthalts im Burggarten ist man in eine andere Welt eingetaucht: ohne Hektik und Trubel der Großstadt, sonnendurchflutet, vom erdigen Geruch des Bodens und vom Duft mancher Pflanze umhüllt."

Die Großgehölze bilden breite Schirme über den Gartenpartien, darunter finden sich Strauchgruppen und Heckenräume mit

Ein Blick in die tiefen Parkpartien

Spielbereichen und Sandkiste. In die Garteneinfriedung sind Laternen integriert, die den Randbereich elektrisch beleuchten und ungewöhnliche Abendstimmungen erzeugen.

In dieser Anlage gibt es eine Reihe botanisch interessanter Raritäten, zum Beispiel eine breitgelagerte Gruppe von Strauchkastanien, und eine Menge wertvoller großer Bäume, etwa eine Libanonzeder nahe einer Gruppe von versteinertem Holz am Abgang zur tiefer gelegenen Wiesenpartie. Ein Pflanzenquartier für die vielen Kübelpflanzen, die bei den Veranstaltungen der Hofburg Verwendung finden, ist neben der Goethegasse angelegt. Die interessantesten Großgehölze im Park sind u.a.: Strauchkastanie (Aesculus parviflora), Hainbuche (Carpinus betulus „Pendula"), Libanonzeder (Cedrus libani), Katsurabaum (Cercidiphyllum japonicum), Goldesche (Fraxinus excelsior „Aurea"), Blumenesche (Fraxinus ornus), Blasenesche (Koelreuteria paniculata), Weihrauchzeder (Calocedrus decurrens), Paulownie (Paulownia tomentosa), Robinie (Robinia pseudoacacia „Semperflorens), Schnurbaum (Sophora japonica).

Bauten und Denkmäler

Das erste Gewächshaus, das Ludwig von Remy geplant hatte, war ein klassizistisches Bauwerk mit hohen schmalen Fensterteilungen und klassischer Säulenstellung. Dem Zeitgeist entsprechend wurde das 180 Meter lange Gebäude von Antoine mit seltenen Pflanzen und Tieren belegt und vermittelte eine salonartige Atmosphäre. 1902 wurde von Friedrich Ohmann ein neues Glashaus errichtet. Dieses ist eine architektonisch-dekorative Meisterleistung des Jugendstils. Hier befinden sich heute ein Kaffeehaus, Pflanzensammlungen und Schauräume, die hin und wieder für Pflanzenschauen genutzt werden. Das älteste Reiterstandbild Wiens, das Franz I. darstellt, von Balthasar Moll 1781 geschaffen, stand ursprünglich im Paradeisgartel und wurde 1819 hierher übertragen. Weitere wichtige Denkmäler sind das Kaiser Franz Josephs I. von 1904 sowie das Mozartdenkmal von Viktor Tilgner und Karl König, das ursprünglich am Albertinaplatz stand und nach der Restaurierung von Bombenschäden 1953 hierher verpflanzt wurde. 1957 wurde das Franz-Joseph-Denkmal von Joseph Tuch von Wiener Neustadt hierher überstellt.

Literatur

Czeike, Felix, *Historisches Lexikon Wien,* Band 1, Wien 1992, S. 517.

Kaut, Hubert, *Wiens Gärten im 19. Jahrhundert. Die ersten Jahrzehnte.* In: Auer, Alfred, *Wien und seine Gärten,* Wien 1964, S. 63.

Loidl-Reisch, Cordula, *Der Burgarten.* In: *Historische Gärten. Vergessene Gesamtkunstwerke,* hg. v. Gesellschaft für historische Gärten, Wien 1993, S. 222–226.

Frühlingssonne im Rathauspark

RATHAUSPARK

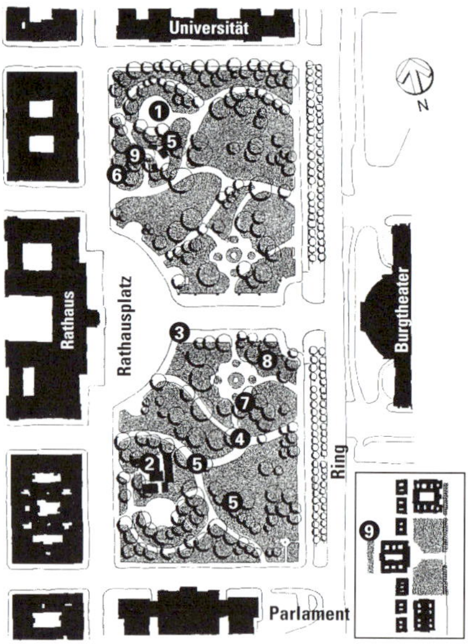

Lage: *Vor dem Rathaus Dr.-Karl-Lueger-Ring)*
Größe: *40.386 m²*
Planung: *Rudolf Siebeck*
Verkehrsverbindung:
U2 Rathaus/1, 2, D, J Rathausplatz – Burgtheater

1. Kinderspielplatz
2. Gartenbezirk 1
3. Denkmalreihe
4. Lueger-Eiche
5. Gingko
6. Japanischer Schnurbaum
7. Flügelnuß
8. Geschlitztblättrige Buche
9. Osagedorn

Maximilian Suppanitsch: „Der Rathauspark gegen die neue Hofburg“, 1906

Ein buntes Treiben von Kindern, Touristen, Erholungssuchenden und Studenten prägt den Park mit den vielen alten exotischen Gehölzen vor dem Rathaus. Er ist eine symmetrisch angeordnete Anlage mit dem Nordpark zur Universität und dem Südpark zum Parlament hin.

Geschichte und Gegenwart

Nach langem zähem Ringen mit dem Kriegsministerium wurde der Park 1872 bis 73 auf einem ehemaligen Parade- und Exerzierplatz der k. u. k. Monarchie errichtet. Er entstand in einem Gesamtkonzept mit den Monumentalbauten Rathaus, Parlament, Universität und Burgtheater. Der Stadtgärtner Dr. Rudolf Siebeck, der auch den Stadtpark, die zweite große Parkanlage dieser Zeit, gärtnerisch gestaltete, erstellte die Pläne. Einerseits sollte der Park ein Erholungsort werden, andererseits mußte er seiner Lage zwischen den Monumentalbauten gerecht werden.

An der Westseite des Rathauses befindet sich in Ergänzung zum Rathauspark eine kleine geometrisch angelegte Parkanlage,

Mütterrunde im Rathauspark, 1915

die vom Stadtgärtner Gustav Sennholz 1885 nach Plänen von Lothar Abel ausgeführt wurde.

Der Rathauspark ist Ausdruck einer bewußten Grünflächenpolitik der Stadt Wien. Nach dem Verlust des mit Bäumen bepflanzten Glacis als Erholungsfläche wurde einerseits die Ringstraße mit einer mehrfachen Baumreihe bepflanzt, andererseits wurden die beiden großen städtischen Parkanlagen Stadtpark und Rathauspark als Podium für den Bürger und Manifestation des bürgerlichen Wollens im Gegensatz zum Kaiserhaus und zur Obrigkeit geschaffen.

Die beiden Parkteile sind durch die ehemalige Zufahrt vom Ring zum Rathaus getrennt, die heute für den öffentlichen Verkehr gesperrt und ausschließlich Fußgängern vorbehalten ist.

Heute ist der Park eine Nische, eine Naturnische, an der Ringstraße gegenüber dem Burgtheater. Hier trifft man sich zur Mittagspause auf den weißen Parkstühlen und kann die Kinder, die am Springbrunnen spielen, oder die alten Damen, die Tauben

Mittagspause im Park

Blick zum Rathaus

füttern, beobachten. Die Fläche zwischen den Parkhälften ist Veranstaltungsort, im Winter findet hier der Christkindlmarkt statt. In dieser Zeit werden die alten Bäume in den beiden Parkteilen mit bunten leuchtenden Sternen, Nikoläusen, Herzen oder sonstigen Figuren geschmückt. Im Sommer gibt es seit den letzten Jahren regelmäßig ein immer beliebter werdendes Sommerkino, ab und zu gastiert hier ein Zirkus, oder Festaufzüge, etwa im Fasching, und der Wienmarathon ziehen vorbei. Es ist ständig etwas los vor dem Rathaus.

Raumerlebnis und Vegetation

Im Rathauspark zeigt sich eine Form von Kunstnatur, in der die zusammenhängenden Wiesenpartien mit den großen Gehölzgruppen eine landschaftliche Anlage der Spätgründerzeit formen und mit dem Gebäude des Rathauses in enger Verbindung stehen. Die geschwungene Wegeführung erinnert an eine englische Parkanlage; sie wird unterbrochen von Wasserbecken mit Spring-

Eschenknospe im Licht

Der Rathausmann im Grünen

Im April blühen Krokusse

brunnen und Denkmälern. Die großen alten Bäume mit ihrem ausladenden Ast- und Blätterwerk vermitteln einen fast hallenartigen Charakter.

Die Pflanzen der beiden Parkteile am Ring wurden so ausgewählt, daß es vom Frühjahr bis in den Herbst hinein in immer neuen Farben blüht und grünt. Sie stellen ein kleines Arboretum dar, eine Baumsammlung botanischer Raritäten. Bemerkenswert ist eine große Anzahl sehr alter und fremdländischer Gehölze in zum Teil prachtvollen Exemplaren. Im nördlichen Teil finden wir die 1906 zu Ehren des Wiener Bürgermeisters Karl Lueger gepflanzte „Lueger-Eiche", weiters einen Japanischen Pagodenbaum oder Schnurbaum (Sophora japonica), einen alten Ginkgo (Ginkgo biloba) und einen um die Jahrhundertwende von einem amerikanischen Medizinstudenten als Dank für die Ermöglichung seines Studiums spendierten Blumenhartriegel (Cornus florida). Im südlichen Teil sind ein mächtiges Exemplar einer Kaukasischen Flügelnuß (Pterocaria fraxinifolia), ein wunderschönes Exemplar der geschlitztblättrigen Buche (Fagus silvatica

„Quercifolia"), ein Tulpenbaum (Liriodendron tulipifera) und ein Geweihbaum (Gymnocladus dioicus) besonders hervorzuheben.

Im westlichen Parkteil findet sich am Zugang zur U-Bahn ein alter Osagedornbaum (Maclura pomifera), eine Rarität aus den USA.

Bauten und Denkmäler

Der Park ist reich bestückt mit den unterschiedlichsten Denkmälern und Erinnerungsstücken. Entlang des Weges zum Rathaus stehen acht Denkmäler von für Wien bedeutsamen Persönlichkeiten. Sie wurden 1897 im Zuge der Einwölbung des Wienflusses von der Elisabethbrücke in den Rathauspark umgesiedelt. Entlang des Nordparks stehen: Herzog Leopold der Glorreiche (Johann Preleuthner), Niklas Graf Salm, Verteidiger Wiens 1529 (Mathias Purkarthofer), Erzbischof Leopold Graf Kollonitsch, Kardinal (Vinzenz Pilz), Josef von Sonnenfels, Vorkämpfer für die Aufhebung der Todesstrafe (Hans Gasser). Diese Figur wurde 1940 abgetragen und durch ein Standbild des Komponisten Christoph Willibald Gluck (Max Kremser nach Vinzenz Pilz, 1865) ersetzt. 1947 wurde Sonnenfels wiederaufgestellt.

Entlang des Südparks stehen: Heinrich II. Jasomirgott, erster Herzog von Österreich (Franz Melnitzky), Herzog Rudolf IV. der Stifter (Josef Gasser), Rüdiger Graf Starhemberg, Verteidiger Wiens 1683 (Johann B. Feßler), Johann Bernhard Fischer von Erlach, bedeutender Barockarchitekt (Josef Cesar).

Beide Parkteile enthalten noch weitere Denkmäler, die aus unserem Jahrhundert stammen: Im Südpark befinden sich: der Rathausmann, Skulptur von Alexander Nehr (1882); ein Wetterhäuschen von 1890, Geschenk des Optikers Heinrich Kapeller, 1955 erneuert, mit farbigen keramischen Mosaiken der zwölf Tierkreiszeichen (Maria Biljan-Bilger); ein Bronzestandbild von Johann Strauß Vater und Josef Lanner mit einem Marmorrelief tanzender Paare (Franz Seifert, Architektur von Robert Örley) von 1905; eine Linde mit Inschrifttafel aus Stein, die 1916 anläßlich des fünfzigjährigen Regierungsjubiläums Kaiser Franz Josephs gepflanzt wurde; eine Steinbüste des sozialphilosophischen Schriftstellers Josef Popper-Lynkeus (Hugo Taglang 1926; sie wurde nach 1938 entfernt, 1951 erfolgte eine Neuschöpfung nach einem vorhandenen Modell); ein Bronzestandbild des ersten Wiener Bürgermeisters nach der Befreiung von 1945, Theodor Körners, von 1963 (Hilde Leitich-Uray).

Im Nordpark finden sich: ein Marmorsitzbild des Malers Ferdinand Georg Waldmüller von 1913 (Josef Engelhart); eine Steinbüste des Philosophen und Physikers Ernst Mach (Heinz Peteri, 1926); ein Bronzestandbild des letzten frei gewählten Bürgermeisters von Wien in der Ersten Republik, Karl Seitz' von 1962 (Gottfried Buchberger); eine Stahlbüste des ersten Bundespräsidenten der Zweiten Republik, Dr. Karl Renners von 1967 (Alfred Hrdlicka, Architektur von Josef Krawina). Im westlichen Parkteil am Friedrich-Schmidt-Platz gibt es ein Standbild von Friedrich Schmidt, dem Erbauer des Rathauses.

Literatur

Auböck, Maria, *Die Gärten der Wiener*, Wien 1975, S. 57.

Kaut, Hubert, *Wiens Gärten im 19. Jahrhundert*. In: Auer, Alfred, *Wien und seine Gärten*, Wien 1974, S. 82–84.

Die Ringstraße vor dem Parlament um 1865

RINGSTRASSE

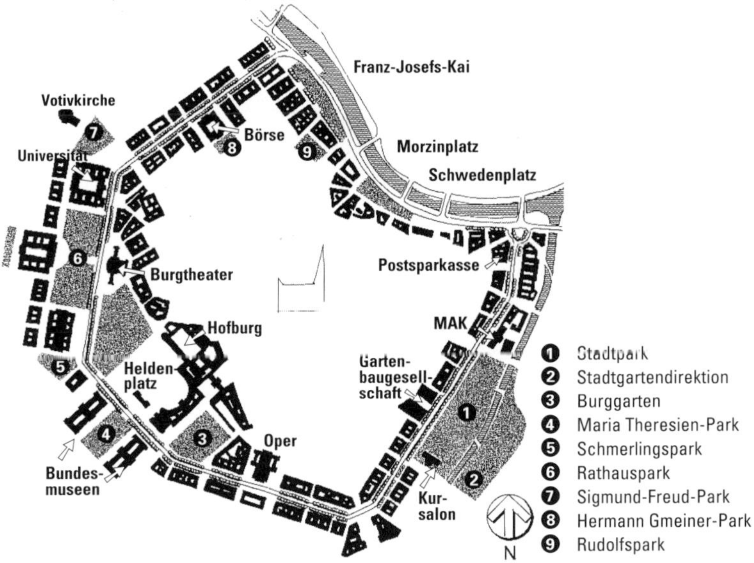

Lage: *Stubenring bis Schottenring, verbunden durch Franz-Josefs-Kai*
Größe: *24.613 m² Grünstreifen*
Planung: *Ludwig Förster, Eduard van der Nüll, August Siccard von Siccardsburg*
Verkehrverbindung: *U1, U2, U3, 1, 2, D, J*

Die Ringstraße vor dem Parlament

Die Wiener Ringstraße ist nicht nur eine Straße, sie ist ein urbaner Begriff von Wien. Sie ist 57 Meter breit und mehr als vier Kilometer lang. Entlang dieser Prachtstraße finden sich die wichtigen Kultur- und Verwaltungsbauten der Republik, die dem Straßenraum einen monumentalen Charakter verleihen. Unter dem Blätterdach der Baumreihen flanieren die Bewohner wie die Besucher dieser Stadt.

Geschichte und Gegenwart

Die Wandlung der mittelalterlichen Stadt zur gründerzeitlichen Metropole wurde im 19. Jahrhundert mit dem Bau der Wiener Ringstraße gekrönt. Nachdem der Beschluß gefaßt worden war, die Basteien zu schleifen und das Glacis zu verbauen, wurde ein Wettbewerb mit 85 Teilnehmern durchgeführt, und man entwarf weitreichende Pläne für die Gestaltung dieser Freiflächen. Eine Prachtstraße sollte entstehen, die die öffentlichen Gebäude und Parkanlagen in polygonaler Form verbindet. Das Projekt war am 22. Dezember 1857 in Auftrag gegeben worden.

Die Wiener Ringstraße wurde in den Jahren 1858 bis 1865 errichtet und am 1. Mai 1865 von Kaiser Franz Joseph feierlich eröffnet. Sie ist wie ein Korsett um die Stadt gelegt, sie symbolisiert Wiener Stadtgeschichte, insbesondere das Repräsentationsbewußtsein der k. u. k. Monarchie. Von der „Sirkecke“ in den „Letzten Tagen der Menschheit“ von Karl Kraus bis zum „Heldenplatz“ von Thomas Bernhard wurde sie literarisch verewigt. Die Ringstraße ist traditionell Schauplatz der Aufmärsche am

Blick in die Seitenallee

Ersten Mai, von feierlichen Umzügen und politischen Manifestationen – und somit wichtiger öffentlicher (Fest-)Raum der Stadt. Die Wiener können darüber hinaus an den Blattspitzen ihrer Prachtstraße die Jahreszeiten ablesen.

Raumerlebnis und Vegetation

Die ursprünglich aus Rijeka importierten zirka 2000 Götterbäume (Ailanthus altissima) hielten den klimatischen Bedingungen nicht stand und mußten mehrfach nachgepflanzt werden. Dazu verwendete man eine Mischpflanzung aus Kastanien, Linden, Ahorn und Platanen. Am Parkring 16 steht noch ein Götterbaum aus der Erstbepflanzung, von den Platanen sind noch etwa 40 Exemplare erhalten. Heute setzt sich der Bestand in der Hauptsache aus Ahorn, Linden und Platanen zusammen. Die Ringstraße hat lange Grünstreifen, in denen die Baumreihen stehen, manche Standorte mußten jedoch mit Baumscheiben ausgestattet werden, insbesondere die Bereiche von Haltestellen und Kreuzungen.

Hermine Lang-Laris: „Blick über den Burggarten auf die Albertina", um 1890

Die Bäume litten unter der zunehmenden Versiegelung der Straßenflächen, der Salzstreuung im Winter, dem Hundekot und dem ständig sinkenden Grundwasserspiegel. Die Diagnose: Nekrose, Schädlingsbefall, Laubfall bereits im Juli – die Alleen waren sanierungsbedürftig. So wurde von 1987 bis 1991 eine Generalsanierung durchgeführt. Der nährstoffarme Boden wurde händisch abgehoben, die Sohle der abgegrabenen Grünflächen gelockert, in 30 Zentimeter Tiefe eine Bewässerungsleitung eingebaut, es wurden fehlende Nährstoffe und Substrat eingebracht und erhöhte Randeinfassungen hergestellt. Der Erfolg der Sanierung war bereits im ersten Jahr feststellbar – die Bäume der Ringstraße sind bis zum Herbst grün geblieben, der Laubfall setzte später ein.

Die Atmosphäre dieses begrünten Stadtraums ist auf keine zentrale Perspektive ausgerichtet. Diese Wiener Prachtstraße ist aber auch nicht rund, wie es der Name nahelegt, sondern mehrfach gebrochen und in Stücken erlebbar.

Der Eindruck dieses Straßenraumes wechselt zwischen geschlossenen Straßenfassaden wie an der Staatsoper und offenen Situationen wie am Heldenplatz mit Blick auf das Panorama der Stadt. Die geschlossenen Baumkronen in den Seitenalleen und die oftmaligen Unterbrechungen des Baumbestandes durch Straßenkreuzungen machen diesen Straßenraum äußerst abwechslungsreich. Seitwärts gelegene Grünanlagen stoßen auf den Straßenraum, dieser selbst wird oft durchkreuzt von Seitenfahrbahnen, dem Radweg und den Gehsteigen. Das Flanier-Erlebnis wird durch die abwechselnden Raumkanten und Mehrfachnutzungen durch den Straßenverkehr verstärkt.

Bauten und Denkmäler

An der Wiener Ringstraße wurde eine Reihe öffentlicher und privater Gebäude sowie Parkanlagen errichtet, eine Auswahl soll hier erwähnt werden: die Postsparkasse mit dem Georg-Coch-Platz, das ehemalige Kriegsministerium, das Museum für angewandte Kunst, der Stadtpark, die Staatsoper, die Hofburg, der Burggarten, das Kunsthistorische und das Naturhistorische Museum mit dem Maria-Theresien-Platz, der Volksgarten, das Parlament, das Rathaus mit dem Rathauspark, das Burgtheater, die Universität, die Börse und der Ringturm, die Hotels Mariott, SAS, Imperial, Plaza. Die Denkmäler entlang der Straße könnten Bände füllen: Maria Theresia zwischen den Museen, diverse Präsidenten in den Ecken und Nischen von Rathauspark und Volksgarten, der Löwe gegenüber der Universität …

Literatur

Groner, Richard, *Wien, wie es war,* neubearbeitet und erweitert von Felix Czeike, Wien 1965, S. 470.

Czeike, Felix, *Innere Stadt.* In: *Wiener Bezirkskulturführer,* Wien 1983, S. 126–127.

Lemell, Dagmar, *Die Wiener Ringstraße.* In: *Perspektiven,* Heft 4/1992, S. 44.

Floraler Jugendstil: Der Eingangspavillon

STADTPARK

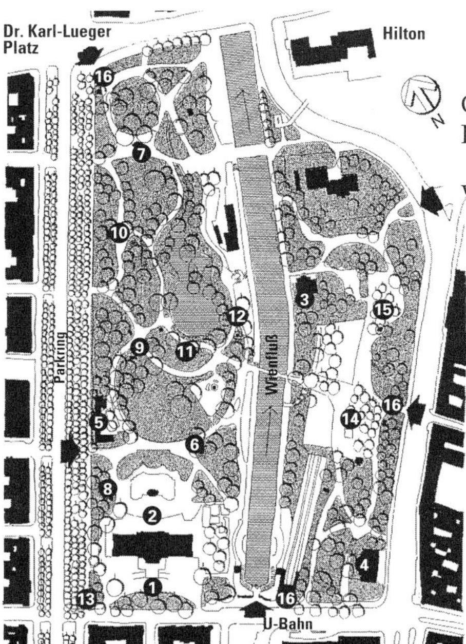

Lage: *Parkring sowie Am Heumarkt (3. Bezirk)*
Größe: *65.303 m²*
Planung: *Josef Selleny, Rudolf Siebeck*
Verkehrsverbindung: *U3, U4*
1, 2 Weihburggasse

1. Kursalon
2. Kurkonzert
3. Meierei
4. Stadtgartendirektion
5. Gartenbezirk
6. Johann Strauß Denkmal
7. Andreas Zelinka Denkmal
8. Franz Lehar Denkmal
9. Robert Stolz Denkmal
10. Franz Schubert Denkmal
11. Anton Bruckner Denkmal
12. Jacob Friedr. Schindler Denk.
13. Canon Denkmal
14. Kinderspielplätze
15. Trinkbrunnen
16. WC

Der Stadtpark wurde als malerische Anlage zur Zeit des Historismus konzipiert und mit vielen Denkmälern ausgestattet. Die zwei Parkteile sind durch Brücken und Stege verbunden: Der Wienfluß durchzieht diesen wertvollen Park und verleiht dem Gelände das Flair des floralen Jugendstils.

Geschichte und Gegenwart

Hier befand sich einst das Wasserglacis, in unmittelbarer Nähe hatte die Gartenbau-Gesellschaft ihr Veranstaltungsgebäude am Fuße der Coburgbastei. Zwischen 1858 und 1864 wurden die Stuben-, die Coburg- und die Wasserkunstbastei abgetragen, zwischen 1864 und 1873 wurde der Parkring verbaut.

Die Gemeinde Wien lud Rudolf Siebeck, Lothar Abel und Rosenthals Erben zusammen mit dem Landschaftsmaler Josef Selleny zu einem Gestaltungswettbewerb ein. Den Entwurf Sellenys akzeptierte der Gemeinderat 1861 mit der Bedingung, Änderungen vornehmen zu können. Der seit 1861 als erster

Der Stadtpark um 1900

Stadtgärtner Wiens tätige Rudolf Siebeck überarbeitete den Sellenyschen Entwurf und leitete die Ausführungsarbeiten.

Die Stadtgemeinde erwarb 1862 den berühmten gußeisernen Pavillon von Hermann Bergmann, der 1851 auf der Londoner Weltausstellung gezeigt worden war. Der Park am linken Ufer der Wien konnte am 21. August 1862 eröffnet werden. 1863 wurde der sogenannte Kinderpark am rechten Wienufer ergänzt, nach verschiedenen Brückenbauwerken im Wienflußbereich wurde 1906 mit der Planung der heute bestehenden Wienflußeinwölbung von Ohmann und Hackhofer begonnen. Von dem reichhaltigen architektonischen Programm wurden nur Teile realisiert, zum Beispiel nur zwei statt der geplanten vier Pavillons. Die bislang letzte von zahlreichen Änderungen und Einbauten in der jüngsten Vergangenheit ist die von Hermann Czech geplante Stadtparkbrücke. Über sie kann man bequem von der Inneren Stadt in den dritten Wiener Bezirk spazieren.

Der Stadtpark wird von den Wienern und den in- und ausländischen Besuchern sehr stark frequentiert. Das vergoldete Strauß-Denkmal und der Kursalon sind fest in Touristenhand,

F. Holheber: „Eingang Stadtpark", 1914

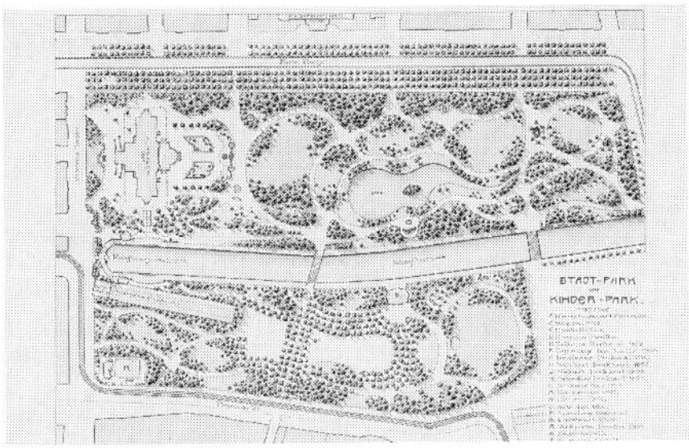

Plan um 1910

Wienflußeinwölbung von Ohmann/Hackhofer

Das Makart-Denkmal

andere Zonen, wie die Sitzbereiche um den Teich und die Abgänge zum Wienfluß, werden von Wiener Gartenbesuchern besetzt. Leider wurde durch teilweise kleine, im einzelnen beinahe unauffällige Veränderungen über die letzten Jahrzehnte die Gesamtatmosphäre des Stadtparks beeinträchtigt. Schwere Schäden wie Verluste von Baulichkeiten, Pflanzengruppen und Gartengittern sind dokumentiert. Ein ausführliches Parkpflegekonzept für den Stadtpark existiert seit 1989 – es wäre wünschenswert, wenn die darin formulierten Vorschläge für eine kulturhistorisch bewußte Erhaltung umgesetzt werden könnten.

Raumerlebnis und Vegetation

Im Stadtpark taucht man unvermittelt in eine komponierte Landschaft ein. Breite Strauchgürtel und malerische Wiesen und Gehölzgruppen dominieren von weit weg sichtbar die Anlage. Die umfangreichen Pflanzungen, vor allem die Ziersträucher, sind auf eine fast ganzjährige Blüte und interessanten Rinden-

und Fruchtschmuck abgestimmt. Bei Eintritt in die Anlage von der Ringstraße her bilden die Alleebäume eine deutliche Schwelle, sodaß die Überraschung durch die offenen, lichtdurchfluteten Parkteile umso reichhaltiger ist.

In der Anlage selbst ist die Anordnung der Gartenräume raffiniert versetzt . Der Park lebt von den ineinander geschlungenen Wegführungen, die jeweils differenzierte Raumerlebnisse ermöglichen, und der langgezogenen Wasserfläche, die von allerlei Wassergeflügel besucht wird. Diverse Pflanzbeete und Strauchgruppen unterteilen die Anlage vor allem beim Wienfluß in teilweise parallele Wegräume. Von der Wienflußeinwölbung gesehen, ist die Sache schon anders: Der Besucher muß sich gleichsam durchschlängeln und an den Weggabelungen seine Route jeweils neu wählen. Die Seite des Kinderparks wirkt dagegen abgekoppelt und der große Spielplatz an erhöhter Stelle wie auf einem Plateau über dem dritten Bezirk gelagert. Die vertiefte Promenade entlang dem Wienfluß bietet ein besonders reichhaltiges räumliches Erlebnis: An sonnigen wie an nebligen Tagen kann man sich hier in imaginäre Länder und Zeiten versetzen – ein Shangri-La in der Großstadt?

Gartendirektor Rudolf Siebeck und Maler Selleny erdachten eine „künstliche Landschaft in der Großstadt“, also eine städtische Grünanlage, in der die Gehölzpartien mit den Wiesenflächen eine einmalige abwechslungsreiche Abfolge boten. Rudolf Siebeck: „Die Gestalt der Gehölze, die Form der Blätter, deren Farbe, die Blüthe, die Zeit derselben, bei einigen auch die Früchte, dieses zusammen muß kunstgesetzlich verwendet werden, damit eine sinnige Schattierung erreicht wird, und zu jeder Jahreszeit des Jahres andere Blüthen erscheinen und den lieblichsten Schmuck der Gruppierungen bilden.“

Diese Intention eines malerischen Parks wird durch die umfangreichen Wasserpartien und die Denkmäler vervollständigt. Heute wäre es reizvoll, die Entwurfsidee Sellenys mit der von Siebeck angestrebten Lösung zu vergleichen. So sind mehrmalige Umpflanzungen von Fichtengruppen dokumentiert und der opulente Einsatz von tropischen Pflanzen für den Sommerflor. Die Komposition der Pflanzgruppen erscheint bis heute teil-

Der Stadtpark im Winter

weise nachvollziehbar, manchmal fehlen aber die feinen Details der Gründerzeit.

Der endgültige Entwurfszustand war 1872 erreicht worden, als alle Gehölzgruppen, die Einzelpflanzungen und die Rasenflächen mit den Teppichbeeten nach der Fertigstellung des Kursalons und seiner Umgebung abgeschlossen werden konnten.

Siebeck führte im Kostenvoranschlag einfach die Pflanzmenge von 7057 Gehölzen an, weil er meinte, es könnte „zu weit führen, tiefer in die Gesetze der Gruppierung einzugehen und die Gehölze alle aufzuzählen, welche dem nach mir entworfenen Plane die anmuthigste und liebliche Scenierung charakteristischen Ausdruck zu bringen bestimmt sind". Lothar Abel wurde zusätzlich beauftragt, die Umgebung des Kursalons zu gestalten, der ironische „Wiener Figaro" nannte diese Beete die „Siebeck-Kulatschen".

1941 und 1973 wurde eine Reihe von Gehölzen unter Naturschutz gestellt, so ein Ginkgo, ein Christusdorn, eine seltene weibliche Pyramidenpappel und eine Kaukasische Flügelnuß.

Bauten und Denkmäler

Der Kursalon im Stadtpark wurde von Johann Garben in den Jahren 1865 bis 1867 errichtet. Die Milchtrinkhalle wurde 1903 von Friedrich Ohmann und Josef Hackhofer entworfen, die auch die Wienflußeinwölbung gestaltet haben. Auf dem Areal befinden sich auch das Hauptgebäude des Stadtgartenamtes, ein Verwaltungsgebäude und ein Glashaus des Stadtgartenamtes sowie ein Kindergarten auf der rechten Seite der Wien. 1883 wurde ein Wetterhäuschen aus Metall errichtet und 1913 durch ein Objekt aus Stein ersetzt.

Der Stadtpark ist heute der an Denkmälern und Skulpturen reichste Park in Wien. Eine Auswahl: Pinguin-Vogeltränke, Wetterhäuschen (1913), Johann Strauß (1921), Jacob Emil Schindler (1895), Hans Makart (1898), Franz Schubert (1872), Anton Bruckner (1899, Kopie 1987), Robert Stolz (1980), Franz Lehar (1981), Befreiung der Quelle (1903), Donauweibchen (1865, Kopie 1948), Andreas Zelinka (1868), Hans Canon (1905), Friedrich Amerling (1902).

Alma Mahler-Werfel erinnerte sich 1960 an die Enthüllung des Denkmals ihres Vaters, Jacob Emil Schindlers: „Bald nach meines Vaters Tode wurde ihm im Stadtpark in Wien ein wunderschönes, romantisches Denkmal gesetzt, gestaltet von Edmund Helmer. (...) Die Enthüllung, das marmorne Sichbeleben der Züge meines Vaters, (...) ich war fast bewußtlos, als die Feier endlich ihrem Ende zuging."

Literatur

Berger, Eva, *Der Stadtpark.* In: *Perspektiven,* Heft 4/1992, S. 41.

Berger, Eva/Gälzer, Ralph, *Parkpflegekonzept Stadtpark Wien.* In: *Schriftenreihe des Instituts für Landschaftsplanung und Gartenkunst,* Technische Universität Wien, Wien 1989, S. 4–15.

Kaut, Hubert, *Wiens Gärten im 19. Jahrhundert.* In: Auer, Alfred, *Wien und seine Gärten,* Wien 1974, S. 81f.

Mahler-Werfel, Alma, *Mein Leben,* Frankfurt/M. 1960.

Riesenkarte – Volksgarten und Hofmuseum, 1898

VOLKSGARTEN

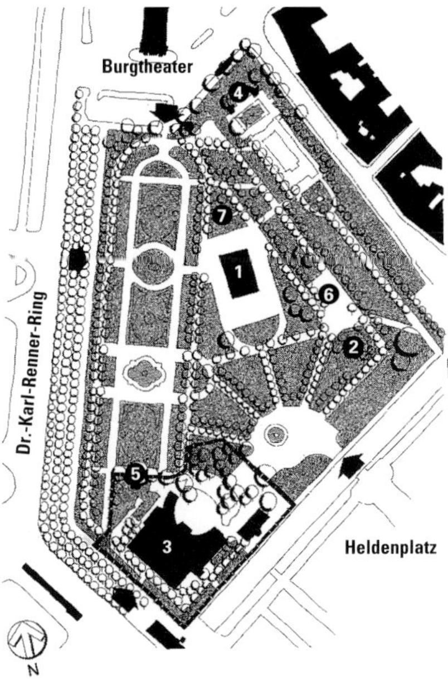

Lage: *Dr.-Karl-Renner-Ring*
Größe: *49.353 m²*
Planung: *Ludwig von Remy*
Verkehrsverbindung:
46, 49, 48A, D, J, 1, 2 Dr.-Karl-Renner-Ring

1. Theseustempel
2. Meierei
3. Tanzcafe
4. Elisabethdenkmal
5. Grillparzerdemkmal
6. Kinderspielplatz
7. WC

Zwischen den Rosenbüschen und unter den mächtigen Kastanienalleen des Volksgartens tummeln sich Kinder, alte Damen, Gitarrenspieler und Touristen. Er ist ein ruhiger Erholungsraum inmitten des städtischen Tubels.

Geschichte und Gegenwart

Mit der Schleifung der Basteien zu Beginn des 19. Jahrhunderts entstanden entlang des Rings mehrere neue Gartenanlagen. Zu diesen Anlagen gehörte der äußere Burgplatz, der Kaisergarten, heute Teil des Burggartens, und der Volksgarten an Stelle der Burgbasteien, die 1816 bis 1819 von den Franzosen gesprengt wurden. Ludwig von Remy wurde mit der Gesamtplanung aller drei Anlagen betraut und war insbesondere im Volksgarten als Gartengestalter tätig.

Die Kernanlage des Volksgartens entstand von 1819 bis 1823 und war die erste öffentliche Gartenanlage in Wien, die vom Staat – unter Kaiser Franz I. – für das Publikum errichtet wurde. Dies bedeutete einen Umschwung in der bisherigen Denkweise der Herrschenden, die bis dahin keine spezifischen Gartenanlagen für das „gemeine Volk" vorsahen.

Remy hielt sich bei der Gestaltung, im Gegensatz zu dem in dieser Zeit üblichen englischen Gartenstil mit seinen geschwungenen Wegen, streng an eine geometrische Gestaltung. Im Volksgarten wurde noch einmal ein Zeichen für die staatliche Ordnung gesetzt. „Englische Anlagen sind, hinsichtlich der großen Volksmenge der in denselben möglicherweise vorkommen können, den Unsittlichkeiten und Ungefüge auf ausdrücklichen, allerhöchsten Befehl, als nicht anwendbar, verworfen worden; jedoch wird rücksichtlich der schönen Baumgruppierungen von Linden, Pappeln, Spitzahornen und Rusten dieser Garten sich besonders auszeichnen" (Franz Heinrich Böckl).

Der Volksgarten wurde in den Jahren 1857 bis 1884 zur Ringstraße hin erweitert. Der damalige Hofgärtner Antoine der Jüngere ergänzte die Anlage mit einem streng formalen Gartenteil. Die Pyramidenpappeln wurden durch Kastanien, Ahorne und Linden ersetzt und erweitert. Auch zur Löwelstraße hin wurde der Park vergrößert. Hier entstand durch die Architekten

Ein Detail im Winter

Unterhaltung im Rosarium

Zwischen den Hochstammrosen

Ohmann und Hackhofer einer der reinsten Wiener Jugendstilgärten. Er war auf das 1898 bis 1907 errichtete Kaiserin-Elisabeth-Denkmal ausgerichtet. Damals erhielten beide Gartenteile das heute noch bestehende eiserne Gitter.

Die Anlage des Volksgartens mit seinen geordneten Alleen und Freiräumen stellt bis heute einen Typus des Bürgerparks dar, der sich am Lustwandeln in einem überschaubaren Areal ausrichtet. Man trifft sich im Sommer in der Meierei und genießt dort seinen kleinen Braunen und sitzt am Rosarium oder am Theseustempel und betrachtet die Vorbeispazierenden in der Abendsonne.

Raumerlebnis und Vegetation

Die Besonderheit des Parks war die Lage zwischen der zunächst noch vorhandenen Löwelbastei und dem darauf gelegenen Paradeisgartl auf der einen und dem Platz vor der Neuen Burg auf der anderen Seite. Der Garten wurde in die vorhandene Stadtbefestigung einbezogen, und die Wiener konnten die Anlage von oben überblicken, während sie auf der Befestigung spazierten. Die Verbindung zum Paradeisgartl wurde über einen dreieckig zulaufenden „Spitz" hergestellt. Im Zuge der Schleifung der Fortifikationsmauern wurde auch die Löwelbastei entfernt, und mit ihr verschwand das Paradeisgartl. Nach dem Verlust ihres Paradeisgartls betrauerten die Wiener dies mit der Dichtung eines „letzten Gesanges" auf das verlorene Paradies (siehe gegenüberliegende Seite).

Heute ist der Volksgarten eine ruhige Parkanlage mit beschaulichen Wegen entlang von Rosensträuchern oder unter Bäumen, eine Erholung im lauten Stadttrubel der Umgebung.

Das Alleensystem aus Kastanien und Linden bildet das Grundgerüst des Gartens. Hierin eingebettet liegt das Rosarium, in dem alle möglichen Rosenarten und -sorten vereint worden sind. Man kann Vergleiche ziehen und zwischen den verschiedenen Blüten-, Knospen- und Blattformen unterscheiden lernen. Im Winter werden die Rosen mit Jutesäcken überstülpt und so gegen Erfrieren geschützt. Das Rosarium enthält über 4000 Buschrosen, Schling- und Parkrosen und 800 Hochstammrosen. Es ist zur Zeit der Rosenblüte ein eindrucksvolles Erlebnis. In der Nähe des Rosariums befindet sich eine bemerkenswerte mächtige Platane, die als Naturdenkmal geschützt ist. Der mit Taxushecken architektonisch durchgestaltete Jugendstilgarten vor dem Elisabethdenkmal ist ein weiterer besonderer Anziehungspunkt im Garten.

Bauten und Denkmäler

„Größte Zierde" und Zentrum des Parks war der Theseustempel. Er wurde von Peter von Nobile für die Skulpturengruppe „Kampf des Theseus mit den Kentauren" von Antonio Canova errichtet. Das Gebäude war ursprünglich mit regelmäßigen Viererreihen von damals modernen Pyramidenpappeln umgeben. Die unterirdischen Hallen dienten als Ausstellungsräume für antike Ausgrabungsfunde. Mit der Eröffnung des Kunsthistorischen Museums an der Ringstraße wurde die Theseusgruppe in das dortige Stiegenhaus übertragen, die Exponate umgesiedelt. Heute gibt es im Tempel Ausstellungen, er ist im Sommer ein beliebter Treffpunkt geworden.

Früher waren der halbkreisförmige Sternplatz mit Springbrunnen auf der Burgseite und die Limonadenhütte sehr gut

F. Hohlheber: „Volksgarten", 1924

„Mondnacht auf der Bastei

Nirgends nährt der Abend mehr den italienischen Charakter, als wo in der Nähe der Burg der Volksgarten zu Deinen Füßen liegt; ein erhabenes Geschenk der kaiserliche Huld. Zwischen den Terrassen der alten Wälle, die man hier in dem sanftesten Grün bekleidet, wogt Dir das lichte Saftlaub abends entgegen. Lichter, Musik, Jasmindüfte, erleuchtete Hallen, griechische Tempel unter Dir. Dort das vergnügliche Volk im hellstrahlenden Kreise um die Tribüne eines beliebten Virtuosen, Massen von Eis consumierend, hier ein dunkler Laubengang, darinnen selige Wandler, die, jenes vermeidend, ein Licht suchen, das auch im Dunkeln glüht" (Willibald Alexis, 1833).

Blick zum Elisabethdenkmal

Blick über Wasserbecken

besuchte Einrichtungen. Das Cortische Kaffeehaus (Peter von Nobiles) wurde im Zweiten Weltkrieg stark beschädigt und 1947 von Prof. Oswald Haerdtl im Stil der fünfziger Jahre neugestaltet. Es ist heute eine beliebte Diskothek.

Zu den Denkmälern, die in der zweiten Hälfte des 19. Jahrhunderts errichtet wurden, gehören der 1866 errichtete Volksgarten-Brunnen von Anton Fernkorn, der Brunnen von Viktor Tilgner von 1880, das Franz-Grillparzer-Denkmal, das 1889 von Karl Kundmann geschaffen wurde, die 1922 errichtete Bronzeskulptur eines jugendlichen Athleten von Josef Müllner und das 1967 gestaltete Denkmal des Bundeskanzlers Julius Raab von Tony Schneider-Manzell im Außenzaun gegenüber dem Parlament.

Das Wasserleitungsgebäude wurde 1924 zunächst zu einer Milchtrinkhalle umgebaut und später in die bei den Wienern sehr beliebte Meierei umgewandelt.

Literatur

Kaut, Hubert, *Wiens Gärten im 19. Jahrhundert.* In: Auer, Alfred, *Wien und seine Gärten,* Wien 1974, S. 64–65.

Böckl, Franz Heinrich, *Merkwürdigkeiten der Haupt- und Residenzstadt Wien,* Wien 1823.

Ohne Autor, *Beschreibung des kais. königl. Volksgarten in Wien,* gedruckt v. J.P. Sollinger, Wien 1924, Faksimile, Archiv Verlag, Wien 1991.

Loidl-Reisch, Cordula, *Der Volksgarten.* In: *Historische Gärten in Österreich,* hg. v. Österreichische Gesellschaft für historische Gärten, Wien 1993, S. 234–240.

2. BEZIRK
LEOPOLDSTADT

Vogelschau der Lage in der Stadt

AUGARTEN

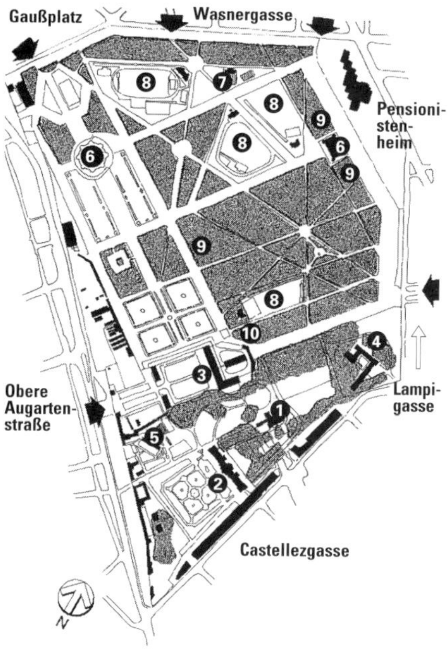

Lage: *Obere Augartenstraße*
Größe: *522.000 m²*
Planung: *Jean Trehet (Neugestaltung) und Isidor Canevale*
Verkehrsverbindung:
32, 31, 5A Ob. Augartenstraße/ 5 Nordwestbahnstraße, Wasnergasse 21, N Heinestraße

1. Josefstöckl
2. Palais Augarten
3. Wiener Porzellanmanufaktur
4. Gustinus Ambrosi Museum
5. Gartenverwaltung
6. Bunker
7. Kinderfreibad
8. Sportplatz
9. Kinderspielplatz
10. WC

Der Augarten ist heute eine der weiträumigen Anlagen in Wien mit vielen ruhigen Bereichen. Josef II. ließ 1775 den Augarten als ersten kaiserlichen Garten öffnen. Das kaiserliche Motto über dem Eingang: „Allen Menschen gewidmeter Erlustigungsort von Ihrem Schaetzer".

Geschichte und Gegenwart

Der Augarten ist eine Anlage aus ehemals kaiserlichem Besitz. Er war einer der Jagdgärten des Kaiserhauses und wurde die „alte Favorita" genannt. Bis heute haben sich der Jagdgarten (1612 bis 1619 durch Kaiser Matthias angelegt und genannt „Wolfsau", „Am Schüttel", „Am Tabor") sowie der repräsentative barocke Teil (durch Kaiser Ferdinand um 1650 angelegt) innerhalb des heutigen öffentlichen Parks erhalten. Zur Zeit seiner Errichtung war er in den Donauauen gelegen, durch Überschwemmungen gefährlich und durch die Gelsenplage dem Kaiserhaus bald lästig.

Carl Graf Vasquez: „K.k. Polizey-Bezirk Leopoldstadt", ca. 1840

Blick auf den Flakturm

In den Türkenkriegen wurde das Schloß fast komplett zerstört. Nach einer Phase der Neugestaltung durch Jean Trehet um 1712 verbrachte der Hof zwar ab 1714 wieder die Sommer im Augarten, doch bald entschloß man sich, dies aufzugeben, und verlegte die höfischen Aktivitäten in die „neue Favorita", das heutige Theresianum, sowie weiterhin nach Schönbrunn und in die Hofburg.

Der letzte Altarm der Donau im Parkbereich bestand noch im 18. Jahrhundert, die Dammbauten an der Oberen Augartenstraße sind bis heute sichtbar. Die dort angelegte vierreihige Allee entsprach dem höfischen Zeremoniell des Kutschenfahrens, später sollte in der Prater-Hauptallee und auf der Ringstraße diese Unterhaltungsform verfeinert werden. Bis heute hat sich außerdem eine Sichtachse erhalten, die zur Zeit von Leopold I., als die Anlage 1677 vergrößert wurde, entstand. Sie verbindet über den Augarten den Leopoldsberg mit der Leopoldskirche in Wien-Leopoldstadt.

Erst Josef II. sollte wieder Gefallen an diesem alten Garten finden. Man hatte hier inzwischen (ganz im Sinne der Aufklärung) eine Bienenzuchtschule eingerichtet und das Palais Augarten erbaut. Josef II. ließ die Gartenanlage renovieren, dabei

Am großen Parterre

soll er auch Hunderte Lerchen aussetzen haben lassen. Es wurden 400 Linden gepflanzt, 200 Parkbänke aufgestellt, und 1775 wurde der Park für das Publikum geöffnet. Isidor Canevale errichtete das große Tor am Haupteingang, eine Vignette darüber besagt: „Allen Menschen gewidmeter Erlustigungsort von Ihrem Schaetzer" – ein wahrlich aufgeklärter Sinnspruch eines aufgeklärten Monarchen. Josef II. selbst behielt sich einen gewissen Teil des Gartens für den eigenen Gebrauch, er ließ diesen Teil im Stil des englischen Landschaftsgartens errichten und bewohnte hier zeitweise eine Sommerresidenz, das Josefstöckel. Hier fanden zwei wichtige historische Ereignisse statt: der Besuch des russischen Großfürsten Paul 1781 und der Besuch Papst Pius' VI. 1782. Heute befindet sich in diesem Gebäude die Schule der Wiener Sängerknaben. In Verlängerung dieses Bauwerks ließ Josef II. eine vierreihige Allee über den Praterstern hinweg zum Lusthaus im Prater erbauen, die heutige Prater-Hauptallee.

Der Augarten wurde im späten 18. Jahrhundert zum Modetreffpunkt von Wien: „Tout Vienne" nahm an den Morgenkonzerten teil, die in der „Restauration Jahn" stattfanden und – unter anderem – Mozart und Beethoven als Komponisten und Kapellmeister präsentierten. Im späten 19. Jahrhundert ließ das Interesse am Augarten nach. Die Donauregulierung der Jahre 1871 bis 1875 brachte große bauliche Veränderungen in unmittelbarer Nähe. Im Park errichtete man im 20. Jahrhundert einige Sportplätze und Forschungseinrichtungen, die bis heute große Teile des Areals füllen. Die Porzellanmanufaktur Augarten ist hier seit 1923 bis heute erfolgreich tätig.

Im Zuge des Zweiten Weltkriegs wurden hier zwei große Bunker gebaut und die Vegetationsbestände schwer dezimiert. Neben den ökologisch schwerwiegenden Bedingungen der Grundwasserabsenkung durch die Donauregulierung haben die Kriegseinwirkungen diesem Garten schwere Schäden zugefügt, da – unter anderem – der Schotter, der für die Betonarbeiten der Bunker nötig war, direkt aus dem Hauptparterre abgebaut wurde.

Die Wohngegend um den Augarten weist heute einen hohen Gastarbeiter- und Pensionistenanteil auf: Für Konflikte, die aus den unterschiedlichen Nutzungsansprüchen an dem Park entstehen, gibt es genug Anlaß.

Zusätzlich sind die Schäden an der Denkmalsubstanz kaum mehr einzuholen, die Pflege des Gartens gleicht einer Reparaturwerkstatt, die dem rollenden Wagen ein neues Rad einbauen soll. In den letzten Jahren wurden zwei neue Eingangstore gebaut, der Haupteingang wurde renoviert, die Porzellanmanufaktur und deren Vorplatz wurden erneuert, ebenso das Grassalkovics-Schlössel, das sich genau gegenüber dem Haupteingang in der Oberen Augartenstraße 40 befindet. Es wäre zu wünschen, daß diese Maßnahmen im inneren Teil des Parkgebiets fortgesetzt werden.

Raumerlebnis und Vegetation

Der Augarten besteht aus Bereichen, die öffentlich zugänglich sind, und aus unzugänglichen. Der Besucher erlebt eine abwechselnde Raumfolge von viel Platz am Parterre, verschiedenen Wegeverbindungen durch die Alleen und Platzräumen in den Bosketten. Wenn man vom Haupteingang an der Oberen Augartenstraße über eine Allee und um die Ecke vor der Porzellanma-

Die Porzellanmanufaktur im Palais Augarten

nufaktur den Augarten betritt, so wird man am Hauptparterre von den hellen Lichtverhältnissen überrascht. Diese Wechselwirkung von Hell und Dunkel findet man auch vor, wenn man die Anlage über den Gaußplatz oder die Klanggasse betritt. Die geschnittenen Alleen bieten ein überraschendes räumliches Konzept aus Durchblicken und Verschneidungen. Die räumliche Qualität wird vor allem im Boskettbereich sehr deutlich, da hier viele Heckenwände ganz dicht, andere heute durchsichtig sind und manche Innenbereiche der Boskette sogar genutzt werden.

Die Alleen im Augarten bestehen zumeist aus Kastanien, Linden und Ahorn. Die Heckenwände sind vor allem aus Feldahorn und Hainbuche geformt. In manchen Bosketten finden sich Schnurbäume, die noch aus dem 19. Jahrhundert stammen könnten. Im Frühjahr findet man unter den Hecken und in den Bosketten den Sibirischen Milchstern, der aus den barocken Schmuckbeeten ausgewandert sein soll und sich hier weiter erhalten konnte. Das Hauptparterre wurde in den letzten Jahren mit Eibenpyramiden und einer Wechselbepflanzung ausgestattet, die – sehr erfreulich – Farbe in den ansonsten schwierigen Zustand der Anlage bringt. Die Alleen und die Boskette sind teilweise überaltert und mutwillig zerstört und leiden seit dem 19. Jahrhundert unter der Grundwasserabsenkung.

Bauten und Denkmäler

Im Augarten gibt es eine Reihe von Institutionen, die in den Gebäuden auf dem Areal untergebracht sind: die Porzellanmanufaktur Augarten in der ehemaligen Alten Favorita und die Wiener Sängerknaben im Palais Augarten und im Josefstöckl zum Beispiel. Daneben gibt es das Wäschestöckl, das Inspektionsstöckl, das Institut für den wissenschaftlichen Film im Dienstbotengebäude wie auch die Gartenverwaltung, diverse Sportanlagen, ein Kinderfreibad und zwei Flaktürme aus dem Zweiten Weltkrieg. Das Gustinus-Ambrosi-Museum ist eine Außenstelle der Österreichischen Galerie im Belvedere und zeigt Ausstellungen zeitgenössischer Skulptur und das Lebenswerk des Bildhauers Gustinus Ambrosi.

Die Denkmäler umfassen das Schmidkreuz (1642), eine Gedenktafel an das Hochwasser 1830 am Haupteingang, eine Gedenktafel an Laurenz Janscha und die Bienenzuchtschule am Parkeingang, eine Gedenktafel an das Wirken von Mozart und Beethoven am Gebäude der Porzellanmanufaktur und zwei Gedenktafeln an die Besuche des russischen Großfürsten und Papst Pius' VI. am Josefstöckl.

Literatur

Auböck, Maria, *Entwicklungskonzept für den Augarten in Wien.* In: *Die Gartenkunst,* Heft 2/1992, S. 187.

Czeike, Felix, *Wiener Bezirkskulturführer. II – Leopoldstadt,* Wien 1980, S. 30–35.

Groner, Richard, *Wien, wie es war,* vollständig überarbeitet und erweitert von Felix Czeike, Wien 1965, S. 34–37.

Neubauer, Erika, *Wie es begann.* In: Auer, Alfred, *Wien und seine Gärten,* Wien 1974, S. 15–17.

In der Prater Hauptallee

PRATER

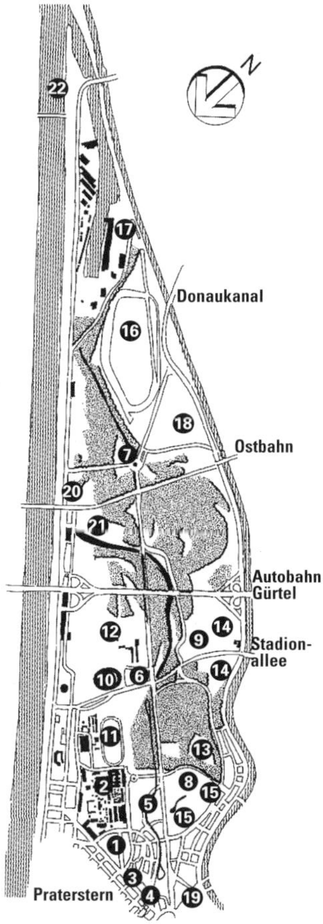

Lage: *Praterstern*
Größe: *6.143.984 m^2*
Verkehrsverbindung:
U1, S7, 5, 21, D, 80A, R15, R30 Praterstern, WienNord/ N Prater Hauptallee/ R80, S80, 21 Stadlauer Brücke/81 Messegelände

1. Volksprater
2. Messegelände
3. Riesenrad
4. Planetarium
5. Liliputbahn
6. Hauptallee
7. Lusthaus
8. Rotundenallee
9. Stadionallee
10. Ernst-Happel-Stadion
11. Trabrennbahn
12. Stadionbad
13. Jesuitenwiese
14. Kleingartensiedlung Wasserwiese
15. Sportplätze
16. Rennbahn Freudenau
17. Winterhafen
18. Kompostplatz MA 42
19. Gartenverwaltung MA42
20. Dusika-Stadion
21. Heustadlwasser
22. Kraftwerk Freudenau (in Planung)

Rudolf Alt: „Praterwiese", um 1850

Der Prater ist der große Erholungsraum der Wiener, der ganz nahe an der Stadt liegt. Zu dieser städtischen Freiraumcollage gehören der Volksprater, das Messegelände, die großen Landschaftsteile um die Hauptallee und das Lusthaus wie die Freudenau, die Krieau, das Heustadelwasser und vieles andere mehr. Alfred Auer schrieb 1974: „Der Prater ist nicht nur eine Landschaft, er ist eine österreichische Gemütslage."

Geschichte und Gegenwart

Der Prater ist seit 1162 urkundlich nachgewiesen und war ehemals der große Jagdgarten der Habsburger. Kaiser Maximilian schuf hier ein ausgedehntes Jagdgebiet. Das Areal wurde bereits in einer Urkunde Albrechts IV. 1403 als „der Prater" bezeichnet und gehörte verschiedenen Klöstern, Orden und Gemeinden. 1560 ließ Kaiser Maximilian II. das Areal „um summa gelds zu hayung und pflanzung des landesfürstlichen lusts- und wildbanns" zu einem Jagdgehege der Habsburger umwidmen.

Am 7. April 1766 übergab Josef II. den Prater der allgemeinen Benützung, die Hirschau verblieb den höfischen Nutzungen. Der Adel erhob zwar energischen Einspruch, aber das Volk von Wien nahm vom Prater umgehend Besitz, und kurz darauf entstanden Kaffeehäuser, Ringelspiele, und andere Vergnügungsstätten. Der Erste Mai wurde im 18. Jahrhundert mit der „Praterfahrt" des Hochadels in der Hauptallee zelebriert, ab 1890 feierte die Arbeiterschaft im Prater ihren Feiertag. In der Hauptallee wurden bis 1847 auf einer viereinhalb Kilometer langen Strecke Pferderennen veranstaltet, erstmals 1886 der Blumenkorso, 1897 der Radfahrerblumenkorso und 1925 der Autoblumenkorso.

1871/72 wurde die Landschaft der Praterbuden „reguliert", 1873 fand im Prater die Weltausstellung statt, die viele neue Baulichkeiten benötigte. Unter anderem wurde hier die Rotunde errichtet, die viele Jahre als spektakuläres Ausstellungsgebäude (auch für Blumenschauen) dienen sollte. Auf diesem Gelände wurde 1921 die erste Messe veranstaltet, das Messegelände besteht hier bis heute.

Veilchensucher, Frühjahr 1925

H. Ulrich: „Wurstelprater im Februar", 1935

Am Ende des Zweiten Weltkriegs, im Frühjahr 1945, wurden weite Teile des Volkspraters zerstört. In der Zeit des Wiederaufbaus entfaltete sich rund um den Prater rege Bautätigkeit: Die Schnellbahnstation am Praterstern, die Praterbrücke quer durch die Hauptallee wurden errichtet, es folgte der Ausbau des Winterhafens in der Freudenau und in den letzten Jahren schließlich der Staustufe Freudenau.

Heute ist der Prater eine Gegend, die wie ein phantastischer Bezirk – vergleichbar mit der Stadt in Alfred Kubins „Anderer Seite" – die vielen urbanen Träume von Grün und die Freizeitbedürfnisse der Wiener miteinander verbindet. Das Pratermuseum im Wiener Planetarium, das auf die Sammlung Hans Pemmer zurückgeht, bietet hier zwischen Grottenbahn, Hochschaubahn und Blumenkorsos einen vielfältigen Überblick (Öffnungszeiten: Di bis Fr 9 bis 12 und 13 bis 16.30 Uhr, Sa, So, Feiertag 14 bis 18.30 Uhr).

Der Prater wird heute von der MA 42 verwaltet, die ein differenziertes Pflegeprogramm für die Einzelbereiche durchführt. In diesem weitläufigen Gebiet haben sich derartig viele und unterschiedliche Nutzungen angesiedelt, daß man als Landschaftsplaner ob dieser bedenklichen Vielfalt zugleich lachen und weinen müßte: die Messe und der Volksprater, das Fußballstadion und die Kleingärten, die Altarme und die gepflegten Landschaftsteile. Jeder kann hier nach eigenem Gutdünken seinen kurzen Ausflug in die Natur mit Sport, Unterhaltung und Geselligkeit verbinden. Es gibt einen Fahrradverleih, man kann rudern, die Rennplätze sind nahe, das Lusthaus bietet Speis und Trank.

Robert Schindel in „Gebürtig“: „Gegen Mittag zogen sie sich warm an und gingen spazieren. Der Nebel stand hoch, plötzlich kam die Sonne durch, die Jesuitenwiese lag unter Schnee. Als sie die Rustenschacherallee überquerten, bot sich ihnen ein Brueghelgemälde. Buntgekleidete Kinder zogen ihre Rodeln Richtung Rodelberg. Väter standen mit Zipfelmützen am Fuß des Hügels herum, aber alles wirkte trotz des Menschengewimmels still und erhaben.“

Raumerlebnis und Vegetation

Die Hauptbereiche des Praters werden durch das Erscheinungsbild der „harten Au“ charakterisiert, die mit mächtigen Pappelgruppen, dichtem Unterholz und Altarmen ein eindrucksvolles Ensemble darstellt. In und um den Volksprater ist das urbane Durcheinander von Autodrom und Luftballonverkauf sehr typisch: Hier ist die marktschreierische Atmosphäre der Vielfalt zu Hause, die Unruhe ist sozusagen geplant. Der „grüne“ Prater mit seinen Wiesen und Waldteilen wird von den vier Baumreihen der Hauptallee durchstoßen – wahrscheinlich sind die blühenden Kastanien für alle Besucher, „vom Firmling bis zum Großpapa“, der bleibende Eindruck des Praters. Wie lautet doch das bekannte Lied von Robert Stolz: „Im Prater blühn wieder die Bäume, (...) hörst Du's, spürst Du's, kannst Du's sehn?“

Der Name Prater scheint von der lateinischen Bezeichnung „pratum“ (Wiese, Weide) abgeleitet zu sein, da dieses Gebiet im Vergleich zu anderen kaiserlichen Jagdgebieten große Wiesenlandschaften aufweist. Auch in anderen europäischen Städten wurden die Bezeichnungen großer städtischer Freiräume von diesem lateinischen Wort abgeleitet.

Carl Auböck: „Lusthaus im Prater", ca. 1946

Die Baumbestände im Wiener Prater stammen wie auch in der Krieau zumeist aus Hartholzauen und in den „Haufen" – das sind ehemalige Donauinseln – aus Weichholzauen. Die prägende Baumart ist hier die Silber-Pappel, die bis zu 25 Meter hoch werden kann, daneben gibt es die Schwarzpappel, die Silberweide, die Grauweide und die Purpurweide. Die höher gelegenen Gebiete werden von Flatterulme, Feldahorn, Eschen und Grauerlen bestanden.

Seit der Donauregulierung von 1871 bis 1875 ist das ganze Gebiet einer grundlegenden Veränderung durch die Grundwasserabsenkung unterworfen. Die Errichtung der Staustufe Wien wird hier neuerliche Veränderungen mit sich bringen. Johann N. Bayer schrieb schon 1869: „Die Örtlichkeit bringt es mit sich, daß manche der (hier) aufgezählten Pflanzen bald ganz verschwinden, bald wieder erscheinen, was namentlich bei jenen der Fall ist, deren Vegetiren vom Wasservorrathe abhängt."

Bauten und Denkmäler

Das Lusthaus wurde in den Jahren 1781 bis 1783 nach Plänen von Isidor Canevale an Stelle des „Grünen Lusthauses" am Ende der Hauptallee errichtet. Die Wallfahrtskirche Maria Grün von Josef Münster wurde in unmittelbarer Nähe 1924 auf Initiative von Pater Vinzenz Maierhofer errichtet, da hier zwei alte Andachtsstätten im Wald bestanden. Hinter der Kirche befindet sich ein einfaches Kriegerdenkmal.

Der Galopprennplatz in der Freudenau, der seit 1862 als Pferderennplatz besteht, wurde durch Carl v. Hasenauer umgestaltet, größere Umbauten wurden zwischen 1885 und 1887 nach Plänen von Anton und Josef Drexler vorgenommen.

Der Trabrennplatz in der Krieau wurde 1878 angelegt. Die architektonisch interessante Tribünenanlage wurde von 1911 bis 1913 von Emil Hoppe und Otto Schönthal errichtet. Hier befindet sich eine Bronzebüste von Josef Engelhardt, die den ersten Präsidenten des Trabrennvereins, Kalman Graf Hunyady, darstellt.

Die Autobahn schwebt über dem Prater

Ein Fiaker auf dem Weg

Einsame Spaziergänge

Die Staatsateliers in der Krieau sind die letzten bestehenden Baulichkeiten von der Weltausstellung 1873. Das Stadion wurde 1931 nach Plänen von Otto Schweizer fertiggestellt und 1959 durch Theodor Schöll erweitert. 1961 wurde hier die Plastik „Freundschaft im Kampf" von Josef Humplik aufgestellt. In den letzten Jahren wurde das Gebäude überdacht. In der Rotundenallee (die nach der am 17. September 1937 abgebrannten Rotunde benannt wurde) befindet sich das Kallinich-Denkmal zur Erinnerung an Oberleutnant Kallinich, der hier bei der Niederschlagung der Revolution 1848 gefallen ist.

Der Constantinhügel wurde zur Zeit der Weltausstellung errichtet, hier befindet sich seit 1961 eine überlebensgroße Plastik des Komponisten Carl Michael Ziehrer von Robert Ullmann. In den Krisenzeiten nach dem Ersten Weltkrieg sind die Kleingartenanlagen auf der Wasserwiese und am Heustadelwasser entstanden. Das Messegelände mit seinen Hallen und Pavillons muß erwähnt werden, aus dem Bereich des Volkspraters sollen einige Gebäude hervorgehoben werden: das Riesenrad, das 1897 von Walter Basset innerhalb des Geländes von „Venedig in Wien" errichtet wurde, der Toboggan, eine interessante Holzkonstruktion neben dem Pferderingelspiel, und unweit des Lachkabinetts das Planetarium, das 1962 bis 1964 nach seiner Zerstörung 1945 wiedererrichtet und kürzlich renoviert wurde.

Literatur

Weißensteiner, Fritz, *Der Landschaftsgarten.* In: Auer, Alfred, *Wien und seine Gärten,* Wien 1974, S. 51–54.

Bayer, Johann N., *Die Praterflora,* Wien 1869, S. IV.

Czeike, Felix, *Wiener Bezirkskulturführer. II – Leopoldstadt,* Wien 1980, S. 63–69.

Sauberer, A., mit Beiträgen von Onno, M./Wilflinger, H./Peringer, M. Th./Braun, L., *Naturgeschichte Wiens*, Wien 1974, Band 4, S. 271–27.

Schindel, Robert, *Gebürtig,* Frankfurt/M. 1992, S. 32.

3. BEZIRK
LANDSTRASSE

Blick auf das Obere Belvedere

DIE GÄRTEN DES BELVEDERE

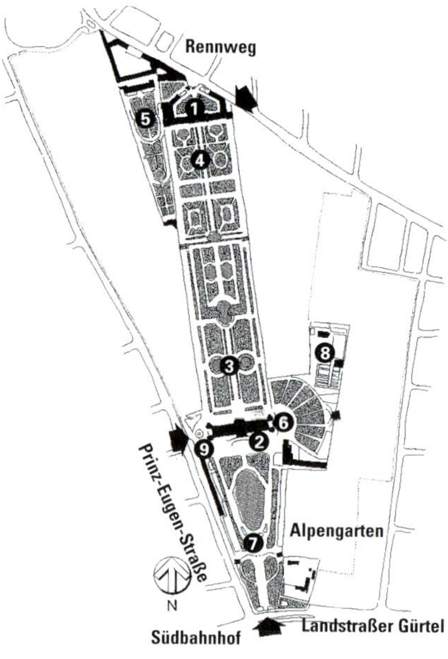

Lage: *Unt. Belvedere: Rennweg, Ob. Belvedere: Landstraßer Gürtel*
Größe: *173.000 m^2 gesamt, 150.000 m^2 Garten*
Planung: *Dominique Girard, Anton Zimmer*
Verkehrsverbindung: *71 Unt. Belvedere/ D Schloß Belvedere/ S1, S2, S3, S15 Südbahnhof*

1. Unteres Belvedere
2. Oberes Belvedere
3. Parterre
4. Bosketts
5. Kammergarten
6. Ehemalige Menagerie
7. Vorplatz
8. Gartenverwaltung
9. WC

Ein Boskett im Unteren Garten

Das Schloß und die Gärten des Belvedere sind weltweit bekannt und gehören zu den schönsten Barockensembles Europas. Auf einer schmalen Parzelle befindet sich hier eine Gartenanlage, die heute noch die prägnanten Elemente der barocken Gartengrammatik zeigt. Erst unlängst wurden die Anlagen teilweise erneuert und – wie die Sommerbepflanzung im Mittelteil – wiederhergestellt.

Geschichte und Gegenwart

Prinz Eugen ließ diese Sommerresidenz durch Lukas von Hildebrandt errichten. Das Untere Belvedere wurde 1714 bis 1716 über einem vorhandenen Bestand errichtet, das Obere Belvedere 1720 bis 1723 neu erbaut. Zwischen diesen zwei Gebäuden entwickelt sich der Garten, der über einen Hang gespannt ist. Die Planung dieses Gartens (1700–1725) stammt von J. L. v. Hildebrandt und Dominique Girard. Ein ansässiger Gärtner, Anton Zinner, führte sie durch. Schon 1693 hatte Prinz Eugen einen

Weinberg erworben, auf dem er seinen Sommer- und Repräsentationssitz erbauen lassen wollte, doch erst rund vierzig Jahre später war der Bau vollendet. Der Grund für die überlange Bauzeit war die häufige Abwesenheit des Feldherrn. Es existiert ein umfangreiches Stichwerk von Salomon Kleiner, das auch die verlorengegangenen Ausstattungen wie die Treillagen im ehemaligen Kammergarten, dem Seitengarten der Orangerie sowie viele Einzelelemente wie zum Beispiel die ehemalige Menagerie zeigt.

Das Kaiserhaus erwarb 1752 Haus und Garten. Die Tiere der Menagerie wurden nach Schönbrunn verfrachtet. Später wurde hier das naturwissenschaftliche Kabinett eingerichtet und auch die Gemäldegalerie unter der Leitung von Peter Krafft. Diese Sammlungen übersiedelten später in die Museen am Ring.

1865 brachte Hofgärtner Maly die Pflanzenbestände des Alpengartens in das Belvedere, einer Sammlung der österreichischen Flora, die Gartendirektor Host bereits 1793 im Auftrag von Erzherzog Johann in Schönbrunn angelegt hatte. Diese räumlich sehr kleine, von den Beständen her aber sehr reichhaltige Pflanzensammlung wird heute in der Tradition gepflegt und mit vielen internationalen botanischen Sammlungen der Kontakt gehalten. Die bizarren Steinsetzungen erinnern an Bonsai, sie sind sozusagen ein wienerisches Alpenbonsai. In den letzten Jahren der Monarchie residierte Franz Ferdinand d'Este im Oberen Belvedere und führte auch von hier aus seine Amtsgeschäfte, von denen Karl Kraus in den „Letzten Tagen der Menschheit" als einer „Schattenregierung" sprach. Im Zweiten Weltkrieg wurde das Gebäude zum Teil ausgebombt. Es blieben viele Ruinen, die wieder sorgfältig aufgebaut wurden.

1955 wurde hier der Staatsvertrag unterzeichnet, legendär sind die Aufnahmen von Bundeskanzler Figl, der den Vertrag der Menschenmenge zeigt mit den Worten: „Österreich ist frei!"

Derzeit werden in den Gebäuden, die die Museumsbereiche umfassen, weitreichende Renovierungsarbeiten durchgeführt. Heute befindet sich hier die Österreichische Galerie mit den Schwerpunkten Malerei des österreichischen 19. Jahrhunderts, der frühen Moderne sowie mittelalterliche und barocke Kunst. In den letzten Jahren wurde die Vegetation des Gartens nach den

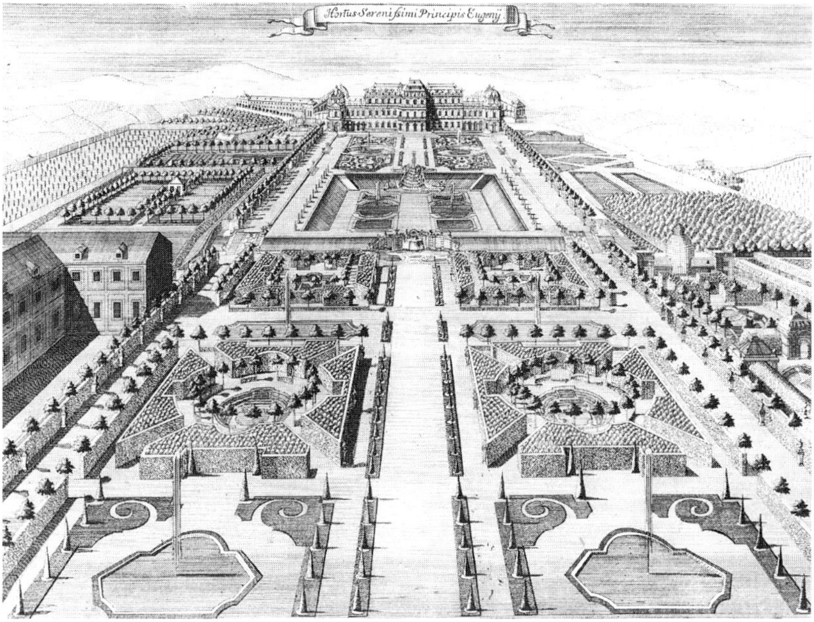

W. Heckenauer: „Vogelschau, Belvedere", um 1725

Gesichtspunkten der Denkmalpflege schrittweise entfernt und neu angelegt. Im Bundesdenkmalamt liegt ein Parkpflegewerk (Büro DI Maria Auböck), das auf seine Umsetzung wartet.

Im mittleren Garten, wo die Verschneidungen, Rampen und Sichtverwinkelungen besonders interessant werden, konnten die Garteningenieure der Bundesgärten im Frühjahr 1994 den Régence Garten wiederaufführen.

Raumerlebnis und Vegetation

Die Gärten des Belvedere sind für den Besucher in Teilräumen erlebbar, von bestimmten Standorten aus sind Gesamtübersichten eingeplant. In langgezogenen Terrassen angelegt, wirkt der Garten viel großzügiger, als es die Kleinheit der Parzelle auf den ersten Blick zuläßt. Er ist leicht überschaubar – wer vom oberen Schloß in Richtung Rennweg geht, kann aber zunächst nicht erkennen, auf welche Weise die Niveaus überbrückt werden. Überraschend steht man plötzlich an einer den Garten durchzie-

Frühlingsaspekte von Lauch bis Zwergiris im Alpengarten

henden steilen Wand, in deren Mitte eine große Kaskade in ein Bassin mündet. Steht man dann vor der Kaskade, sieht man wiederum das Schloß nicht mehr. Diese Überraschung wiederholt sich noch einmal bei der unteren Kaskade, die ebenfalls erst im letzten Moment sichtbar wird. Sie besteht aus einer hohen figurenreichen Grottenmauer mit Wasserspielen. Tritt man aber nun weiter zurück, entdeckt man, daß die beiden „Wasserkünste" sich mit dem Schloß auf der Höhe zu einer architektonischen Gruppe verbunden haben. Plötzlich ist das Maßstabverhältnis aufgehoben, plötzlich ist alles anders. Die Perspektiven des Raumes werden verändert, transzendiert, weiterentwickelt.

Das schwebende Obere Belvedere scheint zu verschwinden, scheint wieder aufzutauchen, scheint auf den Kaskaden zu tanzen. Ganz oben am Schloß befinden sich dann zwei Rasenspiegel mit Wechselbepflanzung, und der Besucher gewinnt – aus der Sala Terrena heraustretend – einen Ausblick über ganz Wien: Der Blick schweift in den Norden der Stadt, über die Wiener Pforte – nach Europa. Manche Kunsthistoriker meinen, daß die

E. Kesselbauer-Laske: „Unteres Belvedere", 1942

Achsenverschiebung der gesamten Anlage von der Wiener Hofburg, auf die die meisten der anderen Gartenpaläste ausgerichtet wurden, hin zur Wiener Pforte als ein Symbol für Prinz Eugens Allianz mit England gelten kann.

Die Bepflanzung des Belvedere ist nach ortsüblicher Tradition gleich geblieben – die Heckenwände sind aus Feldahornen gesetzt, die darüber schwebenden Baumkronen auf der westlichen Seite des Gartens Kugelahorn, auf der östlichen Seite Robinien. Diese Art der barocken Heckenwände ist heute nur mehr in ganz wenigen Gartenanlagen zu finden. In den Jahren 1992/93 wurden die Eibenhecken entlang der Längsseiten und am Oberen Schloß, die Eibenpyramiden der Mittelachse und die Boskette im unteren Garten erneuert. In den neu gepflanzten Bosketten wurden Füllsträucher nach Hinweis von Univ.-Prof. Gamer, Universität Hannover, gesetzt. Das Flair dieses Gartens besteht heute aus dem Dialog zwischen der strengen Anordnung der Gehölze, den irisierenden Wasseranlagen und der neuen Wechselbepflanzung.

Bauten und Denkmäler

Das Untere Belvedere diente Prinz Eugen als Wohnort, hier befanden sich die Quartiere der Wachen und die Stallungen. Die Wohnräume des Prinzen sollen so angeordnet gewesen sein, daß er direkten Zugang zu den Glashäusern hatte und auch im Winter zwischen seinen Orangenbäumen spazierengehen konnte. Das Obere Belvedere hatte die Funktion der Arbeits- und Repräsentationsräume, deren eindrucksvoller Blick über ganz Wien reicht. Die Orangerie wurde im 19. Jahrhundert umgebaut, hier befindet sich heute das Museum für Mittelalter. Die anderen Nebengebäude dienen heute teilweise Wohnzwecken. Im Kammergarten befanden sich ein Vogelhaus und kunstvolle Scheinarchitekturen, die längst nicht mehr existieren. Die Wasserkünste und ihr Skulpturenprogramm sind teilweise original erhalten, wenn auch die technische Renovierung dieser Anlagen noch aussteht. Prinz Eugen war ein bedeutender Kunstsammler, dessen Nachlaß bald in alle Länder verkauft war. So sind auch die originalen Gartenskulpturen nicht mehr vorhanden. Die Aufstellung der Sphinxe und der anderen Skulpturengruppen fand großteils im 19. Jahrhundert statt, sie alle sind durch die Umwelteinflüsse sehr gefährdet.

Literatur

Aurenhammer, Hans und Gertrude, *Das Belvedere in Wien,* Wien 1971, S. 8.

Schmidt, Stefan, *Parkpflegewerk Belvedere-Garten in Wien.* In: *Die Gartenkunst,* Heft 2/1992, S. 168–186.

Österreichische Gesellschaft für historische Gärten (Hg.), *Historische Gärten in Österreich. Die Gärten des Belvedere*, Wien 1993, S. 241–249.

BOTANISCHER GARTEN DER UNIVERSITÄT WIEN

Lage: *Rennweg 14, Eingang: Prätoriusgasse/Ecke Mechelgasse, Jacquingasse – Höhe Gerlgasse, Landstraßer Gürtel 1 (Ob. Belvedere)*
Größe: *80.000 m²*
Planung: *Robert Laugier, Johann Rameth, Josef von Jacquin, Stephan Endlicher, Eduard Fenzl, Anton Kerner v. Marilaun, Nikolaus Wilhelm Host*
Verkehrsverbindung: *71 Unt. Belvedere oder Rennweg/77A / O, S1, S2, S15 Rennweg/13A, O, D, 18 S1, S2 Südbahnhof*

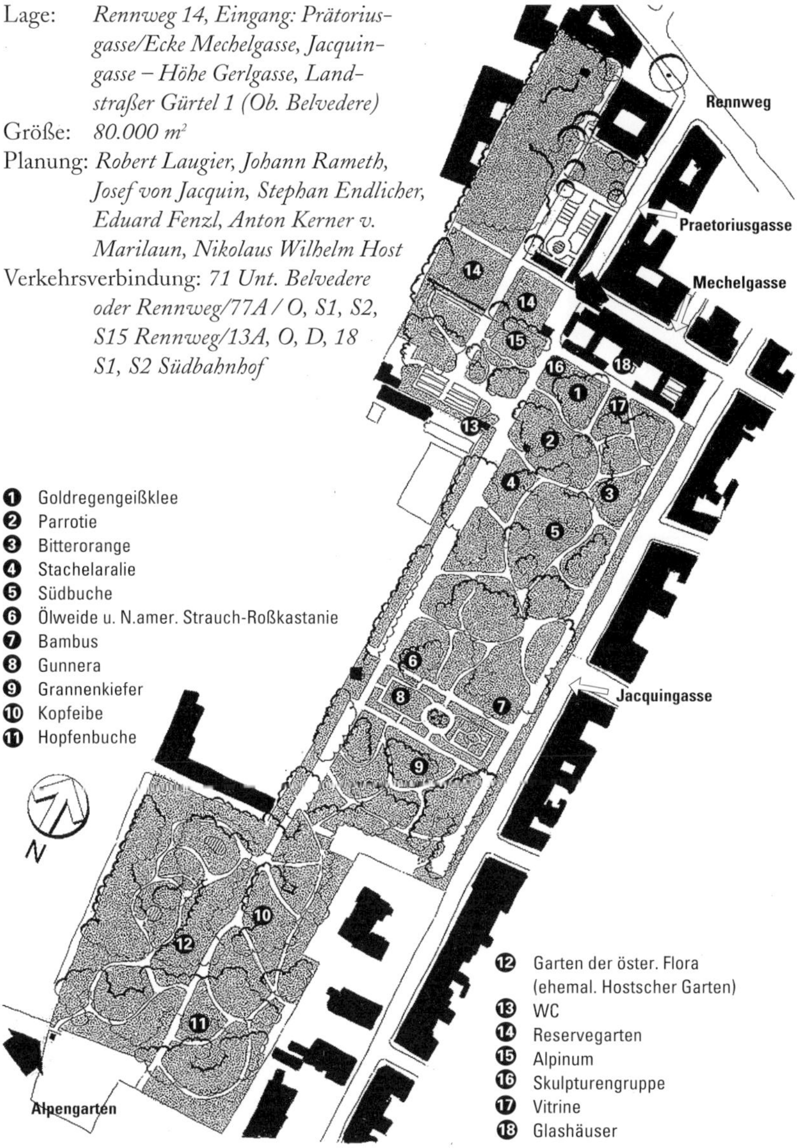

1. Goldregengeißklee
2. Parrotie
3. Bitterorange
4. Stachelaralie
5. Südbuche
6. Ölweide u. N.amer. Strauch-Roßkastanie
7. Bambus
8. Gunnera
9. Grannenkiefer
10. Kopfeibe
11. Hopfenbuche
12. Garten der öster. Flora (ehemal. Hostscher Garten)
13. WC
14. Reservegarten
15. Alpinum
16. Skulpturengruppe
17. Vitrine
18. Glashäuser

Eine Azaleengruppe

Ein Blütenhartriegel in Nahaufnahme

Eine Zierquitte blüht

Der botanische Garten der Universität Wien ist nicht nur für Pflanzenfreunde besonders interessant, als ruhige Parkanlage mit großer botanischer Vielfalt und abwechslungsreichem Wegesystem stellt er eine „grüne Lunge“ im 3. Bezirk dar und besitzt zudem beträchtliche historische Bedeutung.

Geschichte und Gegenwart

Mit einem Alter von fast 250 Jahren ist der Botanische Garten der Universität Wien eine der ältesten Einrichtungen seiner Art in Mitteleuropa, die sich nach der Gründung noch am gleichen Ort befindet: Auf Empfehlung ihres Leibarztes Van Swieten veranlaßte Maria Theresia die Gründung des „Hortus Botanicus Vindobonensis“, die nach dem Ankauf der „Heunischen“ Gründe in der damaligen Landstraßer Vorstadt im Jahre 1754 erfolgte. Mit der Gestaltung des Gartens und der Leitung von Garten und botanischer sowie chemischer Lehrkanzel wurde zunächst der aus Nancy stammende Botaniker Laugier betraut. 1757 kam die

Die Victoria regia im Glashaus

Anlage an die Universität. Nach Laugiers Rücktritt 1768 bekam der durch seine Karibikexkursion bekannte Botaniker und Chemiker Nikolaus J. von Jacquin Gartenleitung und Professur für Botanik und Chemie verliehen. Dieser Zeitgenosse Linnés legte die Grundlage für die bedeutende wissenschaftliche Position des Gartens; er gestaltete den Garten nach für die damalige Zeit modernsten Gesichtspunkten. Unter seinen Nachfolgern Josef von Jacquin und Stephan Endlicher wurde die Anlage erweitert und umgestaltet, die heutige Gestalt der unteren Gartenteile wurde im wesentlichen während der Direktionen von Eduard Fenzl und Anton Kerner von Marilaun bis zum Beginn dieses Jahrhunderts erreicht.

Die einzige wesentliche Erneuerung nach dem Zweiten Weltkrieg war die Öffnung des sogenannten „Hostschen Gartens“ für das Publikum. Es handelt sich um ein Areal, das nach dem Hofgärtner des Belvedere Nikolaus Wilhelm Host benannt wurde und unter anderem Erzherzog Franz Ferdinand als Privatgarten gedient hatte.

Hier gibt es auch einen Durchgang zum Alpengarten im Belvedere. Diese Anlage ergänzt durch ihre reichhaltige botanische Sammlung von alpinen Pflanzengemeinschaften den Nachbarn. In den letzten Jahren wurde das botanische Institut am Rennweg erweitert und renoviert. Das untere Freigelände befindet sich in Umgestaltung und ist derzeit ncht zugänglich. Der botanische Garten ist heute eine liebenswerte Anlage für den stillen Stadtwanderer – der botanisch Neugierige sucht und findet …

Raumerlebnis und Vegetation

Der botanische Garten selbst steigt leicht an und hat zur Jacquingasse hin eine hohe Stützmauer. Er besticht durch seine schlichte und ruhige Atmosphäre. Die geschwungenen Wegeführungen und die abwechslungsreichen Baumgruppen machen die Anlage für den Besucher auf vielfältige Weise erlebbar. Einige Raritäten sind bemerkenswert, so zum Beispiel die Sukkulentensammlung,

Hermine Lang-Laris: „Botanischer Garten", um 1900

Blick in den botanischen Garten

das Glashaus der Victoria regia und einige Koniferen. Das Raumerlebnis wird hier eindeutig von den Pflanzensammlungen geprägt. Große Baumgruppen bieten ein breites Blätterdach, häufig befinden sich darunter interessante Pflanzengruppen. So bildet zum Beispiel die Bambusgruppe in der Mitte der Anlage eine Zäsur, und die vertiefte Mulde im Südteil birgt einen in den Sommermonaten angenehm schattigen Bereich für Spaziergänger.

Die Sammlungen lassen sich wie folgt unterteilen:
Systematische Sammlungen: Baumsammlung, Nutzpflanzensammlung (Gartenmauer Jacquingasse), Garten der heimischen Pflanzenwelt, Wasserbecken, Tropenbecken (Victoria regia = Victoria amazonica), Alpinum, Sukkulentengruppe, Experimental- und Reservegarten (nicht öffentlich zugänglich), Glashäuser (nicht öffentlich zugänglich).
Eine Auswahl bemerkenswerter Pflanzen (aus dem „Kleinen Führer"): Allee 12: Ginkgo (Ginkgo biloba); Gruppe 3: Tulpenbäume (Liriodendron tulipifera); Gruppe 6: Bitterorange (Poncirus trifoliata), Taubenbaum – Taschentuchbaum (Davidia involucrata);

Gruppe 7: Rhododendron-Quartier; Gruppe 18: Ölweide (Elaeagnus angustifolia), Nordamerikanische Strauch-Roßkastanie (Aesculus parviflora); Gruppe 19: Gunnera (Gunnera chilensis); Gruppe 21: Grannen-Kiefer (etwa 90jährig) (Pinus aristata); Gruppe 30: Hopfenbuche (Ostrya carpinifolia).

Bauten und Denkmäler

Die Grabsteine der Freiherrn von Jacquin stehen heute am Anfang der Gruppe 21. Es gibt in der Gartenmauer zum Belvedere einen barocken Pavillon, dessen Rückseite zum botanischen Garten zeigt.

Das sogenannte botanische Museum, erbaut 1844, wurde im Zweiten Weltkrieg zerstört. Das Botanische Institut selbst wurde 1904 von Arthur Falkenau und Franz Böck errichtet. Die Glashausanlage wurde 1890 bis 1893 errichtet und wird derzeit restauriert. Die Umgestaltung und Erweiterung des Institutsgebäudes am Rennweg stammt von Architekt Kurt Zöhrer.

Führungen: Mai und September jeden Mittwoch (Juni, Juli, August: jeden 2. Mittwoch) 16.30 Uhr; Treffpunkt Sukkulentengruppe nahe Eingang Mechelgasse, Teilnahme frei; spezielle Führungen, z.B. Schulklassen, nach Anmeldung möglich.

Literatur

Czeike, Felix, *Wiener Bezirkskulturführer. III - Landstraße,* Wien 1984, S. 56.

Ehrendorfer, F./Fürnkranz, D./Fischer, M./Dallinger, N., *Der Botanische Garten der Universität Wien. Kleiner Führer,* Wien o. J., S. 5–13, S. 22f.

Fritsch, Karl, *I. k.k. Universität: Botanisches Museum und botanischer Garten Wiens im Jahre 1894.* In: *Die botanischen Anstalten,* Wien 1894, S. 1–20.

Jacquin, Josef von, *Der Universitätsgarten in Wien,* Wien 1825.

Kiehn, Michael, *Die Botanik am Rennweg.* In: *Festband zur Eröffnung des neuen Instituts. Der botanische Garten der Universität Wien,* Wien 1992, S. 96.

Das Hauptparterre mit Skulpturen von Lorenzo Matielli

GARTEN PALAIS SCHWARZENBERG

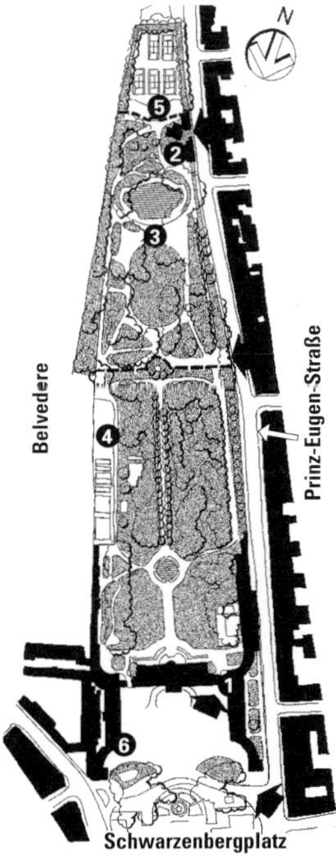

Lage: *Prinz-Eugen-Straße, Rennweg 2*
Größe: *66.775 m²*
Planung: *Jean Trehet*
Verkehrsverbindung: *D Gußhausstraße oder Plößlgasse*

1. Hotel Palais Schwarzenberg
2. Belvederestöckl
3. Nymphäum
4. Glashäuser
5. Tennisclub
6. Gartenverwaltung

Der Zustand im Jahre 1740

Der Garten des Palais Schwarzenberg besteht bis heute in seiner ursprünglichen Parzelle vom Schwarzenbergplatz bis zur Prinz-Eugen-Straße und den Hang hinauf bis zu den Gärten des Belvedere. In diesem Garten scheint die Zeit stillzustehen, es gibt noch die barocken Gartenterrassen, das Nymphäum, die herrlichen Skulpturen von Lorenzo Matielli und sehr viele alte, fast schon gefährlich alte Bäume. Der Garten ist nur über das Hotel und mit Erlaubnis der Verwaltung zugänglich.

Geschichte und Gegenwart

Die Parzelle wurde 1697 von Franz Graf Mansfeld-Fondi erworben. Es existiert ein von Jean Trehet 1697 signierter Gartenplan zur Anlage. Der Garten wurde terrassiert und mit diversen Einrichtungen, wie sie für die barocke Gartenkunst üblich waren, ausgestattet. 1716 kaufte Fürst Adam Franz von Schwarzenberg den Besitz, der Garten war noch unvollendet. Fischer von Erlach scheint die Bauarbeiten übernommen zu haben. Bis 1730 war Andreas Meyer für den Garten zuständig. Von 1730 bis 1735 wirkte hier Daniel Gran, bis er zum kaiserlichen Kabinettmaler ernannt wurde.

Bald wurde man des großen Aufwands überdrüssig, nach 1783 „verlandschaftete" die Anlage, das Beschneiden der Bäume wurde eingestellt. Bis heute haben sich die Wasserbecken, Treppenanlagen und Steinplastiken erhalten.

Dazu schrieb Joseph von Eichendorff 1811: „Wir giengen in den Schwartzenbergischen Garten hinaus. Herrlicher Pallast mit Säulen und der großen Terrasse vorn, von welcher herrliche Aussicht über die Glacis auf die Stadt und die Berge. Im Garten vor dem gantzen Schloße ungeheuere Pommeranzenbäume, ein Oli-

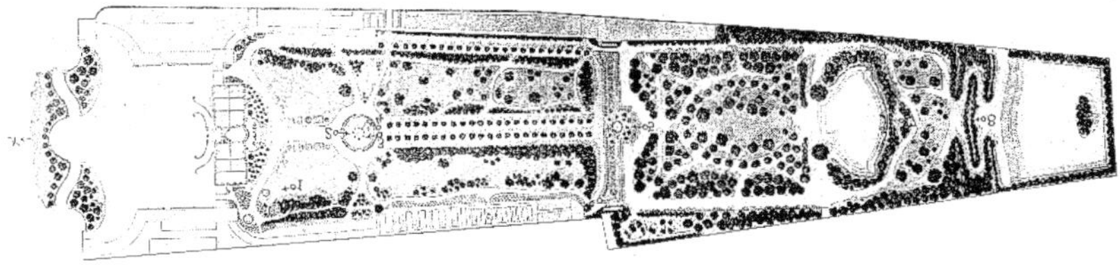

Der Zustand im Jahre 1910

venbaum mit dem traurigen Grün und Granatbäume, die eben blühten. Die Stiege ganz mit rothen Blumen besetzt. Große Allee. Alles einsam und still, nur mehrere Lesende. Der Garten erhebt sich in fünf oder sechs Terrassen, wovon jede ein eigener Garten, immer höher. Im obersten Garten ein großer Teich, wo ein Schwan mit zwey Jungen. Seitwärts dort ein versteckter einsamer hölzerner Sitz an der Mauer, wo man ins Feld hinaussieht, wo eben Mandel standen."

Heute befindet sich im Palais ein Luxushotel, die Sala Terrena mit dazugehörendem Wintergarten wird als erstklassiges Restaurant geführt. Empfehlenswert ist eine Schale Tee auf der Gartenterrasse bei Sonnenuntergang. Der Hotelbereich reicht bis zur ersten Futtermauer. Für den mittleren Gartenteil kann man sich heute – falls man in den Wohnhäusern der Schwarzenbergschen Hausverwaltung an der Prinz-Eugen-Straße wohnen sollte – einen Schlüssel bei ebendieser Hausverwaltung zum mittleren Garten mieten, einer wahren Garten-Oase inmitten der Stadt.

Raumerlebnis und Vegetation

Das Gelände wird von einer großen Auffahrt im Norden erschlossen, es folgen der Vorplatz des Palais, das Palais selbst und seine Nebengebäude sowie der Garten. Dieser ist in eine dem Palais zugeordnete erste Terrasse und zwei weitere Ebenen geteilt, die jeweils durch die mittlere Allee, die Futtermauern und das große Wasserbecken, wie es bei Salomon Kleiner bereits dargestellt ist, gekennzeichnet werden. Nach der Umwandlung des barocken Gartens in eine landschaftliche Anlage blieben die großen räumlichen Zusammenhänge bestehen, sie wurden durch die Einführung eines geschwungenen Wegesystems und die Neupflanzung vieler – auch exotischer – Pflanzengruppen ergänzt.

Der Botaniker und Gartenautor Camillo Schneider erwähnt in seiner Beschreibung mächtige Gleditschien, amerikanische Zürgel, Paulownien, Hopfenbuchen, Flügelnuß und Hängesophoren: „Infolgedessen hat sich die Physiognomie stark verändert und erinnert mehr an einen Park im heutigen Sinne. Freilich sind die Grundlinien der Gesamtanlage noch erhalten, da ja die Gliederung des Terrains in der Vertikalen noch die gleiche ist wie in alter Zeit, auch die Hauptallee mit ihrer wundervollen Perspektive (…) erinnert uns an die Architektonik von einst."

Hier wird der Verfall zu einem faszinierenden Beobachtungsgegenstand. Die wenigen Besucher genießen die Sonne, die weiten Wiesen und die tiefen Schatten der großen Bäume, das Nymphäum ist unbeobachtet, die Enten baden und putzen sich. Irgendwo lächelt ein Faun.

Bauten und Denkmäler

Der Fürst scheint keine Kosten gescheut zu haben, ein wahrlich barockes Gesamtkunstwerk zu schaffen: „Hier wurde erstmals eine

Salomon Kleiner: „Bei den Glashäusern", um 1738

Detailaspekte

‚Feuermaschine' verwendet, die mit Dampfkraft das Wasser von der untersten Terrasse wieder in das oberste Reservoir treibt", bemerkt die Gartenhistorikerin Erika Neubauer. Die Erfindung, die auf Fischer von Erlach zurückgehen soll, diente auch dazu, die weitläufigen Glashäuser zu beheizen. Das technische Instrumentarium und die Pflanzenschätze der Orangerien waren so spektakulär, daß sogar die Kaiserfamilie oft zu Besuch kam. Die Glashäuser waren weithin berühmt, den Grundstock bildeten „wällische Bäume in süßer und saurer Art, darunter verschiedene Sorten von Cedraten, Limonien, Orangen und Pomeranzen – auch Granatbäume, Zypressen und echter Jasmin grüßten den Besucher", schrieb ein Anonymus um 1715.

Literatur

Hofmann, Jacqueline und Werner (Hg.), *Wien,* München 1964, S. 99.

Neubauer, Erika, *Wie es begann.* In: Auer, Alfred, *Wien und seine Gärten,* Wien 1974, S. 27.

Schneider, Camillo, *Der Wiener Garten am Rennweg.* In: *Die Gartenanlagen Österreich-Ungarns in Wort und Bild,* hg. v. Dendrologische Gesellschaft zur Förderung der Gehölzkunde und Gartenkunst in Österreich-Ungarn, Band 3, Wien 1911, S. 9–16.

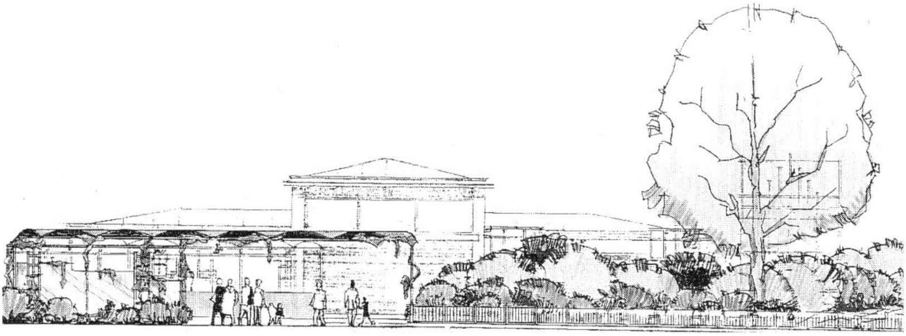

Ansicht von der Erdbergstraße

KARDINAL-NAGL-PLATZ

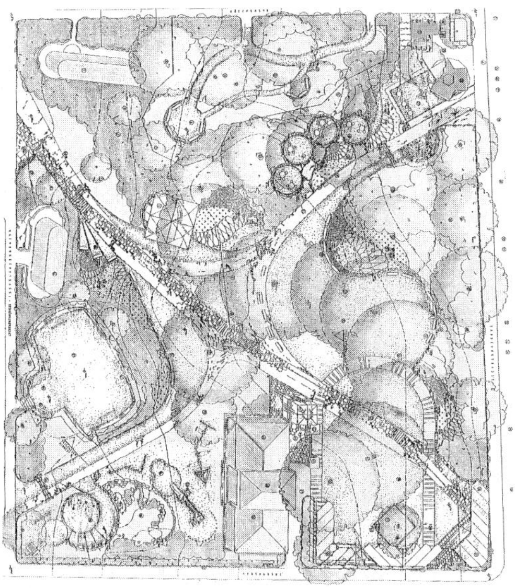

Lage: *Kardinal-Nagl-Platz*
Größe: *ca. 7500 m²*
Planung: *Sepp Kratochwill*
Verkehrsverbindung: *U3, 79A, 77A Kardinal-Nagl-Platz*

Der Kardinal-Nagl-Platz wurde vor kurzer Zeit als städtische Freifläche neu gestaltet. Hier konnte der Landschaftsarchitekt Sepp Kratochwill in sehr individueller Formensprache einen Platzraum gestalten, der als Durchgangsraum und als Aufenthaltsort von der Wohnbevölkerung stark frequentiert wird.

Geschichte und Gegenwart

Die U-Bahn-Station brachte es mit sich, daß die vorhandene Anlage – durch die Baustelle devastiert – vom Stadtgartenamt 1991 wiederhergestellt werden mußte.

Auch der Kardinal-Nagl-Platz wird in Wien heftig diskutiert: Viele innerstädtische Freiflächen stehen unter Dauerstreß. Heute wird diese Anlage einem „juvenilen Dauertest" unterzogen, wie der Planer Ing. Sepp Kratochwill berichtet: „Ein wesentliches Element sind die Spiel- und Sportflächen für Kinder und Jugendliche. Der Fußballplatz, mit elliptischer Form und schrägen Seitenwänden aus Holz, wurde in das Gelände abgesenkt. Ein Gerätespielplatz, der, bedingt durch das normgerechte Einrichten, fast uneingerichtet wirkt, sowie ein Wasserspielplatz aus

Der große mittlere Platz

Zugang

Ruhebereich

Blocksteinen und Ziegeltreppen, ergänzt durch Sprüh- und Sprudeldüsen, unterliegen einer ständigen Übernutzung. Zwei Mutter-Kind-Zonen mit Sandkisten und Kleingeräten ergänzen das Spielangebot auch für die Kleinsten."

Raumerlebnis und Vegetation

Eine hohe Durchgangsfrequenz verlangte nach dem kreuzförmigen Wegesystem, einem mittig gelegenen, abgegrenzten Bewegungsbereich und kleeblättrigen Nischen für die Erfüllung der vielfältigen Wünsche des Raumprogramms. Die Hauptwege sind mit Bodenbelägen in freien Mustern gestaltet, die Sitznischen werden von Kalksteinmauern eingefaßt.

Die abseits eines Nebenweges angelegte Seniorenzone wird ebenfalls sehr gerne besucht, sie liegt unter schattenspendenden Bäumen. Der Planer schreibt dazu: „Die Bewegungs- und Ruheflächen wurden deshalb zu einem wichtigen Ansatz des Konzeptes, die Vegetationsflächen traten als gestalterisches Mittel in den Hintergrund, der Baumbestand wurde zur Gänze erhalten. Die geforderten Einrichtungen im Rahmen des Raumprogrammes wie Seniorenzone / Gerätespiel – mit Wasserspielplatz / Mutter-Kind-Zone / Fußballplatz / Hundezone – stellen für die Planung eines derartigen, nicht übertrieben großen Parkes eine erhebliche Belastung dar. Nicht allein im Hinblick auf ihre gegenseitige Beeinflussung, sondern vor allem im Hinblick auf ihre erheblichen Flächenerfordernisse. Nach mehreren Konzeptvarianten konnte man sich auf eine, von den Eckpunkten des Parks querende, kreuzweise Erschließung einigen, deren fußläufiger Kreuzungsbereich sich in der Mitte des Parks findet."

Der Baumbestand konnte komplett erhalten werden. Im Zentrum befinden sich mächtige Platanen. Die Bepflanzung orientiert sich an der starken alltäglichen Belastung, wobei die Staudenpflanzungen sehr vielfältig angelegt sind. Die Sitzgruppen im Bereich der Staudenpflanzungen werden von den Besuchern geschätzt. Hier sitzt man in den ruhigen Teilen des Areals etwas geschützt, teils im Halbschatten, teils in der Sonne, umgeben von üppigen Staudenbeeten.

Bauten und Denkmäler

Der Park wird von Rankgerüsten, Pergolen und Kalksteinmauern bestimmt. Die etwas abgerückte Agora wird an lauen Abenden sehr stark besucht, der Planer berichtet von bis zu 400 Personen. Die acrylgedeckte Stahlrohrkonstruktion wird so zu einem Dach für das „Wohnzimmer im Freien". Es gibt außerdem einen Sozialstützpunkt in der ehemaligen Garderobe des Kinderfreibades und ein Lager für den Gartenbezirk.

Quelle

Kratochwill, Sepp, *Baubeschreibung*, im Auftrag der MA 42, Wien 1994.

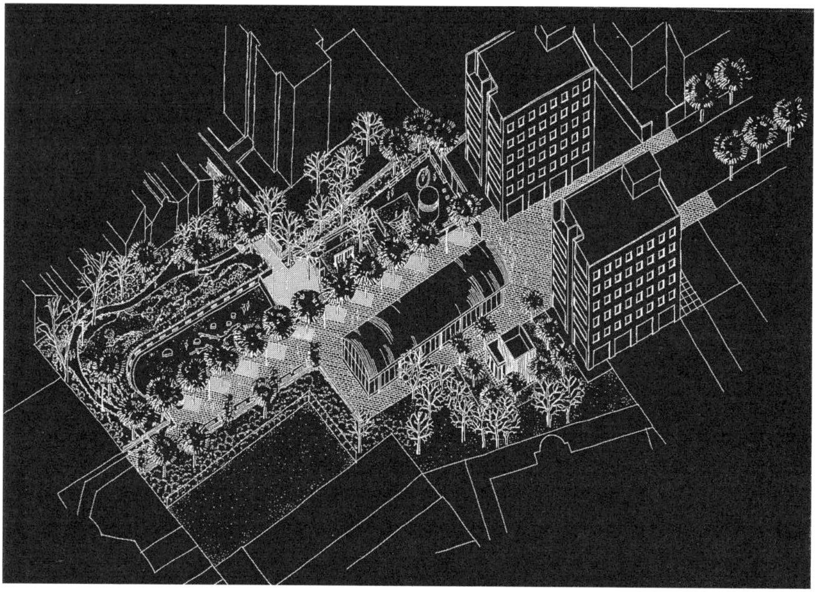

Vogelschau des Parkbereichs

ROCHUSPARK

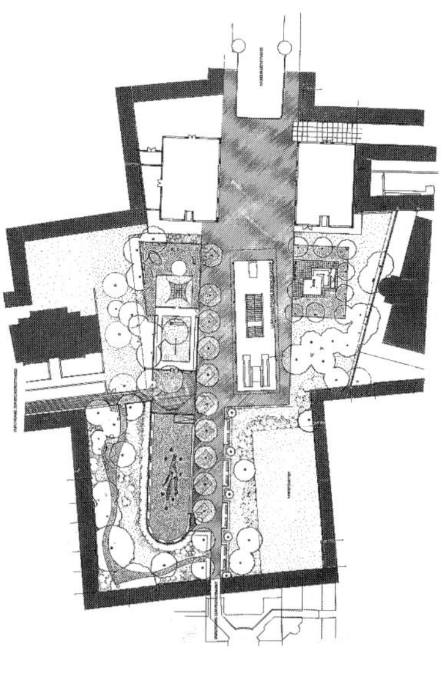

Lage: *Rochusgasse*
Größe: *ca. 4400 m²*
Planung: *Maria Auböck, Ernst Hoffmann*
Verkehrsverbindung: *U3, 4A, 74A Rochusgasse*

Der ruhige Blockinnenbereich wird heute auch wegen der neuen U-Bahn-Station gerne besucht. In einer Abfolge von Gartenräumen sind viele Nutzungsbereiche angelegt, die mit Baumreihen, Mauern und Staudenpflanzungen gestaltet wurden.

Geschichte und Gegenwart

Die U-Bahn-Station Rochusmarkt hat hier ihren südlichen Ausgang, rund um dieses Gebäude wurde auf einer Gesamtfläche von ca. 4400 Quadratmetern die neue Anlage errichtet.
Die Planung der Anlage stammt von Maria Auböck und Ernst Hoffmann, der hier eine Ladenpassage und einen Bürokomplex errichten wird.

Raumerlebnis und Vegetation

Im Bestand gab es eine Reihe erhaltungswürdiger Bäume, die jetzt schon eine kräftige Gehölzkulisse bieten. Darüber hinaus wurden 41 Bäume und mehr als 360 Sträucher ausgepflanzt.

Der Park setzt sich aus Teilbereichen zusammen, die, als Großform gesehen, in Anlehnung an einen „Circus maximus" gestaltet sind. Eine Allee begleitet die Hainburger Straße bis zur Anlage, hier wird mit einer Reihe Celtis occidentalis das Thema weitergeführt. Die schönen luftigen Baumkronen der Zürgelbäume trennen den stark begangenen Durchgangsweg von den ruhigen seitwärts gelegenen Park- und Spielbereichen. Der nördliche, ruhige Gartenbereich wird durch Großbäume, Zier- und Decksträucher strukturiert. Hier wurden entlang eines Spazierweges Blühstauden, Kleinsträucher und Rosen gepflanzt. Kleine schattige Sitzplätze laden zum Verweilen ein. Dieser Teil ist von vielfältigen Pflanzenkombinationen, durch historische Rosen und grau-weiße Stauden gekennzeichnet. Zu den Nachbarparzellen hin wurden Ziersträucher gepflanzt, die Sichtschutz und Blütenreichtum bringen sollen. Der um 60 Zentimeter vertiefte Platz mit Sitzstufen und Kletterbaum schließt an den Staudengarten an und wird von einer Reihe Zwergflieder eingefaßt. Dieser Platz soll von allen Altersgruppen vielfältig nutzbar sein. Das Bindeglied zwischen Ruhe- und Spielbereich bildet ein ruhiger Platz, dessen farbige Mosaikmauern besonders beleuchtet werden. Er

Frühlingspause

Eine Szene am Brunnen

Im Staudengarten

verknüpft den Durchgang zur Erdbergstraße mit der Fußgängerachse Hainburger Straße–Kundmanngasse. Der Platz wird mit Betonplatten befestigt, und von hier gibt es einen „Durchschlupf" zum südlich anschließenden Spielplatz. Hier sind Spielgeräte für kleinere und größere Kinder aufgestellt, ausreichend Sitzgelegenheiten für Mütter, Großeltern und Väter vorgesehen. Die Kinder sollten verschiedene Räume bespielen können, so entstand die „Spielrakete", die neben dem Fußgängerdurchgang gelegen ist und von der Sandkiste bis zum Kletternetz viele Möglichkeiten für Gruppenspiele, Bewegungsspiele etc. bietet.

Der Bereich zwischen U-Bahn-Station und Rückseite des Dorotheums wurde als Cafégarten mit Kiosk gestaltet. Hier steht bereits das Baumkarree (Crataegus carrierei) auf einer Fläche, die für den zukünftigen Gastgartenbetrieb geeignet ist. Dahinter befindet sich ein ruhiger Gartenteil, der abgepflanzt die Fassade des Dorotheums verdeckt. In diesem Schattengarten sind Hortensien, Immergrün und Kirschlorbeer gesetzt worden, die angrenzende Fliederhecke leitet über zu den Strauchgruppen vor dem Kindergarten.

Bauten und Denkmäler

Eine U-Bahn-Station und zwei Kindergärten befinden sich im Nahbereich des Parks, dazu kommen die noch zu errichtenden Bürogebäude.

Die Gartenmauern wurden mit einem Rippenmuster strukturiert, um das Spiel von Licht und Schatten aufzufangen. Eine lichtgraue Mauerfarbe wurde extra ausgewählt, wie auch die in dieser Anlage verwendeten Möbel, Papierkörbe und die Zäune schwarz gestrichen sind, um die Blütenpracht und die farbig gestalteten Mauern besonders hervorzuheben. Für diese Mauern wurden Glasmosaike aus Italien verwendet, die zusammen mit den keramischen Abdeckelementen von der Keramikerin Edith Richter Farbakzente in das Areal bringen sollen, wenn es in Wien noch ganz kalt und grau ist. Sie hat auch die farbige Keramik der Sandeinfassung am Kleinkinderspielplatz gestaltet.

Im Südwesten der U-Bahn-Station soll eine Konditorei in einem Kiosk errichtet werden. Auch in diesem Gartenteil finden sich Strauchrosen, Lavendel und markante Gräserhorste, die interessante Aspekte von Blüte, Fruchtschmuck und Blattstrukturen für alle Jahreszeiten versprechen.

Quelle

Auböck, Maria, *Der Rochuspark, ein Park für alle Jahreszeiten.* In: *Garten. Magazin der österr. Gartenbau-Gesellschaft,* April 1994, S. 34f.

Die Fliederblüte ist berühmt

FRIEDHOF ST. MARX

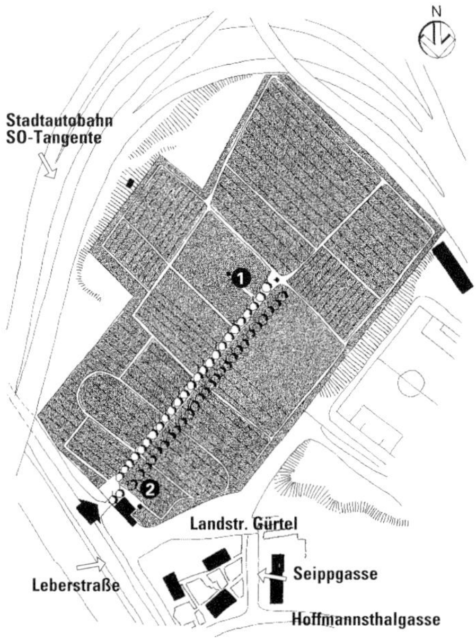

Lage: *Leberstraße 6–8*
Größe: *60.143 m²*
Verkehrsverbindung:
71 Litfaßstraße/
74A Hofmannsthalgasse/
S7 Rennweg

❶ Mozartdenkmal
❷ Verwaltungsgebäude

Diese öffentliche Grünanlage liegt an einem peripheren Ort an der Grenze zu Simmering und in der Armbeuge einer Autobahn. Er ist geheimnisvoll von der Geschichte umweht und für interessierte Besucher eine ideale Empfehlung für besinnlich-melancholische Spaziergänge.

Geschichte und Gegenwart

St. Marx war eine Flurbezeichnung, der Friedhof liegt heute noch im Gebiet des dritten Wiener Gemeindebezirks. Hier wurde um 1784 ein Friedhof angelegt, um eine dem Bevölkerungszuwachs in den Vororten entsprechende Begräbnisstätte zu schaffen.

Der Friedhof wurde 1874 geschlossen, zu einer Zeit, als der Bestand an Grabsteinen einen fast komplett biedermeierlichen Zustand zeigte. Hier soll Mozart in einem Massengrab bestattet worden sein, der definitive Standort seiner letzten Ruhestätte ist heute nicht mehr zu eruieren. Nach Errichtung des Zentralfriedhofs sollte der Friedhof St. Marx – wie viele andere Bezirksfriedhöfe –

Oskar Laske: „Mozarts Grab", um 1950

aufgelassen werden. Um diesen Standort zu retten, wurde der Friedhof nach oftmaligen Interventionen mit dem Argument Mozartgrab 1936/37 unter der Leitung von Architekt Waldhauser instand gesetzt und am 22. Oktober 1937 für Besucher geöffnet. In den letzten Kriegstagen wurden Teile des Friedhofs – auch das Mozartgrab – zerstört, 1950 setzte der Bildhauer Florian Josephu-Drouot dieses Denkmal wieder instand. 1958 mußte ein Teil des Friedhofs zugunsten der verlängerten Gürtelstraße geschleift werden.

Heute erreicht man diese etwas versteckt und abseits gelegene Anlage per Bus oder Pkw, wenn man den Namen kennt. Mit diesem Flurnamen verbindet mancher Wiener wehmütige Erinnerungen an einen heißen Sommer in Simmering, als die „Wiener Szene" unweit dieses Friedhofs einen Sommer lang den alten Schlachthof besetzte, um Kultur „von unten" zu machen.

Raumerlebnis und Vegetation

Die Anlage baut auf einem achsialen System auf. Der Hauptweg wird von einer Allee begleitet, und die Seitenbereiche sind tunnelartig überwachsen. Ein Rundweg entlang der Grundgrenzen ergänzt dieses einfache, prägnante Prinzip.

Die kräftige Vegetation bildet neben den vielen Grabsteinen die Ordnungsstruktur der Anlage. Im Bestand befinden sich große, schöne alte Bäume, die im unteren Teil viel Schatten werfen und an den äußeren Rändern der Anlage eine Grün-Kulisse bilden. Diese kann den penetranten Lärm der Autobahn leider nicht abhalten. Manche Gehölze haben ihre Wurzeln tief zwischen die Grabplatten gesteckt. Ein Netz von Alleen begleitet die Wege und führt den Besucher durch die Anlage. Dichte Fliederhecken wechseln mit den langgestreckten Zeilen von Denkmälern, empfehlenswert ist der Besuch im Frühjahr, zur Zeit der Fliederblüte.

Bauten und Denkmäler

Zwei Verwaltungsgebäude stehen am Eingangstor, hier befindet sich auch eine Hinweistafel für wißbegierige Besucher. Die vielen beschrifteten Grabdenkmäler werden bei dieser Anlage zur thematischen Leitschnur: Der Besucher wandert durch die Reihen, liest und vergleicht. Es gibt eine Unzahl biedermeierlicher Grab-

Zarte Frühlingstriebe

Ein besonderer Besucher

steine, die Besucher können heute die alten Namens- und Berufsbezeichnungen studieren – sozusagen per Führer durch die Kulturgeschichte des Wiener Vormärz spazieren.

Hier liegen – neben vielen anderen Persönlichkeiten – Michael Thonet (1796–1871), der Erfinder der Bugholzmöbel, Philipp Graf Cobenzl (1741–1810), der einen der interessantesten Landschaftsgärten Wiens erbaute, und der Botaniker und kaiserliche Leibarzt Nikolaus Thomas Host (1761–1834), der 41 Jahre lang die Gärten am Belvedere leitete, begraben.

Manche der Toten wurden in der Zwischenzeit auf den Zentralfriedhof umgebettet, so zum Beispiel der Architekt Josef Kornhäusel (1782–1860), die Weltreisende Ida Pfeiffer (1797–1858) oder der Komponist Josef Strauß (1827–1870), manche auf andere Friedhöfe überstellt, etwa der Blumenmaler Franz X. Gruber (1801–1862), Professor an der Akademie, der für Kaiser Franz Orchideen und für Fürst Metternich Kamelien gemalt hatte. Das Schicksal Wolfgang Amadeus Mozarts ist bekannt, sein Grab wurde erst 1855 „mit größter Wahrscheinlichkeit" recherchiert, sodaß man erst 1859 ein Denkmal errich-

Grabstein

Hier verwächst Natur mit Geschichte

tete, das 1891 auf den Zentralfriedhof überstellt wurde und durch ein anderes ersetzt wurde, das 1950 renoviert wurde.

Friederike Mayröcker schreibt in „Blumenwerk“:
„es sprieszen immerfort die sanften
Toten aus Blume Baum Gebüsch und Wald / bald
meinen Schatten wirft ein Fliederbaum“

Literatur

Groner, Richard, *Wien, wie es war,* Wien 1964, S. 174.

Mayröcker, Friederike, *Blumenwerk,* Weitra 1992, S. 29.

Pemmer, Hans, *Der Friedhof zu St. Marx in Wien,* Wien 1959, S. 3–17.

4. BEZIRK WIEDEN

Eine grüne Insel in der Stadt

ALOIS-DRASCHE-PARK

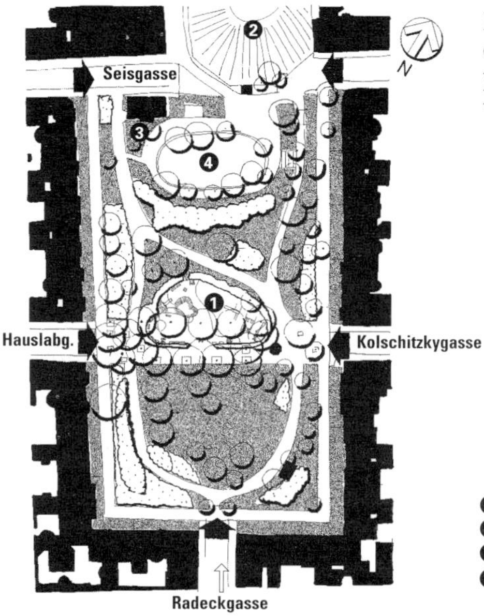

Lage: *Seisgasse*
Größe: *15.924 m²*
Planung: *August Czullik*
Verkehrsverbindung:
62/65 Johann-Strauß-Gasse/ 18 Bechturmgasse/ Badner Bahn Johann-Strauß-Gasse/13A Rainergasse/U1 Südtiroler Platz

1. Spielplatz
2. Kindergarten
3. Gartenbezirk 1
4. Ballspielkäfig

Der Alois-Drasche-Park befindet sich in einer ruhigen Wohngegend nahe dem Gürtel und bietet einen stillen Erholungsort in der Stadt. Er wurde als ein „gefangener Raum in der Stadt“ ausgewählt, weil hier die Hausgärten direkt an den Park angrenzen und ihn wie eine Halskrause flankieren.

Geschichte und Gegenwart

Die Anlage wurde am 22. September 1899 eröffnet. Es existiert ein Gestaltungsplan von August Czullik, der jedoch nur in Teilen realisiert wurde. Ursprünglich Alois-Drasche-Platz benannt, ist sie dem Tuchfabrikanten Alois Drasche gewidmet, der sich nach Felix Czeike als Wohltäter armer Bewohner der Wieden besondere Verdienste erworben hatte und 1892 verstorben ist. Das Viertel ist zwischen 1898 und 1910 verbaut worden, das interessante städtebauliche Ensemble besteht bis heute vor allem aus qualitätsvollen Mietshäusern. 1946/47 wurde die Anlage saniert. In den letzten Jahren ist zwar eine Tiefgarage geplant worden, realisiert wurde aber ein großer neuer Kinderspielplatz mit Salettl.

Blick Richtung Kolschitzkygasse

Vegetation und Raumerlebnis

Der Alois-Drasche-Park wird von einer Querstraße und einer Längsstraße im Rasterviertel dieser Gegend erreicht. Die Kolschitzkygasse scheint sogar als imaginäre Achse durch den Park zu führen, da sich hier eine Aufweitung des Geländes befindet und auch der neue Kinderspielplatz hier angelegt wurde.

Das Gelände fällt vom Gürtel im Süden nach Norden Richtung Kindertagesheim leicht ab – für den Besucher ergibt das ein bequemes Gefälle, das den Besuch des Parks noch lohnender macht. Die Wiesenflächen sind von den Wegen teils eingefaßt, teils seitwärts gelegen und von wenigen Strauchgruppen akzentuiert. Einen wirklich eindrucksvollen Baumbestand bilden die in zwei großen Gruppen gepflanzten Platanen. Diese befinden sich am Hartplatz und am neu errichteten Kinderspielplatz und scheinen laut Entwurf Czullik ganz bewußt als stadtgestalterische Akzente gepflanzt worden zu sein.

Bauten und Denkmäler

Der Alois-Drasche-Park wird durch die historistischen und secessionistischen Fassaden der angrenzenden Wohnhäuser geprägt. Sie bilden mit den schmalen Wohngärten der Häuser ein Ensemble, das den Park interessant ergänzt. Manche dieser Gärten sind sehr gepflegt und scheinen regelmäßig genutzt, andere lassen die geeignete Zuwendung vermissen. Der Typus von rückwärtsgewandten Hausgärten an öffentlichen Grünanlagen ist sehr selten.

Weiters gibt es ein Verwaltungsgebäude des Gartenbezirks, einen großen Hartplatz und ein WC.

Quelle

Czeike, Felix, *Historisches Lexikon Wien,* Band 1, Wien 1992, S. 56; Band 2, Wien 1993, S. 90.

KARLSPLATZ

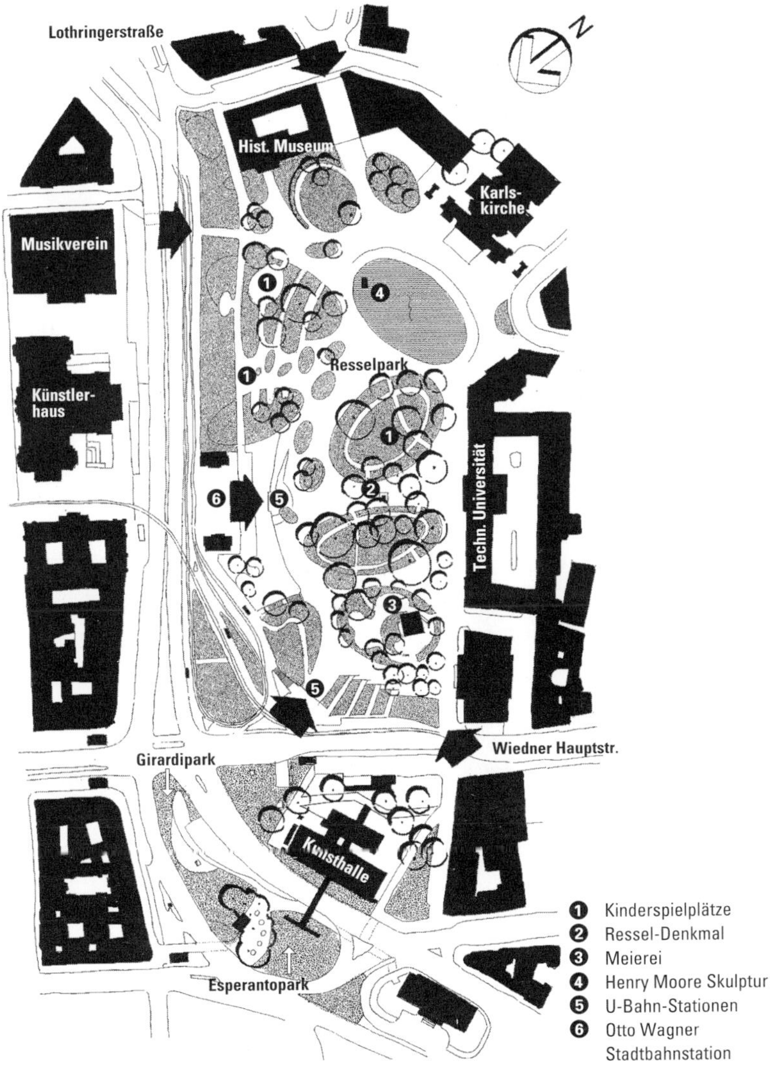

Lage: *Lothringerstraße*
Größe: *24.314 m²*
Planung: *Sven-Ingvar Andersson (Neugestaltung)*
Verkehrsverbindung: *U1, U2, U4, 62, 65, 71, Badner Bahn, 4A Karlsplatz*

Der Karlsplatz ist ein durch Jahrhunderte hindurch gewachsener historischer Knotenpunkt in Wien, nicht nur für den Verkehr, sondern auch für die Ver- und Entsorgung der Stadt. Er beherbergt heute den Resselpark, den Girardipark und den Esperantopark.

Geschichte und Gegenwart
Ursprünglich war das Gebiet des heutigen Karlsplatzes eine der heutigen Innenstadt im Süden vorgelagerte Naturlandschaft. Um 1211 entstand hier Wiens älteste Vorstadt: Wieden. Eine Brücke führte über den damals noch recht wilden Wienfluß zur Stadt.

Nach Abzug der Türken Ende des 17. Jahrhunderts gehörte das Gebiet zum Glacis vor der Stadtbefestigung und unterlag aus militärischen Gründen einem Bauverbot. 1716 wurde auf einer Anhöhe jenseits des Wienflusses mit dem Bau der Karlskiche begonnen. 1739 wurde der Bau der Kirche, Wiens bedeutendster sakraler Barockbau, von Johann Bernhard Fischer von Erlach vollendet. Sie ist achsial auf die Wiener Hofburg ausgerichtet. Zur Kirche gesellte sich im Laufe der Zeit das „k.k. Polytechnische Institut", die heutige Technische Universität, und es gab erste Ansätze zur Gestaltung des Vorplatzes. 1865 bis 1868 erfolgte der Bau des Künstlerhauses mit der Front gegen den Wienfluß, 1867 bis 1870 der Bau des Musikvereinsgebäudes von Theophil Hansen, beide im Neorenaissance-Stil.

Der Platz um die Kirche blieb aber zunächst noch lange Zeit ein Depotplatz für Militärfuhrwerke, bevölkert mit Herden von ungarischen Ochsen und Schweinen. 1850 wurde die steinerne Brücke über den Wienfluß durch die größere Elisabethbrücke ersetzt. Durch die Schleifung der Befestigungsanlagen und den Bau der „Lastenstraße" – oder heute im Volksmund der „Zweierlinie" – parallel zur Ringstraße, führte eine neue große Straßenverbindung auf den Karlsplatz zu.

1894 erfolgte die endgültige Regulierung des Wienflusses und dessen Einwölbung auf weiten Strecken, auch entlang des gesamten Karlsplatzes. Zusammen mit der Regulierung entstand die Stadtbahn. Die neue Oberfläche teilten sich Verkehrswege für Autos, Zug und Straßenbahn. In dieser Zeit entwarf Otto Wag-

C. Pippich: „Carlsplatz in Wien", 1901

ner die beiden Stadtbahnstationsgebäude, die heute im nördlichen Teil des Karlsplatzes zu finden sind. Zwischen 1894 und 1971 gab es für den neuen Karlsplatz eine Vielzahl von Wettbewerben, Planungsideen und Lösungsvorschlägen. Karl Mayreder begann 1899 mit der Detailgestaltung, bei der er insbesondere die schwierige Verkehrsfrage der Verbindung von Straßenbahn, „Unterpflasterbahn" und Straßenanbindungen aus der Umgebung lösen mußte. Es gab eine achsiale Ausrichtung der Wegeführung auf die Kirche und das Gebäude des „Polytechnikums". Weitere Vorschläge zur Gestaltung, die aber nicht ausgeführt wurden, kamen von Friedrich Ohmann und Otto Wagner.

1971 wurde im Zuge der U-Bahn-Planung und des -Baus erneut ein Wettbewerb zum Thema „Karlsplatz" durchgeführt. Sieger wurde der Däne Sven-Ingvar Andersson. Der erste Wettbewerb für den Karlsplatz, der zumindest teilweise realisiert wurde, die erste Gesamtgestaltung für den Park:

Die Straßenführung erfolgte gebündelt nördlich der Otto-Wagner-Stationsgebäude am Rande des Karlsplatzes, dadurch

Stadtbahnstation von Otto Wagner

Karlskirche im Frühling

Kinder vom Karlsplatz

kam es zu einer Erweiterung des Resselparks. Die Planung sollte die städtebauliche Situation am Karlsplatz mit den kulturhistorisch bedeutsamen Gebäuden in der Umgebung betonen. Zu ihrer Konzeption gehörte ein Wasserbecken, in dem sich die Kirche spiegeln sollte. Der englische Bildhauer Henry Moore stellte für diese Situation seine Plastik „Hill Arches" zur Verfügung.

1977 wurde die Fußgängerzone in der westlichen Randzone unter Berücksichtigung des Künstlerhauses, des Musikvereinsgebäudes und der Handelsakademie gestaltet. Zwischen 1991 und 1992 erfolgte der Bau der Kunsthalle von Adolf Krischanitz im westlichen Teil des Platzes.

Der am nordwestlichen Ende des Karlsplatzes gelegene Girardipark ist nach dem Burgschauspieler Alexander Girardi (1850–1918) benannt. Hier gibt es einen Einstieg ins unterirdische Wien. Im angrenzenden Esperantopark steht ein Denkmal des Begründers der Esperantosprache, Dr. Ludwig Zamenhofs.

Mit dem U-Bahn-Bau brachen für den Platz chaotische Zeiten an: Die Fahrwege waren wie Spaghetti ineinander verstrickt

Die Kunsthalle ...

... und ihre Besucher

Platane

und verknotet, alles war provisorisch. Heute sind hier drei Linien des Wiener U-Bahn-Netzes, drei Straßenbahnlinien, die Lokalbahn nach Baden und zwei Buslinien mit täglich rund 300.000 Fahrgästen verknüpft. Die wichtige Einfahrt aus dem Westen entlang des Wientals endet hier, und der Individualverkehr verteilt sich in die Innenstadt, zum Ring, entlang der „Zweierlinie" oder nach Süden, das sind täglich etwa 70- bis 80.000 Autos. Der unterirdische Wienfluß ist Vorfluter für die anfallenden Regenwässer, und die Hauptadern des Kanalnetzes bilden die beiden Begleitkanäle, der rechte und der linke Wienflußsammler.

Nach dem Zweiten Weltkrieg war der Park ein Zentrum für Schieber und Schmuggler, heute ist hier die U-Bahn-Station Treffpunkt der Drogenszene, der „Kinder vom Karlsplatz".

Im Park selbst gibt es Spielplätze, Sitzecken, Stühle, ein Parkbeisl mit Gartenbetrieb, das seit 1873 betrieben wird, und ein Kaffeehaus in der Otto-Wagner-Station. Das zweite Stationsgebäude ist zu einem Museum der Stadt Wien geworden. In der neuen Kunsthalle gibt es ein inzwischen sehr beliebtes Café.

Die Wiener Secession am Karlsplatz

Raumerlebnis und Vegetation

Der Platz wurde 1946 von Rudolf Oertel als die „Achillesferse" der Stadt bezeichnet, ein wirres Durcheinander von Straßen, Wegen und Verbindungen. Besonders wenn man vom Naschmarkt oder von der Innenstadt kommt, entsteht der Eindruck einer riesigen Kreuzung für die verschiedensten Verkehrsteilnehmer.

Als Fußgänger fühlt man sich in den westlichen und nördlichen Teilen des Parks etwas verloren, da man ständig unter die Erde in lange Gänge geschickt wird und nie den direkten Weg nehmen kann. Die Oberfläche wird hier wie so häufig für den reibungslosen Autoverkehr freigehalten und ist somit eine Stadtlandschaft des 20. Jahrhunderts geworden.

Der Karlsplatz ist wie kein anderer Platz oder Park mit dem Leben in der Stadt eng verbunden – bei Tag und bei Nacht. Erst in den letzten Jahren entwickelte das Gelände eine eigene, einheitliche Identität. Durch das Wasserbecken wurde der Vorplatz der Kirche mit in die Parkgestaltung einbezogen. Positiv kann festgestellt werden, daß der Erholungswert des Resselparks durch die Verlegung des Verkehrs in die Randbereiche gestiegen ist.

Der Resselpark vor der Technischen Universität

Nach den Vorstellungen von Andersson sollten die Fußgänger, möglichst ohne den Autoverkehr zu berühren, den Platz kreuzen und verlassen können, daher wurde das Gelände Richtung Resselpark muldenartig erweitert und ermöglichte so die offenen ebenerdigen Zugänge aus der U-Bahn in den Park: eine typische Gestaltungsidee der siebziger Jahre.

Vor der Universität und der Karlskirche herrscht ein buntes Treiben von Kindern, und ältere Herrschaften sitzen unter den alten Bäumen und am Wasserbecken und sehen den vorbeieilenden Fußgängern und Radfahrern zu.

Der alte Baumbestand wurde im Zuge der letzten Umgestaltung weitestgehend erhalten, und 300 Bäume kamen neu hinzu. Das Planungsziel der gruppenartigen Zusammenstellung der Bäume war eine „bewaldete Stadtmitte“. Efeu wurde eine der charakteristischen Pflanzen im Park und zur Begrünung der Stützmauer und als Bodenbedeckung genutzt. Schwerpunkte der Gestaltung lagen im Resselpark, im Bereich vor dem Porrhaus, im Girardipark und in den nördlichen Randzonen des Karlsplatzes.

Bauten und Denkmäler

Im Jahr 1862 wurde vor dem „Polytechnischen Institut“ das Ressel-Denkmal aufgestellt, womit die Weg-Achse zum Institut eine entsprechende Betonung erhielt. Seit dieser Zeit wird der Park auch Resselpark genannt.

Zu den wichtigen Denkmälern gehören: das Bronzestandbild des Erfinders der Schiffsschraube, Josef Ressel, von Anton Fernkorn (1862), ursprünglich für Triest bestimmt; der Kinder- und Froschbrunnen aus Bronze (1902) von Viktor Tilgner nach dem Originalmodell des verstorbenen Künstlers; das Marmorsitzbild des Komponisten Johannes Brahms von Rudolf Weyer (1908); die Marmorbüste des Erfinders des Benzin-Automobils, Siegfried Maraus, von Franz Seifert (1932; 1938 abgetragen, 1948 wiederaufgestellt); die Bronzebüste des Erfinders der Nähmaschine, Josef Madersperger, von Carl Philipp (1933; im Krieg entfernt, 1949 wieder aufgestellt); die „Hill Arches“, eine Skulptur von Henry Moore (1978), im Brunnen vor der Karlskirche errichtet.

Literatur

Kaut, Hubert, *Wiens Gärten im 19. Jahrhundert.* In: Auer, Alfred, *Wien und seine Gärten,* Wien 1974, S. 85.

Magistrat der Stadt Wien – Geschäftsgruppe Stadtplanung, *Der Karlsplatz in Wien.* In: *Beiträge zur Stadtforschung,* Band 8, Wien 1981.

7. BEZIRK
NEUBAU

Ein Blick über die Parkanlage

ANDREASPARK

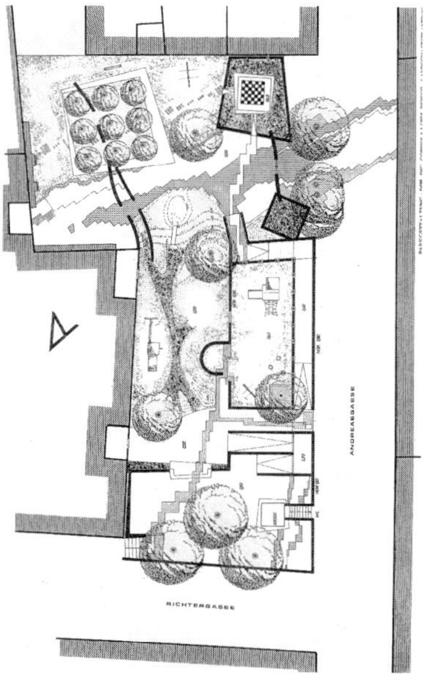

Lage: *Ecke Andreasgasse/ Richtergasse*
Größe: *1680 m²*
Planung: *Cordula Loidl-Reisch*
Verkehrsverbindung: *U3 Zieglergasse*

Zu den neueren Parkprojekten in Wien gehört der im Juli 1994 eröffnete Andreaspark im 7. Wiener Gemeindebezirk Neubau.

Geschichte und Gegenwart

In dem extrem dicht verbauten Bezirk mit barocken und biedermeierlichen Vorstadtstrukturen besteht ein großer Mangel an Grün- und Freiflächen. Diese Situation führte dazu, daß im Rahmen der Planungen für die Durchgrünung des Stadtteils nach einer geeigneten Fläche für eine neue öffentliche Grünanlage gesucht wurde. Durch den Abriß des Hauses Andreasgasse 10 entstand Platz für einen Park, der mit seinen 1680 Quadratmetern zu den Mini-Parkanlagen Wiens zählen wird.

Planung

Planungsziel für den Andreaspark war es daher, ein Wohnzimmer unter freiem Himmel entstehen zu lassen. Die immer wechselnden Baufluchtlinien gehören zum Stadtbild im 7. Bezirk, so auch beim zukünftigen Park. Die etwas vorspringende Baufluchtlinie soll bestehen bleiben, um den Park zu betonen und von weitem erkennbar zu machen.

Aufgrund der Lage im dichtverbauten Stadtgebiet wird die kleine Parkanlage höchstem Nutzerdruck ausgesetzt sein, daher ist ein robustes Parkkonzept entwickelt worden. Es wurde eine Aufkammerung des Geländes durch Höhendifferenzierung (drei Ebenen), kleine Mäuerchen, Pergola und Bepflanzung (Weidengang, Robinienhain) als Mittel zur Unterteilung in verschiedene Teilräume gewählt. Trotz Abriß des Gebäudes soll die Erinnerung an das frühere Eckhaus wach bleiben und im Gesamtkonzept des Parks zu vielfältig nutzbaren „Zimmern unter freiem Himmel" für alle Anrainer werden.

Drei Ebenen kennzeichnen den Park: Die höchste liegt direkt an der Ecke Richtergasse/Andreasgasse, hier ist an ein Gastronomie-Salettl (Motto: Wohn- und Eßzimmer) gedacht. Auf der mittleren Ebene konzentrieren sich die Spielbereiche der Kinder („Spielzimmer"). Ein Rodelhügel verbindet die mittlere mit der untersten Ebene (niveaugleich mit der Straße). Hier mischen sich verschiedene Nutzungen, und hier ist das meiste Grün vorgesehen.

Detail aus dem Andreaspark

Zur Straße hin ist der Andreaspark mit bewachsenen Mauern und Zäunen (versperrbar) abgegrenzt. Sitzmäuerchen durchziehen den Park, und immer wieder werden Spielelemente eingestreut, zum Beispiel eine Rutsche, ein Schachplatz oder ein Stemmgerät. Ein beschauliches, von berankten Ziegelmauern umgebenes Eck wird den Senioren gewidmet. Eine Abfahrt zu einer Tiefgarage war in das Konzept zu integrieren.

Der Andreaspark ist ein Beispiel für einen kleinen Alltagspark mitten in der Stadt, einen Freiraum direkt ums Eck, der insbesondere für Kinder, ihre Begleitpersonen und alte Menschen ein wichtiger Erholungs- und Bewegungsraum sein wird. Der Bau des Andreasparks begann im Sommer 1993 und wurde im Sommer 1994 vollendet.

Literatur

Loidl-Reisch, Cordula, *Der Andreaspark,* Technischer Bericht im Auftrag der MA 42, Wien 1992.

8. BEZIRK JOSEFSTADT

Blick zum Kinderspielplatz

BENNOPLATZ

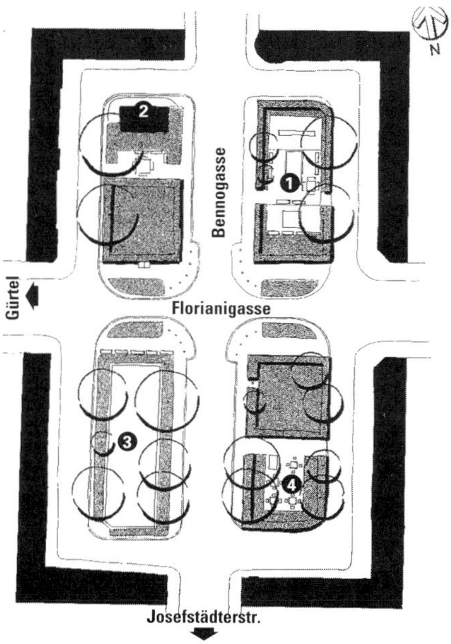

Lage: *Florianigasse*
Größe: *2616 m²*
Verkehrsverbindung:
U6 Josefstädterstr.
J, 5 (31/5)
Blindengasse

1. Kleinkinderspielplatz
2. Trafo
3. Ballspielkäfig
4. Gastgarten

Der Bennoplatz ist einer jener Wiener Plätze, die zurückhaltend und bescheiden angelegt wurden und großartiger Gesten entbehren. Es fehlen die Monumente und die großen Brunnen, die die Plätze anderer Städte charakterisieren. Der Bezirk Josefstadt kann eine Reihe dieser unspektakulären Freiräume aufweisen, der Bennoplatz soll ein Anlaß zur Spurensuche im Grätzel sein.

Geschichte und Gegenwart

Der Bennoplatz (errichtet 1802) wurde nach dem Schottenabt Benno Pointner benannt. Er ist wie auch der Albertplatz in unmittelbarer Nähe eine josefinische Platzanlage, an der man in ihrer klaren und schlichten Anordnung – ein Rechteck, das von zwei sich kreuzenden Straßen gevierteilt wird – noch heute den klassizistischen Städtebau des Vormärz erkennt. Wie auch der Albertplatz entstand er 1802 bis 1810 nach der Parzellierung des damals noch unverbauten Geländes und sollte ursprünglich der Standort für die Kirche von Breitenfeld sein. Der Albertplatz war als Hauptplatz der Gemeinde Breitenfeld gedacht.

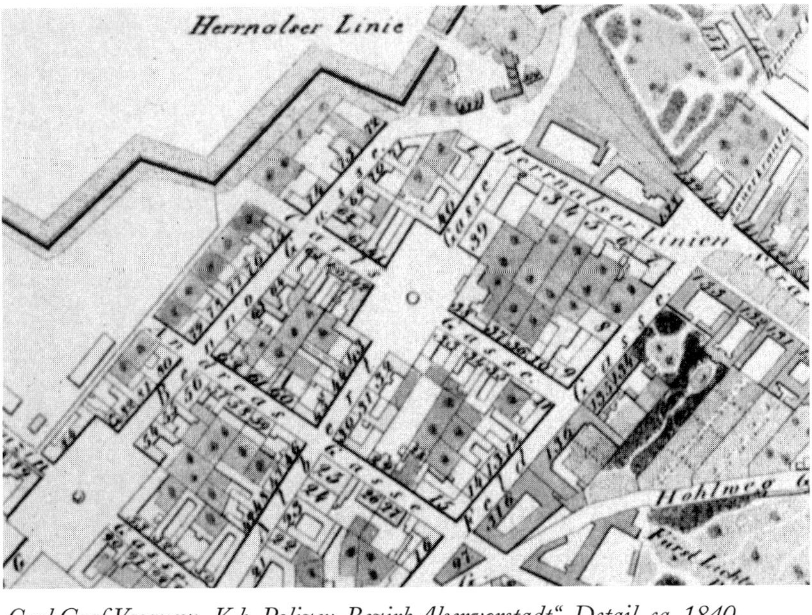

Carl Graf Vasquez: „K.k. Polizey-Bezirk Alservorstadt", Detail, ca. 1840

Am Bennoplatz soll sich Erzherzog Franz Ferdinand mit seiner heimlichen Verlobten Hohenberg getroffen haben, bevor diese „höchste Mesalliance" öffentlich wurde und Geschichte machte.

Heute teilen sich vier verschiedene Funktionen die Quartale des Platzes – ein Sitzbereich, ein Bereich für den Ballspielkäfig, ein Spielbereich für Kinder, ein Bereich für den Gartenbezirk. Somit hat der Bennoplatz das Schicksal vieler kleiner Grünflächen der inneren Bezirke: ein „Diener vieler Herren" zu sein.

Raumerlebnis und Vegetation

Der Bennoplatz besticht durch seine klaren Raumkanten. Im 19. Jahrhundert wurden manche der Häuser überbaut, durch die kreuzförmige Erschließung und die heute unvollständigen Baumpflanzungen bietet er jetzt ein verhältnismäßig unklares Raumerlebnis. Die vielfältigen Nutzungen bewirkten eine Gestaltung, die heute im Vergleich zur Erbauungszeit vergröbert erscheint.

Große Bäume stehen an den vier Platzbereichen und Einfassungshecken an jenen Bereichen, wo heute Sichtschutz gewünscht ist. Forsythienhecken fassen den kleinen Sitzplatz ein und ein Staudenbeet die Gärtnerunterkunft.

Bauten und Denkmäler

Empfehlenswert ist auf alle Fälle ein Besuch an einem Frühsommerabend, da der Gasthof „Zum Prinzen Ferdinand" (Bennoplatz 2) gute Küche und einen schönen Gastgarten bieten kann.

Literatur

Czeike, Felix, *Wiener Bezirkskulturführer. VIII – Josefstadt,* Wien 1980, S. 13–14.

Czeike, Felix, *Historisches Lexikon,* Band 1, Wien 1992, S. 325f.

Rondeau am Brunnen

SCHÖNBORNPARK

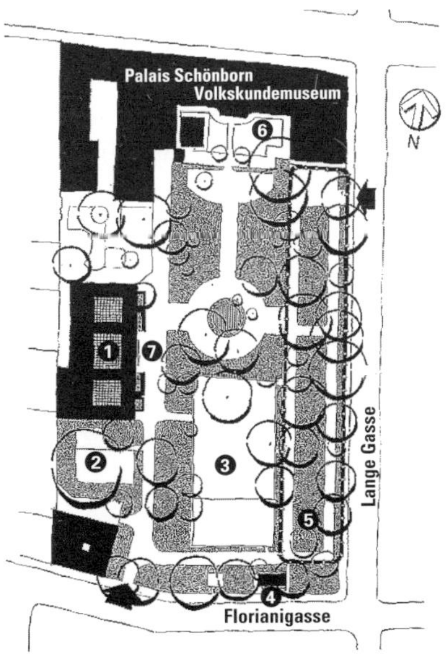

Lage: *Florianigasse*
Größe: *9799 m²*
Verkehrsverbindung:
5 (31/5), 13A
Laudongasse

❶ Bunker mit Kinderspielplatz
❷ Kleinkinderspielplatz
❸ Ballspielplatz
❹ WC
❺ Hundezone
❻ Café
❼ Wasserstelle

Ein kleiner Plausch

Die Brunnenplastik ist sehr beliebt

Die Atmosphäre dieses kompakten innerstädtischen Parks wird durch die großen Bäume und die dichten Heckenwände bestimmt. Hier sind viele Funktionen eines gut gepflegten Parks in „Gartenräumen" untergebracht worden. Das geschlossene Erscheinungsbild bildet zusammen mit dem angrenzenden Museum ein interessantes Ensemble.

Geschichte und Gegenwart

Die Anlage geht auf ein bekanntes Wiener Gartenpalais zurück. Der als Reichsvizekanzler nach Wien berufene Friedrich Karl Graf Schönborn erwarb 1706 einen Gartengrund und berief Johann Lukas von Hildebrandt, das Palais zu errichten, das 1714 bezogen werden konnte. 1725 wurde der Besitz erweitert, der ein Ort rauschender Feste wurde. Nachdem Schönborn 1729 zum Bischof von Würzburg berufen worden war (und auch dort als Bauherr und Mäzen wirkte), änderte sich der Gebrauch der Anlage. Das Gartenpalais wurde vermietet.

Altes Parkschild

Der Blauglockenbaum blüht vor dem Laubaustritt

1845 eröffnete Amalia Baronin Pasqualati hier ein Liebhabertheater. 1862 wurde das bereits stark verkleinerte Areal von der Stadt Wien gekauft und nach einer Ausgestaltung 1863 als Schönbornpark eröffnet.

Im Zweiten Weltkrieg wurde hier ein Bunker errichtet, dabei wurde auch die Wegestruktur des Parks „geordnet". Im letzten Jahrzehnt wurde der Schönbornpark grundlegend erneuert, dabei wurden die Kinderspielplätze verbessert, eine Hundezone eingerichtet, und das bekannte Keramikerpaar Seidl aus Maria Schutz gestaltete den Wandbrunnen.

Der Schönbornpark bietet vielen etwas und ist für alle Wünsche gut ausgestattet: Heute befinden sich hier Spielbereiche für Kinder auf dem Dach des Bunkers und daneben, ein Ballspielplatz, ein Sitzbereich um das Wasserbecken, eine Hundezone, und ein Pissoir. Der Durchgang zum Museum für Volkskunde, wo sich ein gemütliches Café im Erdgeschoß befindet, ist derzeit geöffnet.

Raumerlebnis und Vegetation

In den Darstellungen von Salomon Kleiner ist der Garten ganz orthogonal auf das Schloß hin ausgerichtet. Das Hauptparterre und die Seitengärten boten verschiedene Räume, unter anderem auch ein „Komödienparterre“. Heute findet sich hier wieder eine fast barocke Grundstruktur, da auf engem Raum schachtelartig verschiedene Funktionen eingefügt wurden, die eine großzügige Raumillusion ergeben. Die großen alten Bäume bieten ein schützendes Blätterdach, kräftige Heckenwände teilen die Funktionen auf. Wenn man Richtung Florianigasse schaut, ist die Hauptachse ohne störende Elemente erkennbar. Steht man am heutigen Haupteingang, wirkt der Schönbornpark breiter, als er ist. So hat sich das barocke Raumerlebnis bis heute weiterentwickelt zu einer multifunktionalen Palette von Angeboten.

Die großen Bäume sind Platanen, Linden, und Ahorne und bilden mit den hohen Heckenwänden und Strauchgruppen einen differenzierten Park-Raum. Hier wurde 1934 die Wildgans-Eiche gepflanzt zur Erinnerung an den Lyriker und Dramatiker Anton Wildgans (1881–1932).

Durch die Verwendung immergrüner Gehölze wie der Eibe (Taxus baccata) wurde ein passabler Winteraspekt gefunden, der Park wirkt nie „durchsichtig“, sondern sehr dicht gepflanzt und intensiv gepflegt.

Bauten und Denkmäler

Das barocke Schloß Schönborn und heutige Volkskundemuseum ist das wichtigste Gebäude neben dieser Parkanlage, in der sich ein Bunker aus dem Zweiten Weltkrieg befindet und daneben ein stadtbekanntes WC.

Literatur

Groner, Richard, *Wien, wie es war,* vollständig überarbeitet und erweitert von Felix Czeike, Wien 1964, S. 507f.

Czeike, Felix, *Wiener Bezirkskulturführer. VIII – Josefstadt,* Wien 1980, S. 20, S. 45f.

Kaut, Hubert, *Wiens Gärten im 19. Jahrhundert.* In: Auer, Alfred, *Wien und seine Gärten,* Wien 1974, S. 84.

Vogelschau

TIGERPARK

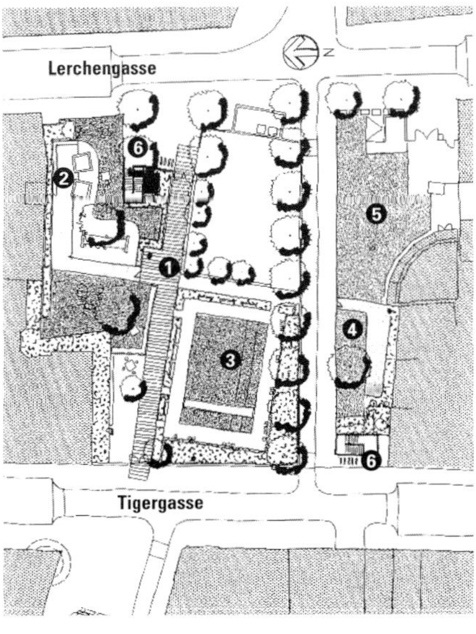

Lage: *Tigergasse*
Größe: *1600 m² (Park)*
1965 m²
(Straßenraum)
Planung: *Maria Auböck,*
Rudolf Rollwagen
Verkehrsverbindung:
46 Schottenfeldg./
5, (31/5), J Albertg.

1. Trinkenbrunnen am Weg
2. Spielbereich
3. Heckengarten
4. Hundezone
5. Gartenbezirk
6. Garagenabgang

Dieser Park befindet sich noch in Bau. Mit dem Bau einer Tiefgarage sollte sowohl Abhilfe für die Parkplatznot der Anrainer geschaffen als auch eine neue Grünfläche errichtet werden. Die projektierte Anlage bietet in ihren drei Gartenbereichen verschiedene Orte für Spiel und Erholung.

Planung

Von der Stadtverwaltung wurde ein Gutachterverfahren für diese Aufgabe eines Parkentwurfs ausgeschrieben, die Preisträger Maria Auböck und Rudolf Rollwagen sowie Roman Ivancsics teilten das Projekt. Die Planung des Parks wurde nach einer Phase der Ideenfindung von Maria Auböck und Rudolf Rollwagen in Zusammenarbeit mit der MA 42 ausgearbeitet.

Diese Grünfläche soll das Nahumfeld versorgen. Im Bereich der übergeordneten Grünverbindung gelegen, ordnet sich der Tigerpark in eine Folge von kleinen Plätzen entlang der Pfeilgasse ein. Häuserkanten und Straßenfluchten bestimmen die Raumgestalt dieses Ortes.

Ein Radweg führt im Süden vorbei, denn der Park liegt an einer wichtigen Radverkehrsroute, welche die Innenstadt mit den Außenbezirken verbindet.

Derzeit wird diese Grünanlage hergestellt, sie soll im Jahr 1995 öffentlich zugänglich sein.

Raumerlebnis und Vegetation

Der vorliegende Entwurf basiert auf einem Konzept für einen vielfältig nutzbaren Park, der für verschiedene Altersgruppen – mit Spielwiese für Kleinkinder, Spielbereich für größere Kinder, ruhigen Plätzen für Senioren und Durchquerung für Stadtwanderer – angelegt ist. Auf eine ausgewogene Verteilung von Sonnen- und Schattenplätzen für den ruhigen Aufenthalt wurde Wert gelegt, um die im Bestand vorhandene angenehme Atmosphäre eines kleinen Stadtgartens weiter zu erhalten.

Die kreuzförmige Wegeführung entlang von Hecken und Pergola erschließt einzelne Räume und verbindet ihre Angebote. Hier war es ein Anspruch der Planer, verschiedene Raumbilder zu erzeugen, die Qualität der Räume und ihre Form sollten den

Benutzerwünschen entsprechen. So entstand ein Park mit zwei Gesichtern: Vegetation und Stein, Gartenmauer und Gartenräume, Bereiche der Stille und der Bewegung.

Robinien wurden für die Baumreihe am Radweg ausgewählt und Baumhasel für die Baumgruppen am Eingang der Anlage. Zwei Blauglockenbäume werden den Kinderspielplatz überdachen und geschnittene Hainbuchenhecken den Heckengarten einfassen. Hier sollen Staudenbeete angelegt werden, die über die Jahreszeiten in Blütenfarbe und Fruchtschmuck abgestimmt wurden und eine durchgehende Blüte von Frühjahr bis Herbst versprechen.

Bauten und Denkmäler

Diese Anlage befindet sich auf einem Bauwerk, der Tigerparkgarage. Zu den Freiräumen innerhalb der Garteneinfriedung kommen die im Straßenraum gelegenen Bereiche: Die platzartige Erweiterung an der Lerchengasse schafft zum Beispiel „Frei-

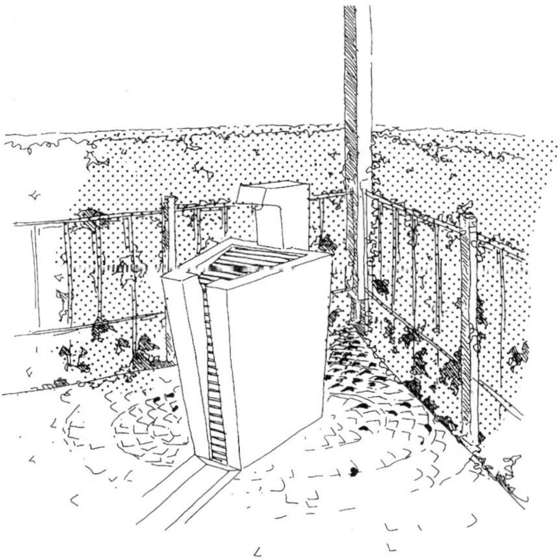

Entwurfskizze zum Brunnen

raum“ für unstrukturierten Aufenthalt. Die integrierten Sitzbänke geben der Gartenmauer eine besondere Qualität. Der öffentliche Fuß- sowie der südliche Radweg werden südlich der Gartenanlage geführt. Die Wiese an der Tigergasse soll als Hundeauslauf angeboten werden, daneben befindet sich das Gärtnerquartier der Magistratsabteilung 42. Die befestigten Flächen außerhalb des Parks werden aus den geläufigen „städtischen“ Materialien – Betonsteinpflaster und Granitwürfel – gebaut werden. Ein Trinkbrunnen markiert das Zentrum der Anlage.

9. BEZIRK
ALSERGRUND

Der untere Brunnen

Der Fischmann am Podest

STRUDELHOFSTIEGE

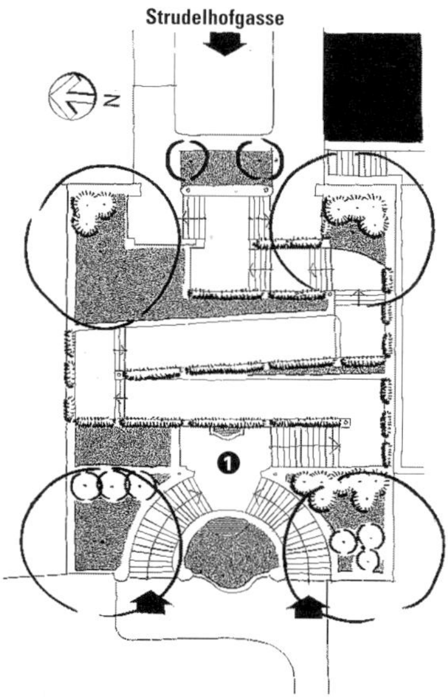

Lage: *Ayrenhoffgasse*
Planung: *Theodor Jäger*
Verkehrsverbindung:
D Fürstengasse/
40A Bauernfeldplatz/
37, 38, 40, 41, 42
Sensengasse

❶ Brunnen

Heimito von Doderer im Café Hawelka 1966, links Dorothea Zeemann

Diese Stiege inszeniert das Schreiten, Verharren, Verweilen und Überwinden. Sie ist in die Geschichte der Literatur eingegangen. Als Stiegenanlage soll sie hier beispielhaft für viele andere Stiegen in Wien stehen, die die Geländestufen der Stadt zu bewältigen helfen.

Geschichte und Gegenwart

Der Name der Liegenschaft stammt von Peter von Strudel, der 1690 hier den Strudelhof errichtet hat und 1701 zum Direktor der Kunstakademie ernannt wurde. Heute ist das Gelände parzelliert, es gibt die Strudlhofgasse, eine Sackgasse, und die Stiege: Diese Stiege wurde 1910 nach Entwürfen von Theodor Jäger entsprechend dem Geist der Jahrhundertwende formal gestaltet.

Die Strudelhofstiege ist in die Weltliteratur eingegangen. Heimito von Doderer schreibt in seinem Roman „Die Strudelhofstiege“: „Nach dem Essen ein paar Schritte im warmen Abend: die Fürstengasse; über die Liechtensteinstraße hinüber; dann das allerstillste Stück der Strudlhofgasse überhaupt, unten, wenn man grad auf die bemooste Vase zugeht und die Maske von Stirn, welche einen dünnen Strahl Wassers entläßt.

Das Rauschen des Brunnens am Absatz oben ist zu hören. (…) Durch einen Augenblick meinte er ernstlich – die Stiegen beleidigt zu haben. Und blieb unten lange stehen, ohne sie etwa zu betreten. Es gab ein wenig Nachtwind. Aber der genius loci, die Dryade, die Göttin, sie schwieg. (…) Und Götter sagen nichts zweimal. (…) Da sah er sie wieder: die Stiege. Durch die stille Gasse unten kommend, jetzt hörte man den Brunnen rauschen. Links und rechts pirouettierten die Treppen zu der ersten Plattform. Und dann Rampe über Rampe, Bühne über Bühne. Das Laubgekuppel üppig. Welche Möglichkeiten! Auftritt von oben. Alles nur Hintergrund, wie der Hintergrund eines Porträts. Vor jenem schwebte das Antlitz Paulas. Die Stadt im Hochsommer. Das Haus ‚Zum blauen Einhorn'. Die Strudelhofstiege."

Raumerlebnis und Vegetation

Die Stiege verbindet die Liechtensteinstraße mit der höher gelegenen Sackgasse. Die Strudelhofstiege hat nicht nur Heimito von Doderer inspiriert – auch für Stadtgeographen und Geologen ist diese Hangkante ausgesprochen interessant. Hier kann man noch sehr deutlich die geologische Formation der Praterterrasse und die Kante zur Stadtterrasse erkennen. Dazu kommt die kräftige Form der Gehölze. Sehr interessant ist die Bepflanzung an den Kehren und der Blick in die seitwärts gehenden Gärten.

Bauten und Denkmäler

Die Stiege selbst hat eine klare architektonische Sprache, die durch die künstlerischen Applikationen verstärkt wird. Ein zweigeteilter Beckenwandbrunnen schmückt das Bauwerk: Am oberen Becken befindet sich eine Kopfmaske als Wasserspeier und auf dem ersten Treppenabsatz eine mosaikverkleidete Nische mit Fischmaul. Die Beleuchtungskörper, das Geländer, die gesamten Schlosserarbeiten sind prägnant gestaltet.

Literatur

von Doderer, Heimito, *Die Strudelhofstiege,* Wien 1951, S. 173, S. 768f.

Groner, Richard, *Wien, wie es war,* bearbeitet von Felix Czeike, Wien 1965, S. 578.

10. BEZIRK
FAVORITEN

Gewitterstimmung im Laaer Wald

ERHOLUNGSGEBIET LAAER WALD – BÖHMISCHER PRATER

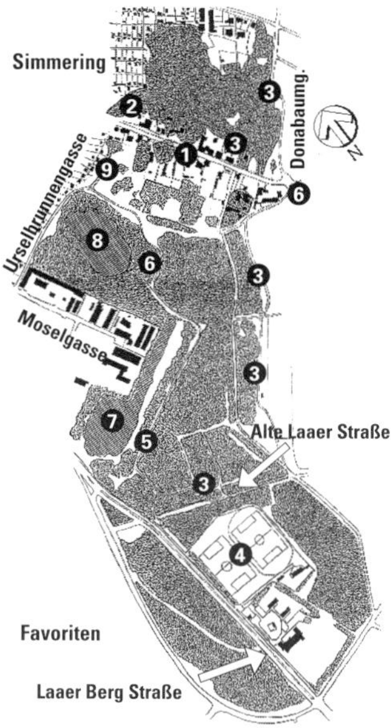

Lage: *Laaer-Wald-Straße, zw. Urselbrunnengasse, Bitterlichstraße, Laaer-Berg-Straße u. Ostbahn*
Größe: *40 Hektar*
Verkehrsverbindung: *S 60, S 80 Simmering-Ostbahn/68A, 270, 271 Urselbrunnengasse/ 15A Bitterlichgasse*

1. Böhmischer Prater
2. Kapelle St. Anna
3. Kinderspielplätze
4. Sportanlage Laaerberg
5. Waldlehrpfad
6. Lagerwiesen
7. Pfeifenteich
8. Butterteich
9. Waldklassenzimmer

Ein Spaziergang durch den Flaumeichenwald auf der Höhe des Laaer Bergs führt zu den Karussells und Ringelspielen des Böhmischen Praters. Am Waldrand eröffnet sich ein Ausblick über den Süden Wiens bis in die pannonische Tiefebene.

Geschichte und Gegenwart

Bereits Kaiser Josef II. genoß die Aussicht und das Panorama vom Laaer Berg und ließ sich auf der Kuppe ein Lusthaus, die Josefsruhe, bei der man Fernrohre mieten konnte, und ein Jägerhaus bauen. Beide Gebäude sind heute jedoch nicht mehr vorhanden.

Der Laaer Berg ist die höchste Erhebung in der Terrassenlandschaft des Wiener Beckens. Der im Untergrund liegende Inzersdorfer Tegel lieferte den Rohstoff für die größten Ziegeleien in Wien. Insbesondere im 18. Jahrhundert wurden hier die Ziegel für den Aufbau von Wien gebrannt. Die Ziegelteiche, „Pfeifenteich“ und „Butterteich“, zeugen von dieser Zeit. Auch die Löwy-Ziegelei mit der Löwygrube ist heute Teil des Parks.

Der Laaer Berg war schon immer ein beliebtes Ausflugsziel, da man von hier aus einen weiten Ausblick über die Voralpen, die

Wigand: „Die Josefsruhe am Laaer Berg“, ca. 1780

Ein Spaziergang im Aufforstungsgebiet

Alpen und die pannonische Ebene hat. In den Jahren 1880 bis 1890 entstand auf der Kuppe der Böhmische Prater, der dem Wurstelprater nachempfunden wurde. Sein Name beruht auf den damals in der Nähe wohnenden „Gastarbeitern" aus Böhmen und Mähren. Sie waren großteils in den Ziegelwerken beschäftigt und nutzten den Böhmischen Prater mit seinen Gaststätten, Karussells, Schießbuden, Würstelständen und insbesondere den Tanzböden als Vergnügungsort. Hier entstand der 5-Kreuzer-Tanz, bei dem die männlichen Tänzer pro Tanz 5 Kreuzer entrichten mußten. Daraus entwickelte sich in weiterer Folge das Tanzmascherl, ein Brauch, der heute noch in ländlichen Gebieten an Kirtagen Anwendung findet, um die Kosten für die Musik aufzubringen.

Ein jähes Ende fanden all diese Vergnügungen, als im April 1945, in Folge der Kriegsereignisse, eine Feuersbrunst nahezu den gesamten Böhmischen Prater zerstörte. Das Gelände versank in einen Dornröschenschlaf, da sich die meisten Schausteller einen Wiederaufbau nicht leisten konnten. Erst langsam, vor einigen Jahren, begann eine Wiederbelebung der Buden und Ringelspiele. Heute ist der Böhmische Prater besonders bei Kin-

Hier gibt es viele alte Ringelspiele

dern ein sehr beliebtes Ausflugsziel, das sich leicht mit einem Spaziergang in der Natur verbinden läßt.

Das Gebiet des heutigen Laaer Waldes war viele Jahrhunderte lang weitgehend waldfrei, da im Zuge des Tonabbaus sehr viel gerodet wurde, zuletzt nach dem Zweiten Weltkrieg, als fast der gesamte Waldbestand wegen akutem Brennstoffmangel abgeholzt wurde. Die ersten Planungen zur Änderung dieser Situation gab es bereits 1905. Aber erst Anfang der fünfziger Jahre wurde mit der sogenannten „Wohlfahrtsaufforstung" begonnen, die jedoch aufgrund der schlechten Bodenverhältnisse zunächst scheiterte. Erst im zweiten Versuch gelang die Aufforstung mit Hilfe aufwendiger Bodenverbesserungsmaßnahmen. 1982 waren die Aufforstungen so weit gediehen, daß der Laaer Wald für Besucher geöffnet werden konnte. Im Osten grenzt die sogenannte Löwy-Grube an das Areal, ein derzeit noch landwirtschaftlich genutztes Gelände, das bis an die Ostbahn heranreicht.

In ihrer Kombination von Freizeitvergnügen mit Ringelspielen und Erholungsgebiet sind der Laaer Wald und der Böhmische Prater ein beliebter Anziehungspunkt für die Wiener. Sie sind Teil des Wiener Wald- und Wiesengürtels.

Raumerlebnis und Vegetation

Entlang einer Straße auf einer dicht bewaldeten Kuppe liegt der Böhmische Prater, rechts und links die Karussells, Buden, Gaststätten und Ringelspiele. Von hier aus tritt man hinaus auf die Wiesen und Spielflächen und hat einen Ausblick über den Süden von Wien – weit und offen bis zu den Alpen und zur pannonischen Tiefebene.

Auf einer Gesamtfläche von 396.000 Quadratmeter wurden 320.000 Quadratmeter mit Laubbäumen (Eichen, Ahorne, Ebereschen, Pappeln) aufgeforstet und 41.000 Quadratmeter Wiesen sowie 4900 Quadratmeter Wegeflächen angelegt.

Am nordwestlichen Rand des Gebiets befinden sich die beiden naturbelassenen Teiche, der „Butterteich“ und der „Pfeifenteich“, mit etwa zweieinhalb Hektar Wasserfläche. Beide Teiche sind von einem dichten Schilfgürtel umgeben, der zahlreichen Vögeln als ideale Niststätte dient. Die Teiche und der Schilfgürtel sind inzwischen zum Vogelschutzgebiet erklärt worden.

Westlich des Butterteichs, zum Böhmischen Prater hin, beginnt der eigentliche „Laaer Wald“, der wegen seines wunderschönen Flaumeichenbestandes zum Naturdenkmal erklärt wurde.

Bauten und Denkmäler

Die Buden und Ringelspiele des Böhmischen Praters gehören zu den wichtigsten Attraktionen des Laaer Waldes. Ein weiterer Anziehungspunkt ist die im Unterwald des Laaer Waldes gelegene 1981/82 restaurierte St.-Anna-Kapelle. Im Gelände des Laaer Waldes verteilt liegen Kinderspielplätze, ein Waldlehrpfad, Lagerwiesen, ein Waldklassenzimmer, eine Aussichtsplattform und eine Rodel- und eine BMX-Bahn. Im Herbst sind die windigen offenen Wiesen Treffpunkte für Drachenfreunde.

Literatur

Magistratsabteilung 49, *Laaer Wald,* Technischer Bericht, Wien 1977.

Mylany, Hamid Mehrani, *Wohlfahrtsaufforstung und Naturschutz am Laaer Berg in Wien,* Wien 1980.

Tschulk, Herbert, *Wiener Bezirkskulturführer. X – Favoriten,* Wien 1985, S. 40f.

Stadt Wien, Presse- und Informationsdienst, *Erholungsgebiet Laaer Wald,* Wien 1993.

Kugelakazien entlang der Spazierwege

KURPARK OBERLAA

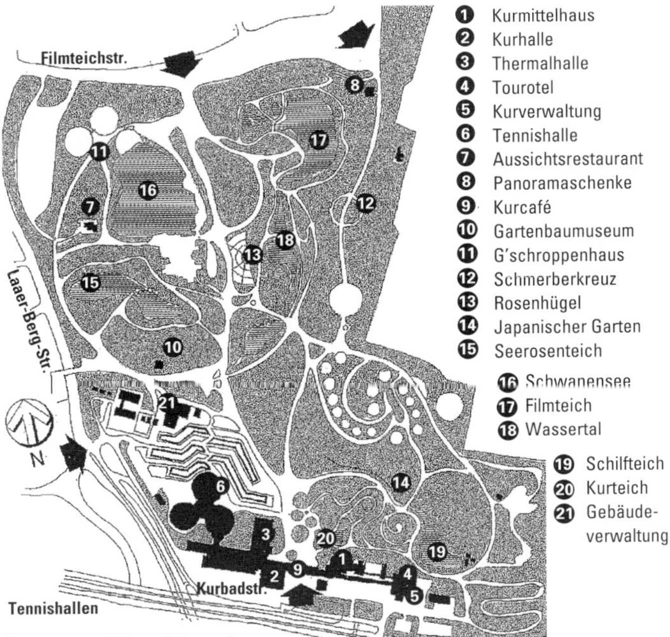

Lage: *Filmteichstraße*
Größe: *1.000.000 m²*
Planung: *Erich Hanke (Leitung)*
Verkehrsverbindung: *67 Kurzentrum Oberlaa/68A Filmteichstraße*

Der Erfolg der ersten internationalen Wiener Gartenbauausstellung WIG 64 auf dem Gelände des heutigen Donauparks veranlaßte den Wiener Gemeinderat, sich 1968 erneut für eine internationale Gartenschau in Wien – WIG 74 – zu bewerben. Am Fuße des Laaer Bergs im Süden von Wien ergab sich die Gelegenheit, im Rahmen einer solchen Ausstellung ein großes Grün- und Erholungsgebiet zu schaffen und mit einem Kurpark zu verbinden.

Geschichte und Gegenwart

Bereits im 18. Jahrhundert waren bei Brunnenbohrungen in der Nähe der Oberlaaer Kirche Thermalschwefelquellen entdeckt worden. 1934 stieß man bei Gas- und Ölbohrungen wieder auf Schwefelquellen. Eine Nutzung erfolgte jedoch erst ab 1965. Die Oberlaaer Kurbetriebsgesellschaft begann ihren regelmäßigen Kurbetrieb im Oktober 1969. Mit Temperaturen von 53,15 Grad Celsius und einem Schwefelgehalt von 58,3 Milligramm pro Kilo Wasser ist die Oberlaaer Schwefelquelle eine der stärksten Europas. Heute gibt es hier eine große Kuranlage mit Bade- und Heilbadeeinrichtungen: Kräuter-, Moor-, Sprudel- und Kohlensäurebäder und vieles mehr ist möglich. Sauna und Thermalbad gehören mit zu den beliebtesten Freizeitanlagen in Wien.

Zur Gestaltung der WIG 74 wurde 1969 ein Ideenwettbewerb durchgeführt, der keinen eindeutigen Sieger hervorbrachte. Mit der Gestaltung wurde ein Team unter Leitung des Frankfurter Gartenarchitekten Erich Hanke betraut. Für die Detailgestaltung einzelner Gärten zuständig waren die Gartenarchitekten Albert Ennemoser, Gottfried Hansjakob, Hermann Kern, Herbert Ursprunger, Friedrich Werkmeister und Oskar Wladar. Die Hochbauten wurden von den Architekten Engelbert Erder, Josef Fleischer, Hannes Lintl, Friedrich Grünberger, Requat & Reinthaller und Peter Schröder ausgeführt.

Entsprechend der natürlichen Form des Geländes, vom Laaer Berg her Richtung Süden abfallend, entstand eine Planung auf unterschiedlichen Geländeebenen mit insgesamt sechs Teichen, die teilweise untereinander verbunden waren. Im südlichen Teil gestaltete Gottfried Hansjakob den Kurpark vor dem Kurmittel-

Am Rosenhügel

Frühling in Oberlaa

Mobiliar der Gartenschau

haus. Es gab dort einen Wasserlehrpfad, den Seerosenteich und ein Wasserspiel beim Konzertgarten.

Im Nordwestteil gab es Kinderspielräume zu den Themen Raumfahrt, Mondlandung und Sonnensystem, heute besteht hier noch das „Gschroppenhaus" als Zentrum der unterschiedlichen, zum Teil sehr großen und beliebten Spielplätze. Weiters gibt es am Schwanensee den Treppengarten und den Partygarten, der als Aufenthaltsraum für Jugendliche vorgesehen war. Am Südufer des Sees entstanden der utopische Garten und der Wasser- und Staudengarten.

Im Norden des Areals wurde das vorhandene Parkgelände der ehemaligen Filmstadt mit dem Filmteich in die Konzeption einbezogen. Hier waren in den zwanziger Jahren Filme wie „Sodom und Gomorrha" oder „Die Sklavenkönigin" entstanden. Es gab einen Gregor Mendel gewidmeten Garten, eine Kette von Teichen, die das „Wassertal" genannt wurden, den österreichischen Gebirgsgarten und die Themengärten der Bundesländer und der Nationen sowie den Schilfteich im Südosten der Anlage.

Zweieinhalb Millionen Besucher bewunderten während der WIG 74 die Pracht der ausgestellten Pflanzen und der einzelnen Gärten. Viele der damaligen Anziehungspunkte wurden nach der Ausstellung umgewandelt bzw. abgebaut, so gibt es auf Teilen des Ausstellungsgeländes heute ein Tenniscenter.

Diese größte Wiener Parkanlage der Nachkriegszeit wurde als gelungene Verbindung zwischen gewachsener und künstlicher Landschaft gefeiert, ein wichtiges Beispiel für die Gartenkunst der siebziger Jahre. Mit dem Kurpark Oberlaa entstand eine Parklandschaft, die gemeinsam mit dem Laaer Wald und den Wienerberggründen einen wichtigen Erholungsraum für den 10. und 23. Bezirk im Süden von Wien bildet und zur weiteren Vervollständigung des Grüngürtels rund um Wien beigetragen hat.

Raumerlebnis und Vegetation

Die WIG 74 wurde eine gewaltige Ansammlung von Detailgärten – exotischen, modernen, nostalgischen, skurrilen, für Kinder, für alte Menschen. Die Gartenschau versuchte die vorhandene Naturlandschaft mit städtischen Aspekten und Ansprüchen zu verbinden. Das Grundkonzept beinhaltete schwingende und bewegte Linien und basiert auf Kreisformen, was sich zum Beispiel in der Wegeführung niederschlug und bis heute erkennbar ist.

Heute noch zu sehen ist der damalige Mittelpunkt der Schau, der Rosengarten, in dem 45.000 Rosensträucher gepflanzt wurden. Insgesamt wurden 4000 Laubbäume, 3000 Nadelbäume und 15.000 Sträucher über das Gelände verteilt. Der Apothekergarten ist inzwischen in ein Gartenbaumuseum der Magistratsabteilung 42 umgewandelt worden.

Bauten und Denkmäler

Eine 15 Meter hohe Plastik aus fünf Stelen entstand am höchsten Punkt der Anlage und symbolisierte die fünf Erdteile. Mit einbezogen wurde auch das 1722 errichtete und 1962 renovierte Schmerberkreuz, das an die Schmerber, die Schmalzhändler, erinnert, die am Hohen Markt in Wien ihren Sitz hatten. Von hier aus hat man eine herrliche Aussicht über das gesamte WIG-Gelände.

Betonplatten im Seerosenteich, 1974

Das WIG-Restaurant wurde von den Architekten Requat & Reinthaller und Georg Lippert gebaut, den „Harfenbrunnen" schuf Hubert Wilfan, und die „Meditationsskulptur" aus Neuhauser Granit ist von Karl Prantl. Am Fuße des Rosenhügels steht der Uhrturm von Stephan Pral.

Ein Fitneß-Pfad wurde eingerichtet, und am nördlichen Ausgang können Kinder ponyreiten oder einen Parcours mit einem Elektroauto bewältigen. Die Teiche werden im Winter zum Schlittschuhlaufen genutzt, und die Spielplätze sind beliebte Treffpunkte. Als Beitrag zum kulturellen Austausch mit Japan wurde 1992 der japanische Garten originalgetreu wiederhergestellt und ist in den Sommermonaten besuchbar. Das Kurcafé ist weithin berühmt und Anziehungspunkt für alle Park- und Kurbadbesucher.

Literatur:

Auer, Alfred, *Wien und seine Gärten,* Wien 1974, S. 117–120.

Schmid, Elfriede, *Die Wiener Internationale Gartenschau 1974.* In: *Der Aufbau,* Heft 5/6/1974, S. 151–159.

Schubert, Werner, *Favoriten. Von der Siedlung zur Großstadt,* Wien 1992, S. 148.

Tschulk, Herbert, *Wiener Bezirkskulturführer. X – Favoriten*, Wien 1985, S. 34–40.

Straßenszene am Parkeingang, um 1925

WALDMÜLLERPARK

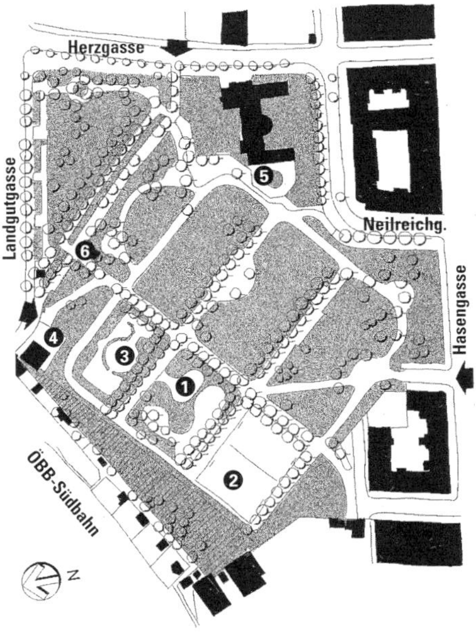

Lage: *Landgutgasse*
Größe: *39.678 m²*
Planung: *Stadtgartendir.*
Verkehrsverbindung:
18, 62, 65, WLB
Kliebergasse/
S1, S2, S3, S15
MatzleinsdorferPl.

❶ Kinderspielplatz
❷ Ballspielplatz
❸ Gräberhain
❹ Gartenbezirk III
❺ Kindergarten
❻ WC

Am nördlichen Rand des dichtverbauten 10. Wiener Bezirks Favoriten liegt der Waldmüllerpark, einer der ehemaligen josefinischen Friedhöfe, die in den zwanziger Jahren systematisch in Parks umgewandelt wurden. Was uns heute an diese Anlagen erinnert, sind Urnenhaine, Gedenkstätten und eine oftmals fast sakral zu nennende Stimmung.

Geschichte und Gegenwart

Aus hygienischen Gründen ließ Kaiser Josef II. Ende des 18. Jahrhunderts alle Friedhöfe innerhalb des Linienwalls schließen. So entstand 1785 außerhalb der Linien der katholische Matzleinsdorfer „Leichenhof". 1879 wurde er für Neubelegungen gesperrt. Einige der Toten wurden exhumiert und auf andere Friedhöfe überführt, der Rest der Anlage verfiel, bis die Stadtverwaltung 1922 beschloß, den Friedhof in eine Parkanlage umzuwandeln. Sie wurde nach dem hier begrabenen Maler Ferdinand Georg Waldmüller (1793–1865) benannt und vom damaligen Bürgermeister Jakob Reumann am 3. Oktober 1923 eröffnet.

Eine Rampe mit Laube sowie die alte Friedhofsmauer als Einfriedung blieben bei der Umgestaltung erhalten. Weiters eine Steinlaube an der Ecke Dampfgasse/Neilreichgasse und eine Stein-

Jugendkultur in den dreißiger Jahren

Rosen am Laternenpfahl

pergola beim Haupteingang an der Gudrunstraße. Es entstanden eine Milchtrinkhalle – die inzwischen wieder entfernt wurde –, Kleinkinder- und Ballspielplätze. Auf dem Areal der ehemaligen Friedhofsgärtnerei wurde 1923 ein Kindergarten der Stadt Wien errichtet und nach – für die damalige Zeit – neuesten Gesichtspunkten in Anlehnung an die Montessori-Pädagogik geleitet.

Der Waldmüllerpark ist eine der wichtigen Grünflächen im dichtverbauten Stadtgebiet entlang des Margaretengürtels und der Schnellbahnstrecke, die den 10. Bezirk (Favoriten) vom 5. Bezirk (Margareten) trennen. Er ist heute vor allem ein Treffpunkt für Pensionisten, Mütter mit Kindern und Jugendliche aus der näheren Umgebung, die Böschungen und abfallenden Wege dienen zum Rollschuhfahren und Rodeln. Die ehemalige Bedeutung als Begräbnisstätte für die berühmten Toten aus der Biedermeierzeit scheint bei dem Getümmel, das hier manchmal herrscht, kaum noch von Interesse zu sein.

Raumerlebnis und Vegetation

Bei der Parkgestaltung blieben wesentliche Landschaftsteile des alten Friedhofsgeländes bestehen, insbesondere die Geländeunterschiede mit der Vertiefung im mittleren Parkteil. Die Niveauunterschiede wurden durch die Anlage von Terrassen ausgenutzt. So entstanden eigene kleine Räume, die sich von dem umgebenden Stadtteil abgrenzen. Die schattigen alten Alleen, die schönen Gehölzgruppen und teilweise auch die Einzelsträucher blieben bei der Umgestaltung erhalten und bilden das Grundgerüst zwischen den Rasen- und Spielplatzflächen.

Bauten und Denkmäler

100 Grabmäler von historischem und künstlerischem Wert, überwiegend aus der Zeit Ende 18., Anfang 19. Jahrhundert, wurden zu einem Hain zusammengestellt. Die sterblichen Reste der vielen hier begrabenen bekannten Persönlichkeiten der biedermeierlichen Kultur- und Politszene wurden exhumiert und unter den Sockeln der Grabmäler neu bestattet. Einige der Grabsteine wurden restauriert, andere verfallen jedoch immer mehr. Der Hain ist heute eingezäunt und verschlossen.

Der Denkmalhain

Zu den interessantesten Persönlichkeiten, die hier begraben liegen, gehören: Christoph Willibald Gluck, berühmtester Toter des Friedhofs, dessen sterbliche Überreste 1891 exhumiert und samt seinem Grabstein auf den Zentralfriedhof überführt wurden; Ferdinand Georg Waldmüller, der berühmteste noch hier begrabene Tote und einer der bedeutendsten Maler aus der Biedermeierzeit; der beliebte Sänger Josef Staudigl (1807–1861), sein Grabmal, ein Standbild, wurde vom Bildhauer Pilz geschaffen; der Volksschriftsteller Franz Xaver Karl Gewey (1764–1819), ein Bühnendichter und Schauspieler; der Miniaturen- und Porträtmaler Johann Nepomuk Ender (1793–1854) und Johann van Beethoven (1776–1848), ein Bruder von Ludwig.

Literatur

Kratochwjle, Fritz, *Die städtischen Gärten Wiens,* Wien 1931, S. 23–25.

Lang, Anton, *Vom Nikolsdorfer Friedhof zum Waldmüller Park.* In: *Jahrbuch des Vereins für Geschichte der Stadt Wien,* Wien 1989, S. 92–153.

Schubert, Werner, *Favoriten. Von der Siedlung zur Großstadt,* Wien 1992, S. 237–259.

Tschulk, Herbert, *Wiener Bezirkskulturführer. X – Favoriten,* Wien 1985. S. 68f.

Blick nach Nordwesten über die Wasserfläche

WIENERBERG

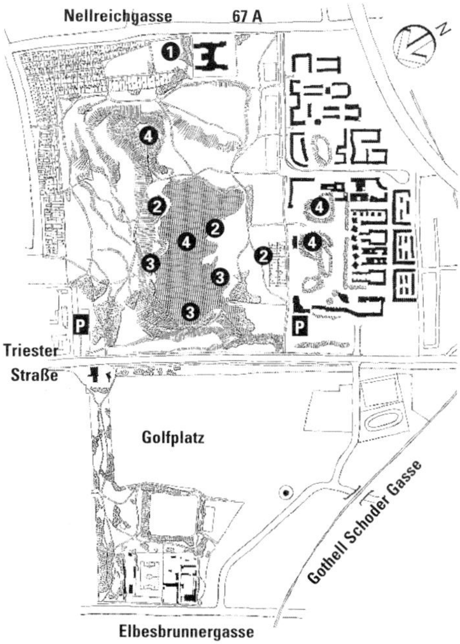

Lage: *Otto-Probst-Gasse*
Größe: *840.000 m²*
Planung: *Wilfried u. Maja Kirchner*
Verkehrsverbindung: *67 Wienerfeldgasse*

❶ Kinderspielplatz
❷ Picknickplätze
❸ Angelplätze
❹ Teich

Wilfried Kirchner: „Vogelschau", 1986

Am Abhang der Wienerbergterrassen im Süden von Wien liegt in den ehemaligen Lehmgruben eine Naturlandschaft mit Wasserflächen, Blumenwiesen, trockenen Hängen und lichten Wäldchen. Bei sonnigem Wetter hat man von der Kuppe der Terrasse aus einen Ausblick bis zu den Ausläufern der Alpen.

Geschichte und Gegenwart
Schon die Römer entnahmen aus den Lehmgruben am Wienerberg ihr Rohmaterial zur Errichtung von Vindobona und Carnuntum. Die gesamte Landschaft ist durch die Reste der ehemaligen Lehmgruben geprägt. In der Mitte des 18. Jahrhunderts, zu Zeiten Maria Theresias, entstanden hier umfangreiche Ziegelwerke.

Die „Wienerberger Ziegelfabrik und Baugesellschaft" war eine der größten Wiens und berüchtigt für die schlechten Bedingungen, unter denen die Ziegelarbeiter „hackeln" mußten. Die Löhne wurden in Blechmarken ausgezahlt, die nur in der Ziegeleikantine eingelöst werden konnten, und die Familien hausten auf engstem Raum in feuchten Wohnverhältnissen mit „fauligem Stroh und Fetzen". Erst mit der Hilfe des Arztes und späteren

Landtagsabgeordneten Victor Adler konnte die Situation der „Sklaven vom Wienerberg" verbessert werden.

Die Ziegelwerke bestanden bis Mitte des 20. Jahrhunderts und waren nach dem Zweiten Weltkrieg in der Wiederaufbauphase noch voll in Betrieb. In den sechziger Jahren begann man die Gruben zu schließen. Heute wird der „Inzersdorfer Tegel" nicht mehr abgebaut. Zurück blieben riesige Landschaftswunden und die vor allem bei Kindern beliebten „Ziegelteiche". Das Gelände lag lange Zeit brach und war „Gstetten". In den Hängen konnten Sammler fossile Reste der urzeitlichen Meeresfauna finden. Die Stadt Wien erwarb den größten Teil der Flächen und lagerte im Norden zeitweilig Bauschutt und Abfall ab.

Ende der siebziger Jahre gab es einen Ideenwettbewerb für die städtebauliche Entwicklung des Geländes (Preisträger war der Architekt Otto Häuselmayer), und 1983 wurde vom Landschaftsplanungsbüro Kirchner+Kirchner ein Konzept für den Ostteil erarbeitet und in Zusammenarbeit mit dem Forstamt der Stadt Wien umgesetzt. Die Deponie wurde saniert, und es entstand ein über 800.000 Quadratmeter großes Erholungsgebiet.

Inzwischen wird auch der Westteil des Wienerbergs umgestaltet, er soll demnächst für Besucher zugänglich sein. Spazierengehen, sich sonnen, angeln, Tiere und Pflanzen betrachten, an windigen Tagen Drachen steigen lassen – der Wienerberg ist ein beliebter Treffpunkt im 10. Bezirk. Insbesondere die Kinder schätzen das Gelände zum Radfahren, Rodeln und Hüttenbauen. Gemeinsam mit dem Laaer Berg und dem Laaer Wald ist der Wienerberg eines der wichtigsten Naherholungsareale für die Bevölkerung im Süden von Wien.

Raumerlebnis und Vegetation

Reizvoll sind insbesondere die Möglichkeiten, bei schönem Wetter von den höchsten Stellen aus über das gesamte Gelände mit dem Teich, den kleinen Wäldchen und den Wiesenflächen bis hin zu den Kalkalpen und zum ersten Zweitausender, dem Schneeberg, und über das gesamte Wiener Becken zu blicken.

1975 wurde das Gelände in das Wiener Grünkonzept als Teil des Wald- und Wiesengürtels eingebunden. Bereits zu Beginn

Der Wasserturm über dem Wienerberg

Rodelpartie im Winter

Sommerstimmung

des Jahrhunderts hatte der Stadtplaner Eugen Fassbender (1854–1923) die Idee des Wiener Grüngürtels entwickelt, der sich fünf Kilometer vom Zentrum in einer Breite von 750 Metern rund um Wien erstrecken sollte. Mit dem Wienerberg wurde diese Idee im Süden der Stadt fortgesetzt. Die Aufforstung erfolgte mit großen zusammenhängenden Waldstücken, zirka 140.000 Quadratmeter, meist standortgerechter Gehölze, zum Beispiel Bergahorn, Stieleiche und Pfaffenhütchen.

Teile des Abfalls aus dem Tonabbau wurden im Südosten des Wienerberggeländes als Abraumhalde wieder angeschüttet. Es entstand eine Vielfalt an unterschiedlichen Standorten für die Vegetation, sodaß sich auf den besser mit Wasser versorgten Flächen „Blumenwiesen", auf den Schlacken und dem Ziegelschutt „Halbwüsten" und auf den trockenen Hängen „Steppen" entwickelten. Dazwischen gibt es überall eine hohe Artenvielfalt mit vielen schönen blühenden Sträuchern. Insgesamt entstand durch den Abbau eine Tallandschaft mit einem nach Süden hin offenen Kessel. Im Kesselgrund bildete sich im Laufe von zehn

Jahren durch Grundwasseraustritt ein 16 Hektar großer See, dessen gleichmäßiger Wasserstand heute durch eine Entwässerung garantiert ist.

Die vorhandenen Vegetationsbestände wurden bei der Umgestaltung weitgehend erhalten, die exponierten Trockenstandorte und der Ziegelteich sind inzwischen als Naturdenkmal geschützt. Die großen Wiesen-, Schilf- und Wasserflächen bieten unzähligen Tierarten, vor allem Vögeln (zum Beispiel Dorngrasmücke, Teichrohrsänger, Wasserralle) und Amphibien (Zaun- und Mauereidechse), einen wertvollen Lebensraum. Zur Schonung der Vegetation und der Ohren der Besucher wird die Pflege der Gehölzpflanzungen und die Bodenbearbeitung auf dem Areal seit 1988 mit Pferden durchgeführt. Eine weitere Attraktion ist der Kräutergarten, der zwar erst im Aufbau begriffen ist, aber bereits jetzt einiges zu bieten hat.

Ausstattung

Nur die Hauptwege des Geländes wurden festgelegt, die Nebenwege und Trampelpfade können, je nach Bedürfnis der Nutzer, nach und nach entstehen. Es gibt Wanderwege, Rast- und Picknickplätze, Angelmöglichkeiten (die Sektion des Verbandes der österreichischen Arbeiterfischervereine verpachtet die Ziegelteiche), Naturwiesen, Lagerwiesen und Spielplätze. In der Nähe der Sportanlagen des westlichen Wienerbergs entstand auf einer ehemaligen Deponie ein Golfplatz.

Literatur

Holzner, Wolfgang, *Vorbericht Parks – Kunstwerke oder Naturräume,* hg. v. Bundesministerium für Umwelt, Jugend und Familie, Wien 1994.

Kirchner, Wilfried und Maja/Haubenberger, Gottfried, *Der Wienerberg.* In: *Anthos,* Heft 3/1993, S. 17–20.

Schubert, Werner, *Favoriten. Von der Siedlung zur Großstadt,* Wien 1992.

Tschulk, Herbert, *Wiener Bezirkskulturführer. X – Favoriten,* Wien 1985, S. 70f.

12. BEZIRK
MEIDLING

Blick in die Spiellandschaft

WILHELMSDORFER PARK

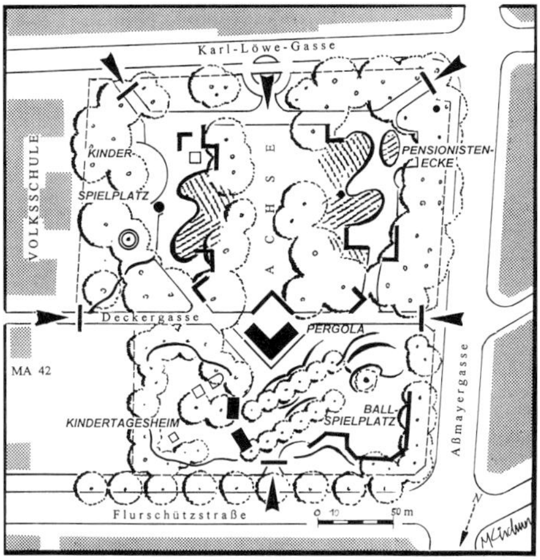

Lage: *Aßmayergasse*
Größe: *15.000 m²*
Planung: *Wilfried und Maja Kirchner*
Verkehrsverbindung: *62, 64 Flurschützstraße/ 69A Löwegasse/ 15A, 59A Längenfeldgasse*

Der neu gestaltete Wilhelmsdorfer Park – im Volksmund auch Decker-Park – liegt im dicht verbauten 12. Bezirk. Ein Tummelplatz und Rückzugsort für Kinder und alte Menschen unter altem Baumbestand mit Blumenbeeten und jeder Menge An- und Aufregung für Kinder.

Geschichte und Gegenwart

Zu Beginn des 19. Jahrhunderts befanden sich in der Gegend des heutigen Parks Ziegeleien, die Ignaz Ritter von Neuwall gehörten. Bald entstanden in der Umgebung der Ziegelfabriken Wohnhäuser, die Siedlung „Bei den Ziegelöfen“, „Neu-Meidling“ oder „Dörfel“. In dieser Zeit gab es an Stelle des heutigen Parks einen Ziegelteich, der durch seine steilen Ufer berüchtigt war. Diese wurden vielen der spielenden Kinder zum Verhängnis, da sie – einmal hineingefallen – keine Möglichkeit mehr hatten hinauszugelangen und ertranken. Es entstand die Sage von einem hellhaarigen Wassermann, der sich die Kinder holt. Die Teiche wurden im Laufe der Zeit zugeschüttet, im Jahre 1909 entstand hier eine 9300 Quadratmeter große Parkanlage, die, in Erinnerung an die einst selbständige Gemeinde, Wilhelmsdorfer Park genannt wurde. Nördlich des Parks gab es ein Schienenlager der Verkehrsbetriebe, das Anfang der achtziger Jahre aufgelassen wurde.

Auf Wunsch der Bezirksvertretung von Meidling sollte der Park 1990 umgestaltet und um die Flächen des ehemaligen Schienenlagers erweitert werden. Die zwischen den beiden Parkteilen liegende Deckergasse, ein Fußweg, sollte aufgelassen und mit in den Park integriert werden. In enger Abstimmung mit dem Bezirk wurde der Park durch die Landschaftsplaner Kirchner + Kirchner neu gestaltet.

Raumerlebnis und Vegetation

Der Wilhelmsdorfer Park ist ein Quartierpark, geprägt durch viele Spielplätze und Spielorte unter den alten Baumbeständen, die den gesamten Park durchziehen. Er ist einer der wenigen Grünflächen im sonst dicht verbauten 12. Bezirk und stark frequentiert, insbesondere von Kindern und Jugendlichen. Er bietet aber auch ruhige Sitzecken für Pensionisten, besonders im

Eine Nahaufnahme

Gespielt wird überall

südöstlichen Parkteil. Bei der Parkumgestaltung wurde auf diese vielfältigen Ansprüche von Ruhe und Aktivität Rücksicht genommen. Für Durchgehende sollte auch genügend Raum bleiben. Weitere Ziele waren die Verschmutzung durch Hunde und nächtlichen Vandalismus zu verhindern.

Der größte Teil der neuen Parkflächen auf dem ehemaligen Schienenlager wurde zu einem Kinder- und Jugendspielbereich entwickelt. Hier entstand auch ein Kindertagesheim. Im bestehenden Park wurden Ruhebereiche und Kleinkinderspielplätze eingerichtet und neu gestaltet, die durch farbliche Akzente wie Blumenbeete zum Verweilen einladen. Die ursprünglich bestehende Achse Fuchsenfeldhof – Deckergasse und die Baumrondeaus wurden beibehalten und dienen gemeinsam mit dem in der Mitte des Parks entstandenen Salettl als Verbindung zum neuen Parkteil. Es wird für Bezirksfeste genutzt. Der gesamte Park wurde eingezäunt.

Das für Wiener Parks eher ungewöhnliche frische Farbkonzept in unterschiedlichen Blautönen soll den Park auch im Winter anziehend machen. Wichtig bei der Planung waren Sicherheit, Durchlässigkeit und Offenheit. Hierzu tragen auch die neuen Zugänge bei, die zum Betreten des Parks einladen sollen. Insgesamt wurden vier neue Eingangstore geschaffen.

Bauten und Denkmäler

Im westlichen Teil des Areals steht ein Gedenkstein (Naturstein mit Marmorplatte), der an die Parkeröffnung durch den damaligen Bürgermeister Dr. Karl Lueger im Jahre 1909 erinnert.

13. BEZIRK
HIETZING

DIE GÄRTEN VON SCHÖNBRUNN

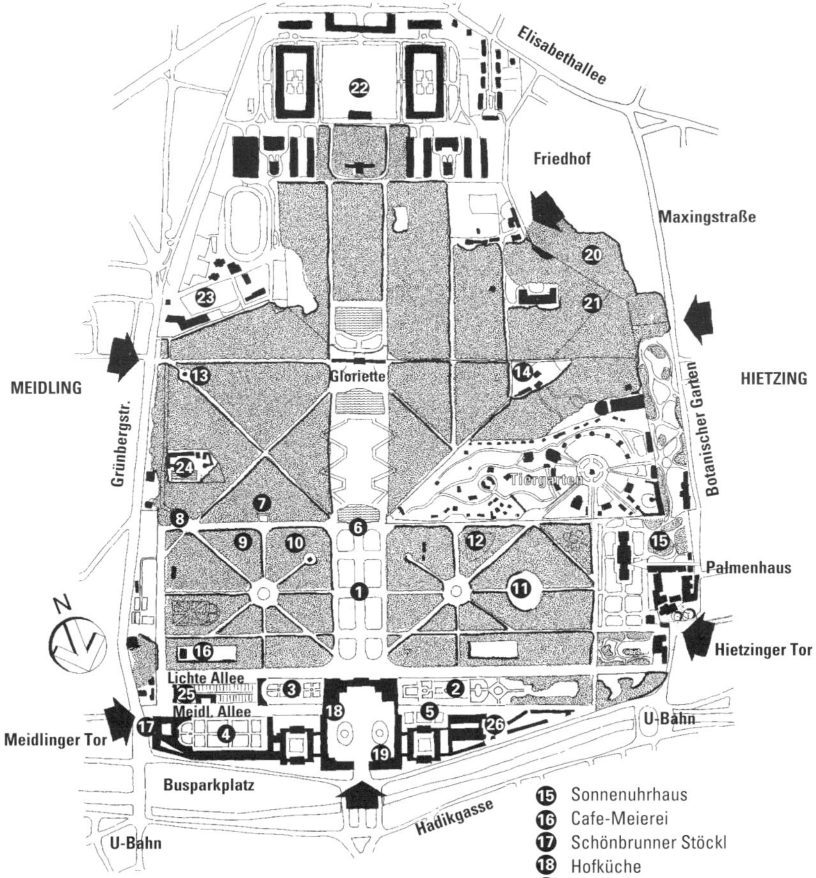

1. Hauptparterre
2. Kammergarten
3. Kronprinzengarten
4. Orangerie
5. Wagenburg
6. Neptun Brunnen
7. Römische Ruine
8. Obelisk
9. Schöner Brunnen
10. Taubenhaus
11. Rosarium
12. Diana Denkmal
13. Kleine Gloriette
14. Tiroler Garten
15. Sonnenuhrhaus
16. Cafe-Meierei
17. Schönbrunner Stöckl
18. Hofküche
19. Schloßtheater
20. Maxingpark
21. Forstl. Bundesversuchsanstalt
22. Marien-Theresien-Kaserne
23. HBLV Gartenbau
24. Bundessportbad
25. Gärtnerei
26. Verwaltung der Bundesgärten

Lage: *Zwischen Meidling und Hietzing, Schönbrunner Schloßstraße*
Größe: *1,9 km²*
Planung: *Jean Trehet, Adrian von Steckhoven u.a.*
Verkehrsverbindung: *U4 Schönbrunn oder Hietzing/15A, 10, 58 Schloß Schönbrunn/60 (60/62), 56B, 51A, 58B, 156B, 260 Hietzing*

Schönbrunn um 1950

Der Schloßpark von Schönbrunn gehört zu den wertvollsten und besterhaltenen barocken Gärten in Österreich und ist ein Gartendenkmal von unschätzbarem Wert. Heute ist der Garten, der seit dem Ende des 18. Jahrhunderts für die Öffentlichkeit zugänglich ist, gemeinsam mit dem Schloß einer der wichtigsten Zielpunkte für Wien-Touristen und ein beliebtes Naherholungsgebiet für die Wiener. Er wird jährlich von zirka zwei Millionen Menschen besucht.

Geschichte und Gegenwart

Die wechselvolle Geschichte des Parks begann etwa um die Mitte des 16. Jahrhunderts. Das Gebäude der damaligen Katterburg wurde vom Stift Klosterneuburg an den kaiserlichen Hof verkauft. Kaiser Matthias entdeckte im heutigen Parkgelände – der Sage nach – um 1600 auf der Jagd eine Quelle. Diese – „schöner Brunnen" genannt – wurde wegen ihres guten Wassers geschätzt und gab der Anlage ihren Namen. Die Quelle ist heute in der Nähe der römischen Ruine zu finden.

Nach Rudolf Alt: „Eingang in den Park Schönbrunn"

1683, nach dem Sieg über die Türken, begann in Wien eine emsige Bautätigkeit. Im Auftrag von Leopold I. entwarf Johann Bernhard Fischer von Erlach ein Schloß für Schönbrunn, das Versailles in den Schatten stellen sollte. Es sollte auf dem heutigen Gloriettehügel stehen und Wien überragen. Der Bau wurde letztendlich – viel bescheidener – in der Senke am Wienfluß realisiert. Gemeinsam mit dem Entwurf für das Schloß konzipierte Fischer von Erlach die Gartenanlagen. Die Entstehung des orthogonalen Alleensystems mit dem Sternbassin unmittelbar vor dem Schloß ist eng mit dem Namen Jean Trehet verbunden. Der Franzose Trehet, der am kaiserlichen Hof als Innendekorateur tätig war, beschäftigte sich seit 1695 mit der Gartengestaltung in Schönbrunn. Die Gartenanlagen Le Nôtres, des großen französischen Gartenarchitekten dieser Zeit, waren Vorbild für die Gestaltung. Der Garten sollte durch die großen Alleen, die vom Schloß ausgingen, überschaubar werden, und es sollten Verbindungen zu den Hauptakzenten am Ende der Alleen entstehen. Das Sternbassin wurde 1772 ins Zentrum des westlichen Alleensystems verlegt.

Bernardo Bellotto: „Das kaiserliche Lustschloß, Gartenseite", 1759

Kaiser Franz Stefan, der Gatte von Maria Theresia, widmete sich gemeinsam mit einer Gruppe lothringischer Gartenkünstler und dem Staatskanzler Fürst Wenzel Kaunitz zwischen 1750 und 1760 dem Garten. In dieser Zeit entstanden mehrere kleine Garteneinheiten, etwa der Kronprinzengarten östlich und der Kammergarten westlich des Schlosses. Das orthogonale Alleensystem wurde durch ein sternförmiges System, welches heute den Garten prägt, überlagert. Der Holländer Adrian von Steckhoven trug mit der Gestaltung des Holländischen Gartens zu dessen Erweiterung bei. Der Hofarchitekt Jean Nicolas Jadot entwarf 1751 die Menagerie als Kernstück des Tiergartens.

Unter Maria Theresias Regierung kam es sowohl im Park als auch im Schloß zu wesentlichen Veränderungen und Ergänzungen (Bau der Gloriette, des Obelisks, der römischen Ruine und des Neptunbrunnes, Umbau des Schloßtheaters). Nach dem Wiener Kongreß (1815) war Schönbrunn ständige Residenz der österreichischen Kaiser. Franz Joseph I. lebte hier von 1830 bis 1916. Zwischen 1945 und 1948 war im Schloß das Hauptquartier der sowjetischen und später der britischen Besatzungstruppen in

Wien untergebracht. 1955 wurde hier das Festbankett anläßlich der Unterzeichnung des Staatsvertrags veranstaltet. Seit den neunziger Jahren wird das Schloßgebäude von einer privaten Verwertungsgesellschaft verwaltet.

Die Anlage umfaßt 1,9 Quadratkilometer und besteht im wesentlichen aus zwei sehr unterschiedlichen Parkteilen: aus dem in der Ebene liegenden intensiv gestalteten Boskett-, Allee- und Parterrekomplex und dem am Schönbrunner Berg befindlichen, wesentlich größeren, waldartigen Teil. Dieser ist heute nur teilweise der Öffentlichkeit zugänglich. Der schloßnahe Gartenteil besteht aus einem sternförmigen Alleensystem mit vier großen Diagonalachsen, von denen zwei in der Mitte der Schloßfassade zusammenlaufen. Dazwischen liegen einige kleinere und größere Plätze. Die Brunnen liegen meist in den Schnittpunkten der Alleeachsen. Die Alleen umschließen reichhaltig gestaltete Boskettträume, daneben gibt es Kammer- und Orangeriegärten.

Heute wird der Park von den Österreichischen Bundesgärten verwaltet und gepflegt. In den Glashäusern finden ab und zu Ausstellungen oder kleine Feste statt. Die Meierei im östlichen Parkteil ist ein beliebter Anziehungspunkt, ebenso der Tiergarten, das Palmenhaus und das Schmetterlingshaus. Auf den vielen kleinen Spielplätzen tummeln sich die Kinder, und in versteckten Ecken treffen sich Pensionisten. Tausende von Touristen genießen täglich den Ausblick von der Gloriette über die Stadt.

Der Garten steht zwischen den unterschiedlichsten Ansprüchen: Einerseits ist er Gartendenkmal, andererseits wird er als städtische Naherholungsfläche und als Touristenattraktion genutzt und soll daneben noch ökologischen Qualitäten gerecht werden.

Raumerlebnis und Vegetation

„Die Erinnerung an den kaiserlichen Garten von Schönbrunn verleiht den Gedanken des Wieners jene Wärme, die aus einem unvergeßlichen und starken Gefühl herkommt. Schon für das Kind war es stets und ist es auch heute noch ein Fest, von den Eltern handgeführt durch das Hietzinger Gittertor auf den breiten und schattigen unteren Baumwegen des Gartens zu treten, und ein Fest bleibt der Gartenbesuch auch für die ‚großen' Wiener" (Arthur Roessler).

A. Kronstein: „Das neue Palmenhaus im Schloßgarten Schönbrunn", um 1895

Schon bevor der Bau des Schlosses begann, brachte der französische Gartenkünstler Jean Trehet aus Paris eigens 1000 „Tapis Bäumbl" mit. Es wurden 20.000 Buchenstauden gepflanzt, aber auch von „allerhand Obstzwergl und Ribislstauden" wird berichtet.

In dem vom Hofgärtner Steckhoven errichteten Holländischen Garten wurden seit 1753 exotische Pflanzen gesammelt und in mehreren Gewächshäusern zur Schau gestellt. Das 1755 errichtete, 200 Meter lange Orangeriegebäude diente insbesondere der Überwinterung empfindlicher Pflanzen, wurde von Kaiser Josef II. aber auch für Feste genutzt und diente zu Repräsentationszwecken.

Um 1800 konzentrierte sich die Gartengestaltung auf den botanischen Teil der Anlage. Schönbrunn gehörte damals zu den bedeutendsten botanischen Gärten in Europa. Insbesondere wurde auf nordamerikanische Pflanzen Wert gelegt, darauf deutet ein Pflanzenverzeichnis mit fast allen nordamerikanischen Arten von 1799 hin. Eine der letzten großen Maßnahmen im Garten war die Errichtung des Großen Palmenhauses (114

Der „schöne Brunnen"

Heckenwand am großen Parterre

Brunnen mit Nebengebäuden

Meter lang) nach 1880 und des Sonnenuhrhauses um 1900. Das Palmenhaus enthält kostbare Bestände aus aller Welt. In den letzten Jahren wurde es von Grund auf renoviert.

Neben den geschnittenen Baumwänden und den prachtvollen Blumenrabatten gehören zu den botanischen Raritäten von Schönbrunn eine große Zerr-Eiche (Quercus cerris) im botanischen Garten, ein uralter japanischer Schurbaum (Sophora japonica) vor dem Sonnenuhrhaus, von dem nur noch die Äste, die sich wieder bewurzelt haben, zu bewundern sind, und eine Nordamerikanische Esche (Fraxinus americana), die noch von den Botanikern Boos und Bredemeyer um 1800 gesammelt und gezogen wurde. An der Ecke beim Tiergarten gedeiht eine riesige Schwarzföhre (Pinus nigra) und entlang der Kirchenmauer ein alter Ginkgo (Ginkgo biloba).

In den Alleen findet man heute noch einzelne Bäume aus der Zeit um 1750, und in den Bosketten stehen sogar bis zu 300 Jahre alte Exemplare. Durch die geometrische Gestaltung entsteht der Eindruck einer perspektivischen Unendlichkeit, hinter der der Wald wie eine Kulisse steht.

Am Kammergarten

Blick zum Schloß

Die westliche Diagonalachse endet in der 1751 erbauten Menagerie. In deren Mitte befindet sich der Frühstückspavillon von Maria Theresia. 13 Tiergehege wurden strahlenförmig um ihn angelegt, sodaß sie vom Pavillon aus einsehbar waren. Ein einmaliges Denkmal hochherrschaftlicher Tierhaltung – Frühstück vis-à-vis von exotischen Tieren.

Der angrenzende Reservegarten, der kleine Fasanengarten und der Tirolergarten sind heute mit in das Tiergehege einbezogen. Die östliche Achse endet bei der um 1777 errichteten Obelisken-Kaskade.

Zu den besonders interessant gestalteten Boskettràumen gehören die Meidlinger Vertiefung vor der Meierei, das Rosenwäldchen, der Sequoienstern, der Fächer und der kleinere und größere Buchengang.

In den Boskettràumen finden sich der „schöne Brunnen", der Engelbrunnen und die Taubenhausanlage. Neben dem Schloß liegen östlich der Kronprinzengarten und westlich der Kammergarten.

Bauten und Denkmäler

1758 entstand über der Quelle, die dem Schloß den Namen gegeben hatte, ein grottenartiges Brunnenhäuschen, in dem später eine von Wilhelm Beyer geschaffene Statue der Quellnymphe Egeria aufgestellt wurde.

Das Schloß wendet seine Südfront dem Großen Parterre zu, das aus acht Kompartimenten (Rasenfeldern) besteht und mit 32 Gartenfiguren von Beyer umrahmt wird. Den Abschluß zum Berg hin bildet der Neptunbrunnen. Auf dem Schönbrunner Berg wurde 1775 der Aussichtspavillon Gloriette vollendet. Von hier aus kann man durch eine Waldschneise bis nach Ober St. Veit blicken, und auf der anderen Seite reicht die Aussicht entlang der Schloßallee und der Johnstraße bis auf die Schmelz (ehemaliger Exerzierplatz). Der Pavillon, dessen Mittelteil vom späten 18. Jahrhundert bis 1925 mit großen Glasfenstern versehen war, wird von den beiden Glorietteteichen eingerahmt.

Zu den Anziehungspunkten zählen die römische Ruine, durch deren Mittelachse die Herkulesstatue zu sehen ist und die zu den schönsten „künstlichen" Ruinen der Welt gehört, der Obelisk als Herrscher- und Ewigkeitssymbol, die am Schönbrunner Berg gelegene kleine Gloriette, sowie das Spielhaus des Kronprinzen Rudolf. Weitere Sehenswürdigkeiten im Park: Im westlichen Gartenparterre eine römische Matrone in der Nähe des Obelisken, eine Kybele beim „schönen Brunnen" und ein Denkmal für Hesperia und Arethusa. Im östlichen Parterre finden sich Diana, die Jagdgöttin, und Apollo, beim Palmenhaus ein Modell des Reiterstandbildes Kaiser Josefs II. und im botanischen Garten eine Bronzebüste von Kaiser Franz I.

Literatur

Czeike, Felix, *Wiener Bezirkskulturführer. XIII – Hietzing,* Wien 1982, S. 40–42.

Hajós, Beatrix/Mang, Brigitte, *Die kaiserlichen Gärten von Schönbrunn.* In: Österreichische Gesellschaft für historische Gärten (Hg.), *Historische Gärten in Österreich,* Wien 1993, S. 257–274.

Hajós, Géza, *Schönbrunn.* In: *Wiener Geschichtsbücher,* Band 18, hg. v. Pötschner, Peter, Wien 1976, S. 69ff.

Roessler, Arthur, *Von Wien und seinen Gärten,* Wien 1946, S. 94–96.

LAINZER TIERGARTEN

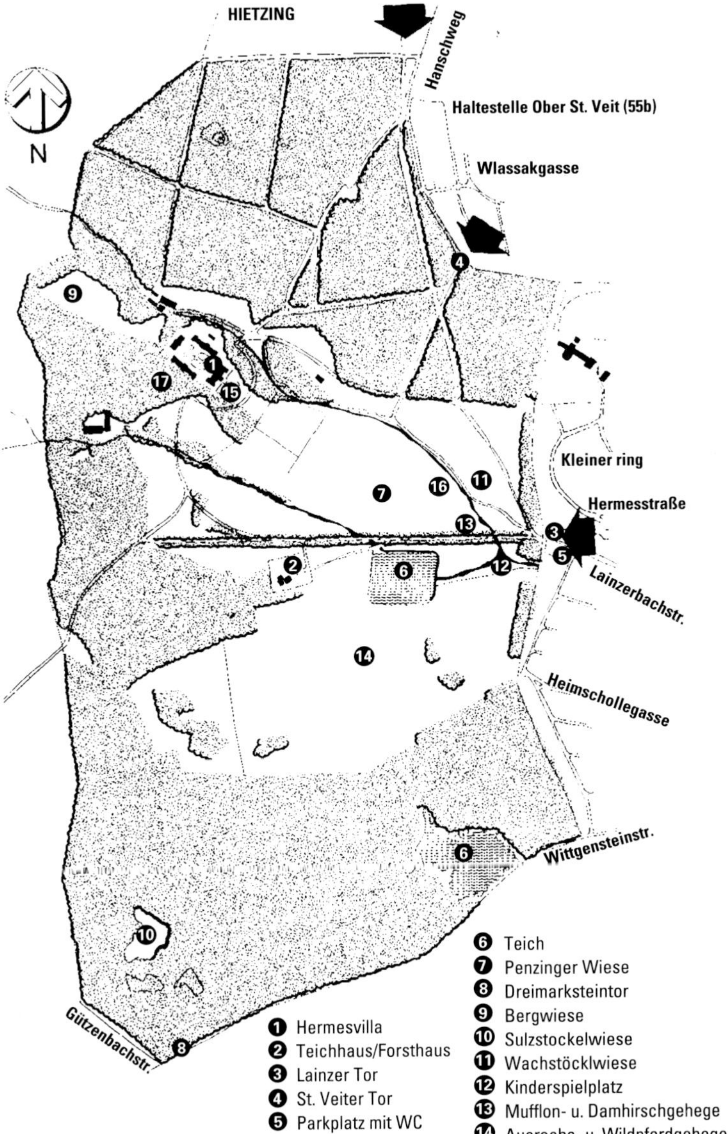

Lage: *Hermesstraße*
Größe: *2.450 Hektar*
Verkehrsverbindung: *60B Lainzer Tor*

Wildfütterung im Tierpark

Dieses weiträumige Areal ist ein beliebter Ausflugsort der Wiener. Die Geschichte des Lainzer Tiergartens ist mit der Jagdwirtschaft des Kaiserhauses verbunden, die Wiener suchen heute hier die Wiesen und Wälder, die Wildtiergehege, die Picknickplätze und die Hermesvilla als Ausflugsziele auf. Im Frühjahr schwebt der Geruch des blühenden Bärlauchs über den Waldgebieten des Lainzer Tiergartens.

Geschichte und Gegenwart

Erstmals 1195 urkundlich erwähnt, befand sich hier im Spätmittelalter ein Gehege für das Rotwild und die Wildschweine, die bis heute hier ihren Lebensraum haben. Um die bei den adeligen Großjagden entstehenden Flurschäden zu vermeiden, verordnete Kaiserin Maria Theresia 1770, daß Schwarzwild nur mehr in geschlossenen Tiergärten zu halten sei. Im Areal des heutigen Lainzer Tiergartens hatte man dafür einen idealen Standort gefunden. Viele Generationen von Jagdmeistern hegten und

Die Hermesvilla ist heute Ausstellungszentrum

Blick in die Waldgebiete

Reizvolle Teichlandschaft

pflegten die Reviere des Kaiserhauses nahe der Sommerresidenz von Schloß Schönbrunn. Nach dem Ersten Weltkrieg wurde die kaiserliche Hofjagd aufgelassen, der Park am 20. April 1919 den Wienern geöffnet. Seit 1938 sind der Lainzer Tiergarten und die Hermesvilla im Besitz der Stadt Wien. 1957 zählte man noch 170.000 Besucher pro Jahr, 1980 waren es bereits 340.000 geworden. Seit 1973 ist der Eintritt in den Lainzer Tiergarten gratis.

Das beliebte Ausflugsgebiet wird von den Wienern so gerne besucht, weil es die nächste Eintrittsstelle in das westliche Wienerwaldgebiet ist. Zusätzlich attraktiv sind die vielen Freizeiteinrichtungen. Hier gibt es Kinderspielplätze, Rasthäuser, einen Aussichtsturm am Kaltenbrünndlweg, Unterstandshütten und Tiergehege.

Dazu kommt die Ausstellungstätigkeit in der Hermesvilla, die ganzjährige Ausstellungen zum Thema Kulturgeschichte Wiens zeigt.

Raumerlebnis und Vegetation

Der vielfältige Landschaftsraum besteht aus weichen Hügeln, tiefen Waldteilen und Wiesen. Bereits bei Betreten des Areals, etwa von der Hermesstraße aus, erschließt sich ein mächtiger Waldbestand, der in langen Schleifen von Wanderwegen durchzogen wird. Drei Bäche sind hier anzutreffen: der Katzengraben, an dem auch der Waldlehrpfad liegt, der Vösendorfer Graben und der Lainzer Bach. Im wesentlichen sind die Gehölzbestände so gruppiert, daß weite Lagerwiesen zwischen den Waldteilen vorhanden sind. Im Frühjahr, wenn der Bärlauch sprießt, ist der Wald von einem feinen Knoblauchduft umweht, der die Wiener zu Kochexperimenten anreizt. Es finden sich hier viele Pflanzen, die unter Naturschutz stehen. Deren Standorte wollen wir nicht verraten. Der Bärlauch darf gepflückt und verspeist werden.

Der östliche Teil des Lainzer Tiergartens gehört im wesentlichen der Hügelstufe, der westliche Teil der unteren Bergwaldstufe an. Dementsprechend findet man Eichen- und Buchen-

Am Bachrain

Wilhelm Ulrich, „Lainzer Tiergarten", Mai 1948

Eichen-Mischwälder sowie submontane Buchenwälder in höheren Lagen und auf Schattenseiten. Sehenswert sind die Reste des 350 Jahre alten Eichenbestandes am Johannser Kogel und der Gehölzlehrpfad.

„Sicherlich hat der Lainzer Tiergarten heute längst nicht mehr die Natürlichkeit von einst. Trotzdem ist der urtümlich-elementare Parkwaldcharakter eine echte Rarität in unmittelbarer Nähe der Großstadt. Es erfordert eine wahre Gratwanderung der Verantwortlichen zwischen eben noch möglichen Zugeständnissen und naturgegebenen Erfordernissen, um die Eigenart des Lainzer Tiergartens zu erhalten" (Gergely/Prossinagg).

Bauten und Denkmäler

Schon Karl VI. hatte um das Areal einen Lattenzaun errichten lassen. Josef II. beauftragte Philipp Schlucker, die heute 24 Kilometer lange Tiergartenmauer zu bauen. Der „arme Schlucker" wurde zu einer Volkslegende, nachdem sich herausstellte, daß er – vertraglich an die Fertigstellung gebunden – sich so sehr verrechnet hatte, daß er schließlich aus eigener Tasche die Mauer zu Ende bauen mußte.

Die Hermesvilla wurde von Carl Hasenauer 1882 bis 1886 für den Aufenthalt der Kaiserin Elisabeth errichtet. Die Villa besteht aus einem Hauptgebäude und den Nebengebäuden, die sich um einen Ehrenhof gruppieren. Diese Anlage wie auch das gärtnerisch gestaltete Umfeld der Hermesvilla ist für den Historismus sehr typisch angelegt. Einerseits sollte die Monumentalität der Gebäude durch eine leichte Asymmetrie gebrochen werden, andererseits wurden Klinker als Baumaterial verwendet, die durch die Details und die Musterung der Fassaden einen „ländlichen Charakter"herstellen sollten. Der gewünschte Effekt der Nähe zum Hof und damit einer gewissen Seßhaftigkeit der reisenden Monarchin stellte sich nicht ein, wenn auch für sie die Koniferen und die Skulptur des Hermes im Hof der Hermesvilla Erinnerungen an Korfu erwecken sollten.

Der Verein der Freunde der Hermesvilla hat dankenswerterweise bis 1979 den Verfall und die Zerstörung des Gebäudes verhindert, sodaß sich heute hier eine Expositur der Museen der Stadt Wien befindet. Dauerleihgaben der Bundesmobilienverwaltung und des Museums für angewandte Kunst komplettieren die wandfesten Einrichtungen.

Kaiser Franz Joseph schrieb am 1. September 1898 an Elisabeth: „Vor dem Tore des Tiergartens war eine große Menge Schwalben versammelt, die sich offenbar schon zur Abreise rüsten. (...) Ich bin in der Nähe der Villa spazieren gegangen, war auch auf dem Aussichtspunkte hinter dem Hause, bei dem großen Baum und bewunderte die besonders klare Fernsicht. Viel und mit recht wehmütigem Gefühle habe ich zu Deinen Fenstern hinauf geblickt und mich dabei in Gedanken in die Tage zurückversetzt, welche wir zusammen in der lieben Villa zubrachten."

Literatur

Czeike, Felix, *Wiener Bezirkskulturführer. XIII - Hietzing*, Wien 1982, S. 29–30.

Gergely, Gabriele und Thomas/Prossinagg, Hermann, *Vom Saugarten des Kaisers zum Tiergarten der Wiener*, Wien 1993, S. 17, S. 19, S. 239.

Historisches Museum der Stadt Wien (Hg.), *Hermesvilla, Lainzer Tiergarten*, Wien 1981.

14. BEZIRK
PENZING

Blick in den Wald

DEHNEPARK

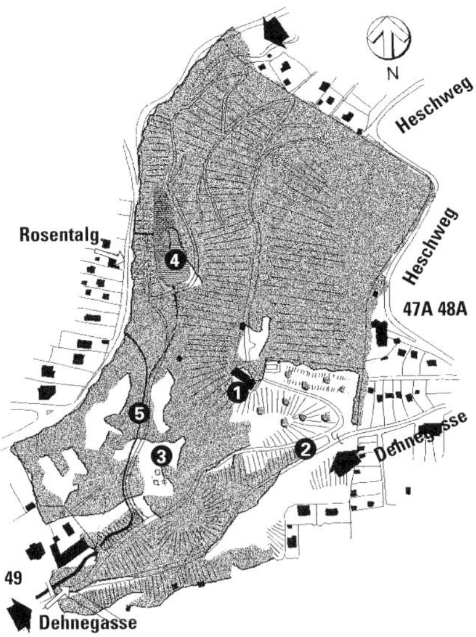

Lage: *Dehnegasse*
Größe: *5 Hektar*
Planung: *Friedrich Meyern*
Verkehrsverbindung:
49 Rosentalgasse/ 47A, 48A Pulmologisches Zentrum

❶ Ruinenvilla
❷ WC
❸ Spielplatz
❹ Teich
❺ Bachlauf/Rosenbach

Im Dehnepark findet der Besucher in der weitläufigen Kulisse des Wienerwaldes mit seinen Steilhängen und dichten Waldbereichen einen verträumten Teich und eine weitgezogene Wiese mit Obstbäumen, die für Lagerpausen der Weitwanderer wie auch für kurze Picknicks sehr geeignet ist. Wenige Besucher ahnen, daß dieser Park eine mehr als 200jährige Geschichte hat.

Geschichte und Gegenwart

Der Dehnepark, ursprünglich ein Landschaftsgarten der Fürstin Paar, wurde von Friedrich Meyern (1759–1829) in den Jahren 1791 bis 1804 angelegt. Anfangs bestand hier nur eine Teichanlage mit „romantischer Hütte", nach weiteren Grundankäufen wurde das Areal im Stil des englischen Landschaftsgartens als romantische Anlage mit vielen interessanten Einbauten ausgestattet und hier ein verspielt-biedermeierliches Ambiente geschaffen. Bereits Anfang des 19. Jahrhunderts war das Gelände für das Publikum zugänglich. Die Liegenschaft wechselte sehr oft ihren Besitzer, unter anderem ging sie an den k.k. Hofburgtheater-Zuckerbäcker August Dehne (1795–1875), der sein Geschäft 1857 seinem ersten Gesellen Christoph Demel übergab, dessen Konditorei später weltberühmt werden sollte.

In unserem Jahrhundert erwarb Willi Forst den Dehnepark, um hier mehrere Jahrzehnte in einem Nebengebäude, der „Villa Muthwill", zu wohnen, das er mit Dekorationen seiner Filme ausgestattet hatte. Er benützte die steinerne Orangerie auf der Anhöhe als Atelier. Dort baute er auch einen Luftschutzbunker für sich und seine Freunde. Von allen Baulichkeiten, die in den verschiedenen Beschreibungen der Gartenanlage genannt werden, sind der künstliche Wasserfall und die steinerne Orangerie übriggeblieben. Der Besitz gelangte nach dem Zweiten Weltkrieg an die Stadt Wien und wurde am 14. August 1973 der Öffentlichkeit zugänglich gemacht. Man errichtete einige Sitzgruppen auf der Obstwiese, Spielgeräte für Kinder und eine Toilettenanlage.

Raumerlebnis und Vegetation

Das Gelände ist über die Dehnegasse und den Heschweg erreichbar. Beide Zugänge führen den Besucher zu Resten einer komponierten Landschaftsgestaltung inmitten des Wienerwaldes, wenn auch die Staffagebauten zum Großteil verschwunden sind. Früher müssen die durch die Höhenunterschiede gestaffelten Bauwerke in der Parkanlage sehr romantisch gewirkt haben. Heute beeindrucken vor allem die erhalten gebliebenen mächtigen Bäume, die ein dichtes Laubdach bilden, und die steilen Hänge, die durch Serpentinenwege begehbar gemacht wurden.

Im Tal befindet sich der Teich, umstanden von dichter Vegetation, auf der Anhöhe finden sich eine weite Wiese und Gebäudereste. Von hier aus gab es früher eine gute Sicht über die Umgebung, ein nahe gelegener Steinbruch wurde in die Landschaftsgestaltung miteinbezogen.

Der vor der Parkanlage vorhandene Bestand an Buchen, Eichen, Pappeln und Weiden wurde integriert und durch Zusatzpflanzungen von Stauden- und Strauchgruppen ergänzt. Der Weg zum Ruinenhaus soll mit Obstbäumen, Sommerblumen und Blütensträuchern bestanden gewesen sein. Der Kunstge-

Blick zum Teich

Weg am Hang

Das neogotische Ruinenhaus

schichtler Hubert Kaut nennt noch aus der Entstehungszeit des Parks eine Platane, eine Weymouthskiefer und einen Mammutbaum beim ehemaligen Vorplatz, wo einst die „Villa Muthwill" stand.

Der Lokalhistoriker Gaheis schrieb 1802: „ Rund umher ist das Gebäude mit allen Gattungen wohlriechender Produkte des Pflanzenreiches geschmackvoll umgeben. In einiger Entfernung von diesem Landhaus ist ein tiefer Graben, der im Sommer bestimmt ist, die Orangenbäume zu fassen, in deren himmlischen Düften man sich unter hesperischen Lüften nach Italien oder Spanien versetzt zu sein glaubt."

Bauten und Denkmäler

Neben dem Eingang befand sich die „Villa Muthwill" mit bunten Glasfenstern und Kupferdach, in deren mittlerem Zimmer ein großer Wandspiegel die Landschaft reflektierte – ähnlich der

Einrichtung, die Lacy im Dachgeschoß seines Schlosses in Neuwaldegg einbauen ließ. Das neogotische Ruinenhaus, das eine Orangerie und die Gärtnerwohnung beinhaltete, befindet sich heute noch auf der Anhöhe. Weiters gab es ein „Eichenhaus“, ein „ländliches, mit Baumrinden bedecktes Gebäude, in dem die Besitzerin die Nacht zubrachte“ (Hubert Kaut); daneben noch das „blaue Haus“, ein Salettl, von dem man einen überraschenden Fernblick genießen konnte. Es gab auch einen offenen Tempel auf sechs Eichenstämmen und ein Faß des Diogenes aus Holz, neben dem Teich eine Fischerhütte und ein Monument zum Gedächtnis der Fürstin Paar.

Das neogotische Ruinenhaus wurde um 1790 in Bruchsteinmauerwerk errichtet und ist ein Meisterwerk des „Gothic Revival“ des späten 18. Jahrhunderts, vergleichbar mit den englischen und deutschen Beispielen seiner Zeit .

Heute kaum mehr vorstellbar ist die kultivierte Atmosphäre, die bei den berühmten Empfängen der Fürstin Paar herrschte. Ein Gast, Karl Graf Zinzendorf, beschreibt in seinem Tagebuch den Besuch vom 17. September 1799: „Ich gelangte im Wagen bis zum Muthwillen, dem gotischen Haus der Frau von Paar in der Mitte ihrer Besitzungen. (...) Der Ausblick geht vom Haus auf der einen Seite auf einen abgelegenen Obstgarten, auf der anderen zum Berg mit sehr naturgetreuen Ruinen, links davon ein bewaldeter Hügel. Das ganze Haus ist von einer Fülle von Blumen umgeben. (...) Nach dem Essen spazierten wir überall herum, zum Belvedere und zur Tonne, wo die Aussicht so schön ist, zum Waldhaus, zum Teich, zum Entenhaus. Die Vegetation ist überall sehr schön.“

Literatur

Czeike, Felix, *Wiener Bezirkskulturführer. XIV – Penzing,* Wien 1979, S. 10.

Gaheis, Franz Anton de Paula, *Wanderungen und Spazierfahrten in die Gegenden um Wien,* Band 1, Heft 5 (Neueste Auflage), Wien 1802.

Hajós, Géza, *Die romantischen Gärten der Aufklärung,* Wien 1989, S. 197–200.

Kaut, Hubert, *Wiens Gärten im 19. Jahrhundert.* In: Auer, Alfred, *Wien und seine Gärten,* Wien 1974, S. 55–58.

16. BEZIRK
OTTAKRING

Parkstimmung

KONGRESSPARK

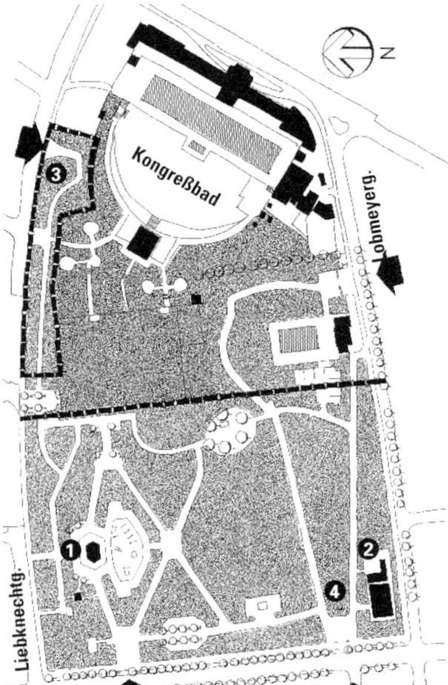

Lage: *Sandleitengasse*
Größe: *60.800 m²*
Planung: *Erich Leischner*
Verkehrsverbindung:
S45, 43, 44B Hernals/
10, 44 Liebknechtgasse

1. Kinderspielplatz, Milchpavillon
2. Gartenbezirk V
3. Hundezone
4. Die-Unbesiegbaren-Denkmal

Diese Parkanlage ist mit dem Kongreßbad eine soziale Großtat der zwanziger Jahre. Für den Park selbst hat der Gartendirektor Kratochwjle die Idealvorstellungen der Bepflanzung von städtischen Parkanlagen vorgegeben. Heute ist der Kongreßpark ein beliebter Treffpunkt für jung und alt.

Geschichte und Gegenwart

Diese Grünanlage wurde bereits 1905 als Teilbereich der Maßnahmen rund um den Wald- und Wiesengürtel vorgesehen, ist aber erst zwanzig Jahre später realisiert worden.

1927 wurde das vorhandene Ödland durch Erdauflagen verbessert, 1928 konnte die Parkanlage errichtet werden. Der Entwurf für den Kongreßpark stammt von Erich Leischner, einem der nachmaligen Leiter der Architekturabteilung des Wiener Stadtbauamtes, der bis in die sechziger Jahre im Magistrat wirkte. Der Kongreßpark und das Kongreßbad bilden bis heute eine sozialgeschichtliche Einheit: Erinnerungen an die Zeit, als Licht, Luft und Sonne zusammen mit der Körperertüchtigung Ziele der sozialdemokratischen Stadtpolitik waren.

Eindrucksvolle Skulpturengruppe

Frühjahr 1954

Der Gartendirektor Alfred Auer schrieb: „Für Ottakring, einen der volkreichsten Bezirke von Wien, bedeutete die Schaffung des Kongreßparks eine wesentliche Aufwertung der örtlichen Wohnverhältnisse."

Raumerlebnis und Vegetation

In diesem Park wurden mehrere geometrische Großformen für den Entwurf verwendet, deren räumliche Zwangspunkte mit Schlängelwegen verbunden wurden. Heute bieten sich dem Besucher zwei Hauptwege an. Die Attraktion der Anlage liegt in der großzügigen Flächenverwendung, die mit Großgehölzen akzentuiert wurde.

Das Parkareal befindet sich zwar unmittelbar gegenüber der Großwohnanlage von Sandleiten, hat aber dazu überhaupt keinen entwurflichen Bezug. Während dort die Wohnbauten in einen „fließenden Raum" von Höfen, Straßen und Plätzen eingebunden sind, ist der Kongreßpark in drei Funktionsbereiche unterteilt: die

Aprilsonne

Der Kongreßpark um 1930

große konisch zugeschnittene Wiese mit der Milchhalle, die Spielplätze mit dem Kinderfreibad und das Areal des städtischen Freiluftbades.

Das Kongreßbad selbst wird im Bezirksjargon „Konge" genannt und hat lokalhistorische Bedeutung: Im Bad traf sich die proletarische Freikörperkultur mit den linken Diskussionszirkeln des „Roten Wien" und dem „Milieu des Bezirks". Hans Hovorka: „1928 als ‚modernstes Schwimmbad Europas' eröffnet, wurde es rasch Treffpunkt der sportbegeisterten Jugend und Stätte einer Kultur des Alltäglichen, einer Kultur, die politischen Veränderungen, Krieg und Not standgehalten hat." Und Dieter Bogner ergänzt: „Mit dem Wiener Kongreßbad hat sich eines der wenigen Denkmäler erhalten, die die soziale Aufbruchsbewegung der Zwanzigerjahre und die formal wie inhaltlich revolutionärste Kunst dieser Zeit vereinigte."

Hier fand erstmals durch die Verwendung großer Zierobstpflanzungen die Wirkung der Blütenfarbe Eingang in die öffentlichen Anlagen. Gartendirektor Fritz Kratochwjle, der die Arbeiten der Parkgestaltung selbst betreute, zum Konzept: „Besonderes Augenmerk wurde bei dieser Anlage der Bepflanzung zugewendet. Zum erstenmal wurde hier in der Farbengebung das Prinzip der Massenwirkung im größten Maßstabe angewendet. Der erwähnte Rasenspiegel wird beiderseits geradlinig von Obstblütenpflanzungen begleitet. Japanische Kirschen-, Mandel-, Pfirsich- und Aprikosenbäume und Sträucher bilden hier in endloser Zeile eine Blütenavenue von gewaltiger Ausdehnung. In vollster Blüte, entfaltet dieser Parkteil eine Blütenpracht, die bereits eine Sehenswürdigkeit Wiens geworden ist."

Die Plätze sind durch strenge Baumsetzungen definiert, dazwischen liegen auch freiwachsende Strauchgruppen.

Bauten und Denkmäler

Heute gibt es im Kongreßpark eine Reihe von Spieleinrichtungen, die erst nach dem Zweiten Weltkrieg – und hier vor allem in den letzten Jahren – dazugekommen sind.

Das erste große Bodenschach Wiens (32 Figuren aus Ahornholz von Hannes Haslecker, 1964) und eine lustige Igelgruppe aus Bronze wurden hier aufgestellt. Am Eingangstor befindet sich die eindrucksvolle Bronzeplastik „Die Unbesiegbaren" von Feodorowna Rieß (1928).

Literatur

Auer, Alfred/Kutschera, Hans/Schmid, Elfriede, *Die Gärten der Republik.* In: *Wien und seine Gärten,* Wien 1964, S. 100f.

Hovorka, Hans, *Republik Konge. Ein Schwimmbad erzählt seine Geschichte,* Wien 1988, S. 44–47.

Schmidt, Stefan, *Sandleiten. Freiräume einer Wiener Wohnhausanlage der Ersten Republik,* Diplomarbeit Hannover, Wien 1987, S. 131.

17. BEZIRK
HERNALS

NEUWALDEGG,
DER EHEMALIGE SCHWARZENBERGPARK

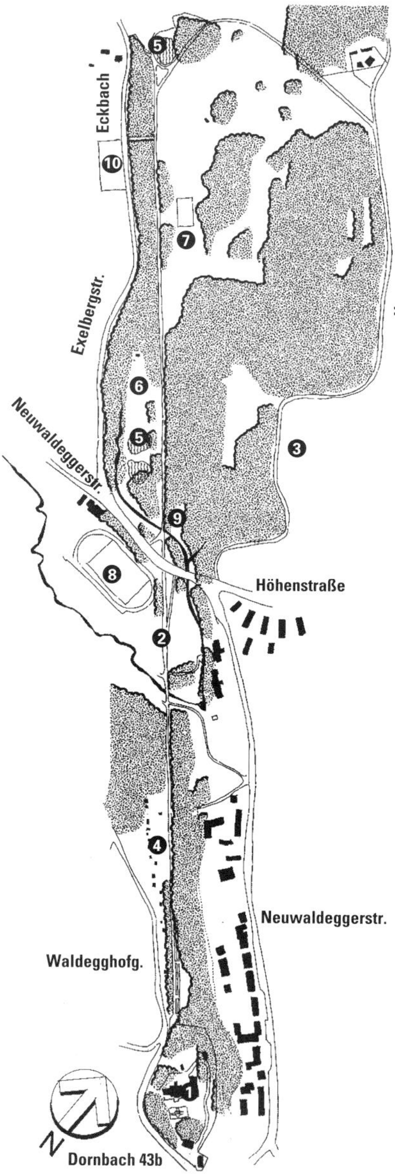

Lage: *Exelbergstraße*
Größe: *80 Hektar Verwaltung MA 49*
20,8 Hektar Verwaltung MA 42
Planung: *Baron Moritz Lacy*
Verkehrsverbindung:
43 Neuwaldegg/
43B Marswiese

1. Bildungshaus Neuwaldegg
2. Schwarzenbergallee
3. Lacy Grab
4. Obelisk
5. Teiche
6. Kinderspielplatz
7. Ballspielplatz
8. Sportwiese, Marswiese
9. WC
10. Parkplatz

Die große Hauptachse endet heute im Wienerwald

Der Landschaftsgarten des Baron Lacy ist längst im Wienerwald verschwunden: Hier befand sich einer der größten Parks von Wien, der bis in unser Jahrhundert bestanden hat. Heute sind die Wiesen und Waldteile beliebte Wanderziele der Wiener geworden. Bereits in den dreißiger Jahren dichtete Hermann Leopoldi:

„Da kauf ich mir für 32 Groschen
einen Fahrschein nach Neuwaldegg,
da draußen halt' die ganze Welt die Goschen,
und alle Sorgen, die sind weg!"

Geschichte und Gegenwart

Der Neuwaldegger Park des Baron Lacy war der erste Landschaftsgarten des 18. Jahrhunderts in Wien. Die große, weitläufige Anlage, die tief in die Waldgebiete der Umgebung der Stadt reichte, ist in vielen Darstellungen erhalten geblieben. Baron Lacy, der einer der höchstgedienten Offiziere der österreichischen Armee zur Zeit Maria Theresias war, kaufte das Areal mit dem kleinen Barockschlößchen 1765 und ließ unter Aufbietung seines ganzen Vermögens einen englischen Landschaftsgarten errichten.

J. Schmutzer: „Dritte Ansicht der Neuwaldegger Gartenanlage", 1780

Viele zeitgenössische Besucher verfaßten hymnische Beschreibungen; so zum Beispiel Joseph Edler von Kurzböck 1779: „Die Kunst hat hier wenig gethan, oder scheint wenigstens nicht viel gethan zu haben , so häufig sind die Spuren der unverfälschten reizenden Natur. (...) Man findet hier dichtverwachsene sich kreuzweis durchschlingende dunkle Gänge, von hellem rieselnden Wasser durchströmt, heilige Grotten, Pavillons mit entzückender Aussicht, sanfte Rasenbänke am murmelnden Bache, zum hohen Denken bestimmte Lauben."

Der Garten ist laut Géza Hajós so bedeutend, weil „in ihm die breite Palette der Gartenentwicklung zwischen 1766 und 1801 (...) zeitlich und räumlich demonstriert wurde".

Baron Moritz von Lacy vermachte das Anwesen dem Fürsten Josef Schwarzenberg, 1801 gelangte der Besitz an dessen Erben. Diese Familie konnte den großen Aufwand nicht weiterbetreiben, sodaß sehr bald die Einbauten in die Landschaft verfielen. 1956 erwarb die Stadt Wien einen Großteil des Grundbesitzes. Die Erzdiözese Wien verwaltet das Schloß, in dem sich heute ein Bildungszentrum befindet. Hier ist der hausnahe Bereich, insbesondere das Parterre, mit originellen barocken Zwergenskulpturen ausgesprochen besuchenswert.

Der Landschaftsgarten selbst ist heute zwar noch immer – fast symbolisch – durch die große Allee mit dem Gebäude verbunden, aber kaum mehr ablesbar. Vor mehr als 20 Jahren wurde das chinesische Lusthaus, die Pagode, in vereinfachter Form wiedererrichtet, die Dioskuren stehen noch in den Lichtungen, aber nicht mehr an den ursprünglichen Standorten.

Ein Großteil des Parks ist in der Zwischenzeit längst wieder in die Waldlandschaft zurückgewachsen. Die großen Wiesen sind auch heute noch beliebte Ausflugsziele der Wiener.

Elias Canetti über einen Ausflug mit dem Kindermädchen und deren Freund nach Neuwaldegg: „Dann gingen wir ein Stück durch den Wald zur Knödelhütte, und er sagte etwas, das ich nicht verstand: ‚Nächste Woche, Fräulein Paula, jetzt sind's nur noch fünf Tage.' Wir kamen auf eine leuchtende Wiese, die von Menschen übersät war, sie war riesig, man hätte denken können, es sei Platz genug für alle Leute auf der Welt, aber wir mußten

Schloß Neuwaldegg heute

Der sehenswerte Garten

Narzissen im Frühling

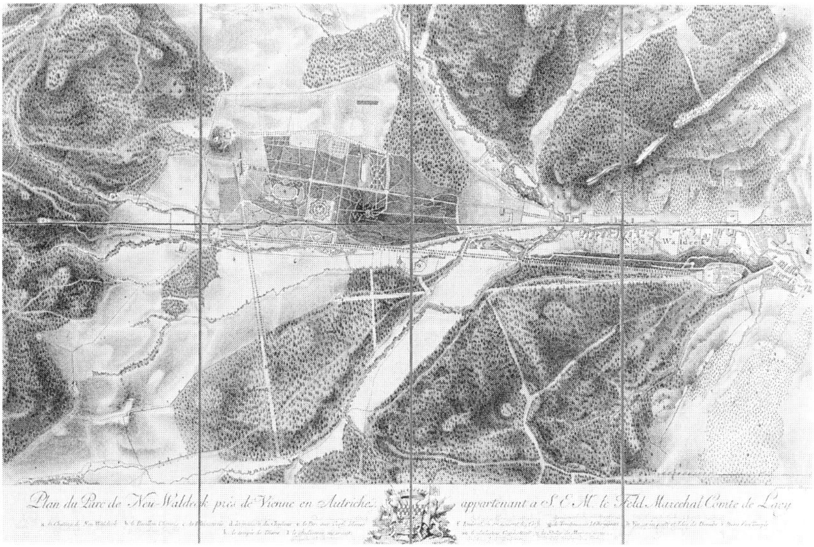

Plan der Gartenanlage 1782

ziemlich lange herumgehen, bis wir einen Platz fanden. Da lagen Familien, die aus Frauen und Kindern bestanden, hie und da junge Paare, meist aber ganze Gruppen von Leuten, die zusammengehörten und etwas spielten, was sie alle in Bewegung hielt. Einige räkelten sich in der Sonne, auch sie schienen glücklich, viele lachten, hier war Paula zuhause, hier gehörte sie hin."

Raumerlebnis und Vegetation

Baron Lacy inszenierte hier eine sehr persönliche und doch sehr zeitgemäße Landschaft: Eine imaginäre Achse, die in einem Brennspiegel im Dachgeschoß das Panorama Wiens für neugierige Besucher einfing, konnte dadurch bis in den Wienerwald verlängert werden, Natur und Kunst boten einander ein Schauspiel. Die Zeitgenossen beschrieben die vielfältigen Attraktionen des Gartens, der sogar ein künstliches Dorf, das Hameau, Wasserfälle und Teiche und eine chinesische Pagode besaß und wo es vieles mehr zu bewundern gab. Besonders interessant war die „Sternremise", eine kreisförmige Pflanzung aus mehreren Reihen Gehölzen unter anderem Fichten und Platanen, die durch Blattfarbe

Lacys Grab im Wald

Detail aus dem Park

und Textur eine eigenartige Kombination abgaben. Weiters gab es die „Sechzehnteile", eine Art botanischer Raritätensammlung mit damals merkwürdigen Pflanzen wie Ölweide oder Rosenakazie.

Man erwanderte das Gelände und konnte noch viele weitere Einrichtungen besuchen wie den Schöpsgarten, die Fasanerie oder den Regenschirm. Als besonders bemerkenswert wird immer wieder die Aussicht über Wien beschrieben – sie ist es auch heute noch. Das Areal wird durch den prächtigen Waldbestand und die tiefen Wiesen geprägt: „Der Park ist durch einen langen Zeitraum rein forstlicher Behandlung gegangen, und diese Spuren wird er wohl für immer mit sich tragen. Das Fürstenhaus hat in gewohnter Güte das ganze Terrain dem Publikum freigegeben, und schon aus diesem Grunde ist es unmöglich, einen wohlgepflegten Park daraus zu machen. Wahrscheinlich wäre dies auch nicht zu wünschen. Die Wiener lieben den Neuwaldegger Park, wie er ist, bietet er doch immer noch eine wohltuende Oase mit saftigem Wiesengrün und frischem Baumwuchs an der Stadtgrenze. Wer zur Rohrerhütte und zum Hameau wandert, wird nie versäumen, im Park den Schritt zu verzögern und sich am bräunenden Purpur der Blutbuchen, am jungen Grün der Eichen und am harzigen Duft der Kiefern zu erlaben“ (Camillo Schneider).

Bauten und Denkmäler

Von den vielen Einbauten im Park sind nur einige wenige Objekte erhalten. Die Statuen auf der Wiese sind zu erwähnen, wie auch Lacys Grabmal, das heute ganz versteckt im Wald liegt. Das Hameau erinnert als Flurname noch an die Zeiten, als hier in einem künstlichen Dorf die Gäste des Barons Lacy bewirtet wurden.

Literatur

Canetti, Elias, *Die gerettete Zunge,* Wien 1977, S. 167f.

Hajós, Géza, *Romantische Gärten der Aufklärung,* Wien 1989, S. 143–154.

Schneider, Camillo, *Die Gartenanlagen Österreich-Ungarns in Wort und Bild,* Band 3, Wien 1911, S. 53.

18. BEZIRK
WÄHRING

Blick auf das Geymüllerschlössel im Frühling

GEYMÜLLERSCHLÖSSEL

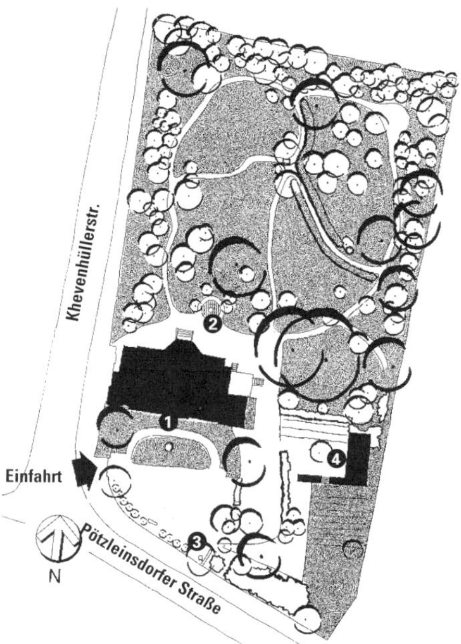

Lage: *Khevenhüllergasse 2*
Größe: *7277 m²*
Verkehrsverbindung:
41 Pötzleinsdorf

1. Eingang Museum
2. Brunnen
3. Skulptur
4. Geräteschuppen

Das Geymüllerschlössel in der Khevenhüllergasse ist der „einzige im Wiener Bereich öffentlich zugängliche, eingerichtete Sommersitz des Empire und Biedermeier", wie Christian Witt-Döring im Museumsführer schreibt. An diesem Beispiel soll die Atmosphäre eines privaten Hausgartens der Biedermeierzeit vorgeführt werden. Heute befindet sich hier die Sammlung Sobek, ein Museum für Uhren und Möbel dieser Zeit.

Geschichte und Gegenwart

Das Geymüllerschlössel, später Mautnerschlössel genannt, ist vom Bautypus her eine wienerische Rarität und zugleich ein besonderes Beispiel: Bankier Baron Johann Jakob Geymüller ließ hier nach 1808 eine Villa errichten, die die exotischen Stilelemente des späten 18. Jahrhunderts vereinigte. Eine Reihe von Umbauten in diesem Jahrhundert hat zwar den originalen Zustand verunklart, dennoch ist der vorhandene kleine Biedermeiergarten reizvoll geblieben. Das Geymüllerschlössel gelangte 1965 aus dem Nachlaß von Dr. Sobek an die Republik Österreich

Blick zur Sitzbank

Die neogotische Sitzbank

Gartenansicht

und beherbergt heute die Sammlung Uhren und Biedermeiermöbel des Museums für angewandte Kunst.

Haus und Garten wurden zwar vor kurzem renoviert, leider wurde aber der Garten bis heute nicht vollständig rekonstruiert, immer noch fehlen bedeutende Teile des Ensembles. Immerhin läßt sich aber die biedermeierliche Atmosphäre eines eleganten Sommerpalais erahnen.

Raumerlebnis und Vegetation

Das Geymüllerschlössel ist an der steilen Hangkante an der Pötzleinsdorfer Straße gelegen. An diesem Geländesprung befinden sich bis heute viele Weinbauernhöfe der Biedermeierzeit und ihre Nachfolgebauten. Es handelt sich um ein etwas erhöhtes Areal, von dem aus man das Tal, in dem der Pötzleinsdorfer Park liegt, übersieht. Der Eingang befindet sich in der Khevenhüllergasse, ursprünglich war die Einfahrt breiter als heute, und es gab dort auch ein Gebäude für die Portierloge und die Stallungen.

An den geschwungenen Wegen wurden mehrere Sitzplätze angelegt. Heute noch gibt es einige markante Steinskulpturen, die dem Garten eine poetische Wirkung verleihen.

Heute führt eine Wegschleife durch das leicht ansteigende Gelände, die von einem Mitttelweg getroffen wird. Einem Gutachten ist zu entnehmen, daß ein Großteil der Gehölze maximal 80 Jahre alt ist. Bei einer Kartierung (1987) wurden folgende Arten festgestellt: Sandbirke (Betula pendula), Buchs (Buxus sempervirens), Trompetenbaum (Catalpa bignonioides), Zürgelbaum (Celtis australis), Maulbeerbaum (Morus alba), Winterlinde (Tilia cordata), Sommerlinde (Tilia platyphyllos), Feldulme (Ulmus carpinifolia), Bergulme (Ulmus glabra), Eibe (Taxus baccata).

Literatur

Eichelmann, Ulrich/Strubel, Rina, *Biedermeiergarten Geymüllerschlössel,* Studie zur Gartendenkmalpflege, unveröffentlicht, Bundesdenkmalamt, Wien 1987.

Hajós, Géza, *Die romantischen Gärten der Aufklärung,* Wien 1989, S. 217.

Witt-Döring, Christian, *Geymüllerschlössel,* Sammlung Sobek, Museum für angewandte Kunst, Wien 1993.

Wiedereröffnung des Pötzleinsdorfer Schloßparks, 1949

PÖTZLEINSDORFER SCHLOSSPARK

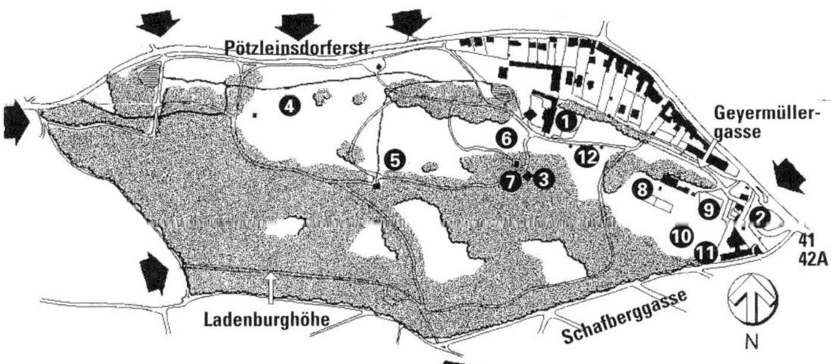

❶ Schloß
❷ Haupteingang
❸ Preindl Salettl

❹ Wasserlauf
❺ Kaskade
❻ Skulpturen
❼ Alxinger-Stein
❽ Streichelzoo
❾ Kinderspielplatz
❿ WC
⓫ Gartenbezirk VI
⓬ Sequioa

Lage: *Pötzleinsdorfer Str./Geymüllergasse*
Größe: *353.406 m²*
Planung: *Konrad Rosenthal (Neugestaltung)*
Verkehrsverbindung: *41 Pötzleinsdorf*

Statue im Park

Das Preindl-Salettl

Flurschaden nach dem Sturm

Der Pötzleinsdorfer Schloßpark im Nordwesten der Stadt gehört zu den schönsten Parkanlagen von Wien. Der Besucher genießt dort den Blick entlang des Waldes über die offenen Wiesenflächen auf einzelne Baumgruppen und blühende Osterglocken, oder er wandelt auf schattigen Waldwegen, die an den angrenzenden Wienerwald erinnern.

Geschichte und Gegenwart

Die Ursprünge des Schlosses reichen bis zum Beginn des 13. Jahrhunderts zurück. Im 18. Jahrhundert trug die Anlage eine Zeitlang den Namen „Ricci'scher Freihof", da der Fabrikant Ricci hier um 1762 eine Tucherei und Seidenfärberei betrieb. Erst Gräfin Philippina von Herberstein begann mit der Anlage des Schloßparks.

Die Geschichte des Parks ist eng mit dem Namen Geymüller verbunden. Die Brüder Geymüller, Begründer eines kurzlebigen, aber einflußreichen Wiener Bankhauses, erwarben Park und Schloß von der Gräfin Philippina Herberstein im Jahre 1797 zum Preis von 20.000 Gulden. Mit dem Erwerb begann eine Glanz-

Wiesenstimmung im Juni

zeit. Das Schloß wurde umgebaut und mit einer Freitreppe versehen, und der Kunstgärtner Konrad Rosenthal – Gärtner des Grafen Rasumofsky – wurde mit der Neugestaltung des Parks beauftragt. Später wurde die Gartengestaltung dem Schloßgärtner von Neuwaldegg, Franz Illner, übertragen. Das Pötzleinsdorfer Schloß war in der Zeit der Geymüllers ein Treffpunkt der illustren Wiener Gesellschaft.

In der nachfolgenden Zeit wechselten Schloß und Garten mehrmals den Besitzer, bis sie schließlich 1920 von dem Industriellen Max Schmidt erworben wurden. Er nahm gravierende Veränderungen vor allem am Schloß vor, indem er dem eher schlichten Gebäude pompöse neubarocke Elemente hinzufügte, ein barockes Gittertor anbringen ließ und eine Vielzahl von Vasen und Skulpturen aufstellte.

Der Park wurde schließlich 1935 von seinem letzten Besitzer Leo Schmidt unter folgender Auflage der Gemeinde Wien vermacht: „Der Park soll für ewige Zeit zeigen, wie ein landschaftliches Herrschaftsgut sich durch volle dreihundert Jahre erhalten hat.“ Seit dieser Zeit ist er für die Öffentlichkeit zugänglich.

Johann Nepomuk Hoechle: „Pötzleinsdorf", 1829

Blick zur Pötzleinsdorfer Kirche

Schloß und Park wurden im Krieg stark zerstört und devastiert. Nach Plänen des Architekten Roland Rainer wurden die Barockelemente aus den zwanziger Jahren wieder entfernt und das Schloß umgebaut. Es war zunächst ein Jugendgästehaus der Stadt Wien, später zog die Internationale Schule ein, und heute hat die Rudolf-Steiner-Schule das Gebäude übernommen und es in den letzten Jahren um einen Seitenflügel für Schulzwecke erweitert.

Der Park selbst wurde durch die Veränderungen im Schloß immer weiter von diesem abgeschottet, heute ist eine Beziehung Park – Schloß kaum noch vorhanden.

Der Eingang, der ursprünglich zwischen Pförtner- und Gärtnerhäuschen hindurch führte, liegt heute seitlich an der Geymüllergasse und führt direkt auf die terrassierte Ebene. Hier waren früher die Gewächshäuser und Gemüsekulturen, heute ist dort eine beliebte Spielwiese mit Spielgeräten und Streichelzoo.

Der Pötzleinsdorfer Schloßpark ist eines der schönsten Ausflugsziele im 18. Bezirk. Die steilen Wege zum Schafberg hinauf sind im Winter eine beliebte Rodelbahn. Die Wiesen sind teilweise begehbar und werden von den Stadtbewohnern im Sommer gerne als Liegewiese genutzt.

Raumerlebnis und Vegetation

Die Wege führen entlang des Waldrandes immer mit einem Ausblick auf die sonnigen Waldwiesen und die Rhododendronpflanzungen, die insbesondere zur Blütezeit einen imposanten Eindruck bieten. Immer wieder eröffnen sich reizvolle Ausblicke über den Talboden. In zeitgenössischen Druckschriften wurde die Gartenanlage im englischen Stil mit den Teichen, den sanft modellierten Wiesenflächen, den eindrucksvollen Baumgruppen und dem Waldteil häufig gerühmt. Der Besucher sollte den Park erleben. Früher war die Szenerie auch vom Schloß aus zu sehen. Heute ist dies jedoch durch die hochgewachsenen Bäume kaum mehr möglich. Bemerkenswert ist die Stimmung in diesem Park, die durch das Licht und die Großbäume auf den weiten Rasenpartien erzeugt wird – eine liebliche Landschaft, ein Arkadien am Rande der Großstadt.

Der Gärtner Carl Seifried schuf im Pötzleinsdorfer Park unter Gräfin von Herberstein eine Pflanzschule für amerikanische Gewächse, deren Reste – einige Mammutbäume (Sequoiadendron giganteum) – noch heute entlang des Hauptweges zum Schloß zu bestaunen sind. In der Zeit des Gärtners Rosenthal wurden die Teiche angelegt, Bäume und exotische Gewächse gepflanzt, Blumenbeete, Bogengänge und Glashäuser waren zu bestaunen.

Bauten und Denkmäler

Von den romantischen Einbauten im Park – Lusthäuser, Vogelhäuser, Belustigungsplätze und eine Badegrotte –, die Anfang des 18. Jahrhunderts entstanden, sind einige bis heute erhalten geblieben. Ein Gedenkstein erinnert an den Dichter Johann Baptist Alxinger. Johann Heinrich Falkner-Geymüller ergänzte den Park um das „Preindl-Salettl", benannt nach seiner Geliebten, der berühmten Wiener Kurtisane Maria Preindl.

Auf dem Hauptweg zum Schloß haben vier Attikastatuen des 1881 ausgebrannten Ringtheaters eine neue Aufstellung gefunden, und in der Nähe des Schlosses findet sich die moderne Plastik „Junge Menschen" von Hilde Uray (1962). Zwei Kopien romanischer Portallöwen flankieren das ehemalige Haupttor zum Schloßpark.

Literatur

Kretschmer, Helmut, *Wiener Bezirkskulturführer. XVIII – Währing,* Wien 1982, S. 16–18.

Loidl-Reisch, Cordula, *Pötzleinsdorfer Schloßpark.* In: Österreichische Gesellschaft für historische Gärten (Hg.), *Historische Gärten in Österreich,* Wien 1993, S. 290–294.

Blick über Wasserflächen

TÜRKENSCHANZPARK

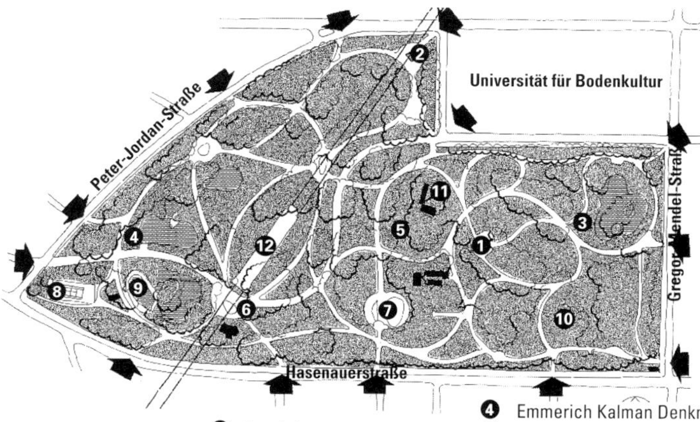

1. Aussichtsturm
2. Türkischer Brunnen
3. Vinzenz Prießnitz Denkmal
4. Emmerich Kalman Denkmal
5. Adalbert Stifter Denkmal
6. Restaurant
7. Kinderspielplatz
8. Ballspielplatz
9. Lehrteich
10. Liegewiese
11. Gartenbezirk VI
12. Vorortelinie

Lage: *Hasenauerstraße*
Größe: *154.052 m²*
Planung: *Gustav Sennholz*
Verkehrsverbindung: *10A, 40A Dänestraße*

Der Türkenschanzpark ist ein wertvoller Park des Wiener Stadtrandes, der in botanischer und gestalterischer Hinsicht außergewöhnlich qualitätvoll ist. Die Parkanlage wurde von der Bürgerschaft zusammen mit der benachbarten Siedlung des „Wiener Cottages" errichtet und erst später von der Stadt Wien übernommen. Die reizvolle Hanglage macht den Türkenschanzpark heute zu einem der beliebtesten Parks von Wien.

Geschichte und Gegenwart

Die Ideen der Gartenstadtbewegung waren Ende des 19. Jahrhunderts bis nach Wien gekommen. Eine bürgerliche Initiativgruppe unter Heinrich von Ferstel gründete den sogenannten „Wiener Cottage-Verein", und man errichtete eine große Siedlungsanlage sowie den Türkenschanzpark. Am 29. April 1883 wurde ein Komitee gegründet, das die „Anlage eines öffentlichen Parkes auf der Türkenschanze" begleiten sollte. Der Stadtgärtner Gustav Sennholz war der Planungsleiter, der Park wurde in den Jahren 1885 bis 1888 errichtet.

Der Name wurde von der örtlichen Bezeichnung der historischen Türkenschanzen übernommen, die man hier noch finden konnte. Am 30. September 1888 hielt Kaiser Franz Joseph folgende Ansprache: „Seit mehreren Jahren schon verfolge Ich mit Aufmerksamkeit und wahrer Freude die mächtige Entwicklung und den Aufschwung dieser Vororte der uns Allen theueren Stadt Wien, so wie die vielen wohlthätigen und nützlichen Anstalten, welche hier dem eifrigen Streben und Gemeinsinne ihre Existenz verdanken. Diesen nutzlichen Schopfungen wurde mit den schönen Anlagen, welche Ich nun mit wahrem Vergnügen zum ersten Mal betrete, durch hingebungsvolles und opferwilliges Zusammenwirken eine neue, zugleich angenehme hinzugefügt, für deren Zustandekommen Allen, die sich daran betheiligt, Meine volle Anerkennung und der Dank der Bevölkerung gebührt. Ich wünsche herzlichst, daß mit dem Blühen und Gedeihen dieses jungen Gartens, auch der erfreuliche Aufschwung der Vororte, welche, sobald dies möglich sein wird, auch keine phisische Grenze von der alten Mutterstadt scheiden soll, stets zunehmen werde, und daß der Anblick Wien's und der Vororte, welcher sich

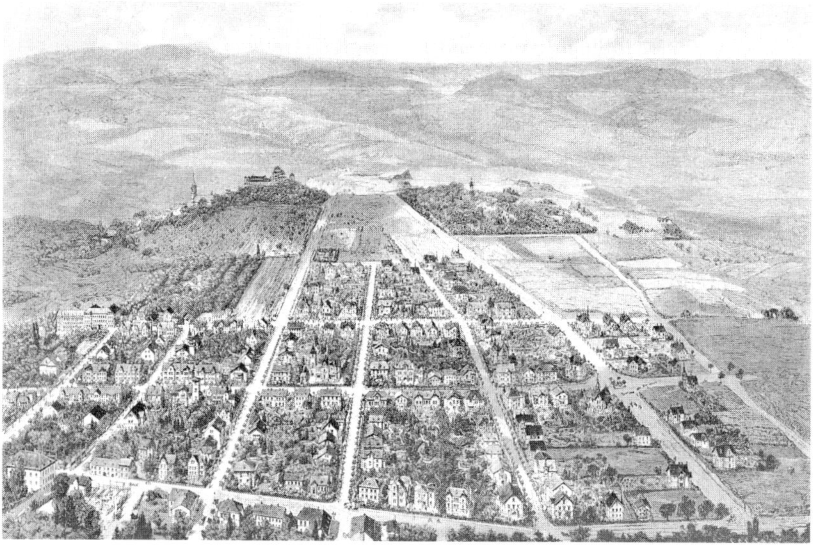

Carl von Bokowski: „Die neue Cottageanlage bei Wien", um 1885

von hier aus bietet, den echten Bürgersinn, den wahren Patriotismus und die Liebe zur Heimat unter dem Schutze des Allmächtigen stets neu beleben möge!"

1892 ging die Anlage in den Besitz der Wiener Stadtverwaltung über. Eine grundlegende Regenerierung des Parks war nötig, man beschloß die Errichtung einer Gewässeranlage. Zwischen 1905 und 1909 wurde der Park durch das Gestaltungsprojekt von Stadtplaner Heinrich Goldemund und Stadtgartendirektor Wenzel Hybler wesentlich erweitert. In den Kämpfen am Ende des Zweiten Weltkriegs wurde auch dieser Park zerstört, wie zerschossene Skulpturen heute noch zeigen.

Heute sind einige Überalterungserscheinungen sowie Erhaltungsmängel erkennbar. Ein Pflege- und Entwicklungskonzept, das das Stadtgartenamt am Institut für Landschaftsgestaltung an der Universität für Bodenkultur in Auftrag gegeben hatte, wurde 1989 fertiggestellt. Im Auftrag des Bundesdenkmalamtes hat Cordula Loidl-Reisch eine weitere denkmalpflegerische Studie erarbeitet. Der Türkenschanzpark wird seit Mitte 1993 nachts gesperrt. Seit Ende 1993 befindet sich hier ein Lehrteich, welcher von der MA 42 gemeinsam mit der MA 45 – Wasserbau und der Studiengruppe Ökologie errichtet wurde. Die Betreuung, Öffnung und Führung durch das Areal dieses Lehrteiches geschieht durch die Studiengruppe Ökologie, 1120 Wien, Ruckergasse 53/30, Tel. 813 47 40 oder 479 76 94. Der Türkenschanzpark wird derzeit renaturiert. Es wäre zu wünschen, daß auf Basis der Parkentwicklungskonzepte die dort formulierten Entwicklungsziele in der Gehölzpflege durchgeführt werden können.

Raumerlebnis und Vegetation

Der Türkenschanzpark wird durch eine intelligente Landschaftskomposition geprägt. Die ausgesprochen interessante Pflanzenwelt und das bewegte Gelände ergeben ein Raumerlebnis, das über die Jahreszeiten und die Bewegung des Besuchers eine botanische Zeitreise ermöglicht.

Der Park ist durch die Hanglage landschaftlich reizvoll und wegen seiner Teich- und Bachanlagen, Wasserfälle und Spring-

Der Wasserfall

Studenten im Park

Der zerschossene Frosch

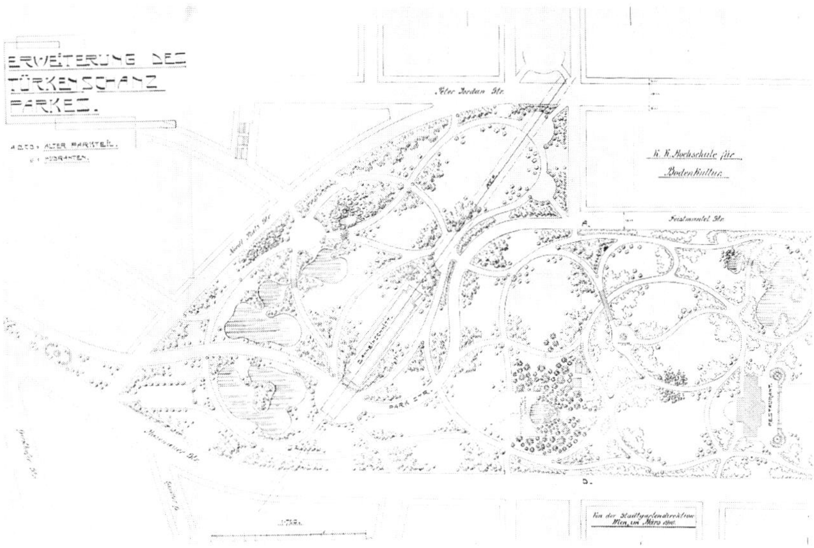

Die Erweiterung des Türkenschanzparks um 1919

brunnen bei der Bevölkerung sehr beliebt. Das Areal wird von der Vorortelinie durchschnitten, diese Öffnung verleiht dem Gelände einen Hauch von kosmopolitischer Aktualität – vergleichbar den Fahrstraßen, die durch den Central Park in New York pfeifen und den Besucher daran erinnern, daß es sich um eine großstädtische Idylle handelt.

Besuchenswert ist der Türkenschanzpark vor allem wegen der wertvollen Gehölzpartien, der Geländemodellierung, Wasserflächen und Wegeführung. Hier wurden mehr als 400 Gehölzarten im Sinne eines Arboretums gepflanzt.

Hier eine kleine Auswahl: Griechische Tanne (Abies cephalonica), Nordmannstanne (Abies nordmanniana), Spanische Tanne (Abies pinsapo), Syrischer Wacholder (Juniperus drupacea), Kalifornische Flußzeder (Calocedrus decurrens), Gelbholz (Cladrastis lutea), Zürgelbaum (Celtis reticulata), Ulmenähnliche Eukomie (Eucommia ulmoides), Japanischer Schnurbaum (Sophora japonica), Amerikanische Linde (Tilia americana megalodonta), Sommerlinde (Tilia platyphyllos „Laciniata“), Japanische Zelkove (Zelkova serrata).

Die Feinabstimmung der Arten mit der Geländeformation erfordert eine sensible Komposition von freien Flächen und Gehölzgruppen. Durch beständiges Nachpflanzen ist eine grundlegende Änderung der Raumverhältnisse abzusehen, die erst in Jahren erkennbar sein wird, jedoch das Grundkonzept des Türkenschanzparks verändern könnte.

Parkbesuche auf der Türkenschanze

„Über das Gehen zu schreiben, über die gute Luft über das Schlendern, Wandern, Müßigsein als Spaziergang im Park. Über das Verlieren. Verwundern. Sich Wiederfinden.
Zuschauen, Beobachten, Betrachten der anderen, der Wegpartien, der Blattfarben, Texturen ...
Über die Vielfalt der Arten und wie sie sich ergänzen. Und wie sich die Menschen wohlfühlen.
Wasser im Brunnen, Sonne am Weg, Lachen aus der
Sandkiste und Lindenduft in der Luft" (Maria Auböck).

Bauten und Denkmäler

Es gibt eine Gaststätte, einen Aussichtsturm, die alte und neue Gärtnerunterkunft, zwei Pavillons und eine Reihe von Spielplätzen. Eine zerschossene Froschskulptur kündet von den Kampfhandlungen im Zweiten Weltkrieg.

Die Denkmäler: Auguste Fickert (Franz Seifert, 1929), Adolf von Guttenberg (Ludwig Hujer, 1933), Theodor Leschetizky (Hugo Taglang, 1911), Kriegergedenkstein mit Turnerabzeichen (Carl Philipp, 1932), Adalbert Stifter (Carl Philipp, 1919), Dr. Franz Marschner (Andreas Harsch, 1933), Yunus Emre (1991).

Literatur:

Detzlhofer, Anna/Grimm-Pretner, Dagmar/Muhar, Andreas/Proksch, Thomas, *Pflege- & Entwicklungskonzept für den Türkenschanzpark,* Institut für Landschaftsgestaltung an der Universität für Bodenkultur, Wien 1989.

Grimm-Pretner, Dagmar, *Der Türkenschanzpark.* In: *Perspektiven* Heft 4/1992, S. 42.

Kratochwjle, Fritz, *Die städtischen Gärten Wiens,* Wien 1931, S. 10f.

Die große Rhododendrongruppe

WÄHRINGER PARK

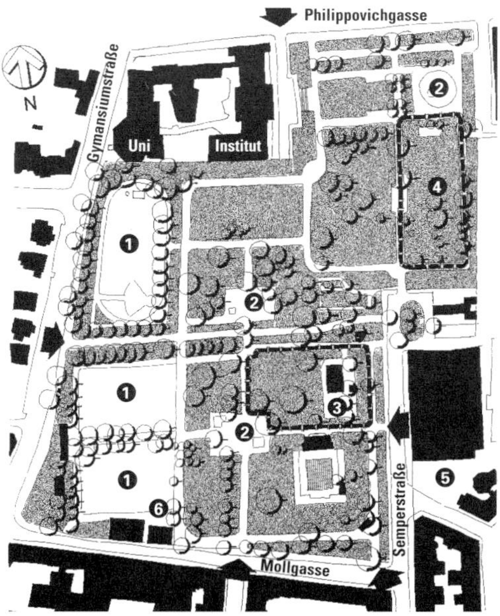

Lage: *Mollgasse*
Größe: *51.501 m²*
Planung: *Stadtgartendirektion*
Verkehrsverbindung:
35A Währ. Park
37, 38 Glatzg.
U6 Nußdorfer Straße

❶ Sportplätze
❷ Kinderspielplätze
❸ Denkmalhain
❹ Hundezone
❺ Remise
❻ Gartenbezirk VI

Dieser Park beinhaltet in seiner klaren und übersichtlichen Konzeption viele Bereiche, die unter dem Blätterdach der großen Bäume ihren Platz finden.

Geschichte und Gegenwart

Die Wiener Stadtverwaltung konnte nach dem Ende des Ersten Weltkriegs entscheidende Maßnahmen der Grünpolitik nur dort setzen, wo Flächen vorhanden waren oder leicht zu Grünanlagen umgewandelt werden konnten. So ist der Währinger Park auf den Gründen eines ehemaligen Friedhofs entstanden, ähnlich wie es beim Waldmüllerpark und beim Schubertpark der Fall war. Hier befand sich ab 1769 der „Neue Währinger Friedhof", der berühmte Persönlichkeiten wie Ludwig van Beethoven (1827) und Franz Schubert (1828), Johann Nestroy (1862) sowie Franz Grillparzer (1872) aufnahm. Als erste Parkanlage der Ersten Republik wurde das Areal umgestaltet und im Oktober 1923 durch Bürgermeister Jakob Reumann eröffnet, der dort aus diesem Anlaß eine Eiche pflanzte.

Carl Zapetal, „Währinger Park", um 1923

Ein beliebter Spielplatz

Japanischer Blütenhartriegel am Weg

Raumerlebnis und Vegetation

„Bei der Planung war der Gedanke maßgebend, mit möglichster Schonung des vorhandenen Baumbestandes einen Park zu schaffen, welcher der Bewohnerschaft der umgebenden, dichtbevölkerten Stadtteile ein Erholungsort im wahrsten Sinne des Wortes sein sollte. Wir sehen daher einen einfachen, klaren Entwurf; die Wege, meist den alten Alleen folgend, bilden freundliche Promenaden mit dem Ausblicke auf das Grün der weiten, dem Auge so wohltuenden Rasenflächen" (Fritz Kratochwjle). Der Flächenzuschnitt wird durch ein prägnantes Wegkreuz definiert: Hier wurde ein monumentaler Raumeindruck durch die Zürgelbäume (Celtis) geschaffen. Die vielen Sportplätze und der Denkmalhain ergeben ein räumliches Gefüge, das sehr städtisch ist. Eine selbstverständliche Robustheit liegt dieser Anlage zugrunde.

Bauten und Denkmäler

Hier, im Gartenbezirk VI, befindet sich das Verwaltungsgebäude der MA42. Ein Gedenkstein in der Nähe des Haupteingangs erinnert an die Eröffnung durch Bürgermeister Reumann. Dort befindet sich auch der Denkmalhain mit etwa 58 kulturgeschichtlich bemerkenswerten Grabsteinen. Dieses Areal kann man unter der Woche täglich vormittags von 8 bis 12 Uhr gegen telefonische Voranmeldung aufsperren lassen und besichtigen.

Literatur

Auer, Alfred, *Wien und seine Gärten,* Wien 1974, S. 99.

Bauer, Werner T., *Wiener Friedhofsführer,* Wien 1988, S. 82–84.

Kratochwjle, Fritz, *Die städtischen Gärten Wiens,* Wien 1931, S. 21–23.

19. BEZIRK DÖBLING

Ein Stück Japan in Wien

SETAGAYAPARK

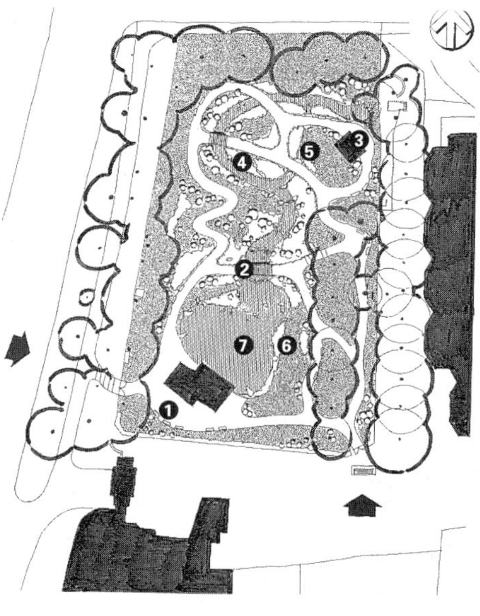

Lage: *Hohe Warte/ Gallmeyergasse*
Größe: *4.814 m²*
Planung: *Ken Nakajima*
Verkehrsverbindung: *37 Barawitzkagasse*

❶ Teehaus
❷ Brücke
❸ Laube
❹ Pagode
❺ Wasserbecken
❻ Steinlaterne
❼ Teich

Der Setagayapark ist Wiens neuer japanischer Garten. Hier konnten alle typischen Elemente dieser Gartentechnik angewandt werden. Der Charme asiatischer Gartenkultur wurde durch die japanische Stadt Setagaya nach Wien gebracht, die als Partnerstadt Wiens regen kulturellen Austausch betreibt.

Geschichte und Gegenwart

Es handelt sich um einen japanischen Garten, der von dem japanischen Gartenarchitekten Prof. Ken Nakajima 1992 im Nahbereich eines Pensionistenheimes gestaltet wurde. Hier befanden sich die berühmten Rothschildgärten, die noch bis nach dem Zweiten Weltkrieg von der Stadt Wien genutzt worden waren, sowie das architektonisch sehr interessante Hohe-Warte-Bad; beide Anlagen sind Teil der Döblinger Bezirksgeschichte.

Der Garten wird von den Besuchern mit Begeisterung aufgenommen, da sich hier ein ruhiger, ausgesprochen gepflegter Ort entwickelt hat. Die hohe Intensität der Pflege erfordert zwei Gärtner, die die Anlage erhalten. Der Setagayapark wird bei Einbruch der Dunkelheit gesperrt und ist in den Wintermonaten für das Publikum geschlossen.

Raumerlebnis und Vegetation

Monika Vrbancics: „Die japanische Gartenkunst wurzelt in der tiefen Liebe der Japaner zur Natur und der ausgeprägten Fähigkeit der Sinneswahrnehmung, die ihren Ursprung im Shintoglauben haben. Shinto – Weg der Götter – beruht unter anderem auf der Vorstellung, daß sich Gottheiten in Flüssen, Bergen, einzelnen Felsen und Bäumen verkörpern."

Besonders erwähnenswert sind der interessante Bepflanzungsplan und die reichhaltige Pflanzenverwendung, wobei vielfältiger Blütenschmuck und die Veränderung über die Jahreszeiten eine große Rolle spielen.

Vom Eingang weg führt der Gartenweg in eine andere Welt: Die Sitzgelegenheiten, die Steinmonumente, das Bambustor signalisieren eine Welt der Stille und Kontemplation, von der der Besucher schnell gefesselt wird. Hier kann die ganze Reichhaltigkeit des gärtnerischen Programms nicht geschildert werden –

Das Steinmonument zum Paradies

Japanischer Ahorn im Herbst

Der Wasserlauf mit der Laube

herauszuheben ist der interessante Teich, der von einem Wasserlauf gespeist wird. Diese Anlage ist durch Kiessetzungen und flache Sandufer gekennzeichnet, die Pflanzenwahl bietet vielfältige Blütenaspekte.

Monika Vrbancics weiter: „An der Westseite der Brücke führt ein Gartenweg im Zickzack den Hügel hinauf und teilt sich bei der zweiten Holzbrücke. Der linke Weg geht in einem Bogen hinauf zur Laube. Hier befindet sich der Aussichtspunkt, und der Garten liegt vor dem Beschauer. Am oberen Ende des Wasserfalles ist eine Pagode aus Stein situiert, die den höchsten Punkt des Gartens betont. Hier befindet sich die Quelle des durch den Garten führenden Baches, Wasserpflanzen und ein Sortiment von Stauden symbolisieren die Berglandschaft. Das Wasser teilt sich in zwei Bäche, am kleineren Bachlauf ist ein ‚shishio-doshi' aufgestellt, der Abwechslung in die verschiedenen Ebenen des Wasserlaufes bringt. Das Geräusch des auf einen Stein auffallenden, halbierten Bambusstammes beim Entleeren des Wassers soll

bewußt die Ruhe des Gartens unterbrechen. Von der Laube führt der Weg unter dichtem Baumbestand über einen kleinen Ruheplatz wieder zum Teich, wo eine Steinlaterne im ‚Yukimi'-Stil aufgestellt ist. Entlang dem Ostufer des Teiches mit Irisbeet und Azaleengruppen gelangt man zum Teehaus, das über die Wasseroberfläche ragt. Betritt man das Teehaus, so umfängt den Besucher der Duft von frischem Holz, und es entsteht das Gefühl, sich in einem fremden und doch vertrauten Raum zu befinden, öffnet man den ‚Shoji'-Schirm, so breitet sich der Garten aus, und man kann die wunderbare Beziehung zwischen japanischer Architektur und Gartenkunst erahnen:
‚Der Mensch soll
mit großer Ruhe
das Kunstwerk betrachten
und versuchen, seine innere Ruhe wiederzufinden.' "

Bauten und Denkmäler
Die japanische Gartenkultur wird in diesem Garten durch Bauten und Denkmäler verstärkt vermittelt. Neben dem Bambustor und dem Bambusrohr, das das Wasser verschüttet, sind auch die Gartenlaternen und Steinmonumente aus Japan nach Wien gebracht worden. Das Teehaus wurde von japanischen Arbeitern hier aufgestellt. Der würzige Duft des Holzes und die schönen Details der Konstruktion fügen sich mit der Gartenatmosphäre zu einem eindrücklichen Erlebnis eines asiatischen Gartenraumes in Wien.

Literatur

Vrbancics, Monika, *Kontraste.* In: *Perspektiven,* Heft 4/1992, S. 48–51.

Blick in den Talbereich des Parks

WERTHEIMSTEINPARK UND BLINDENGARTEN

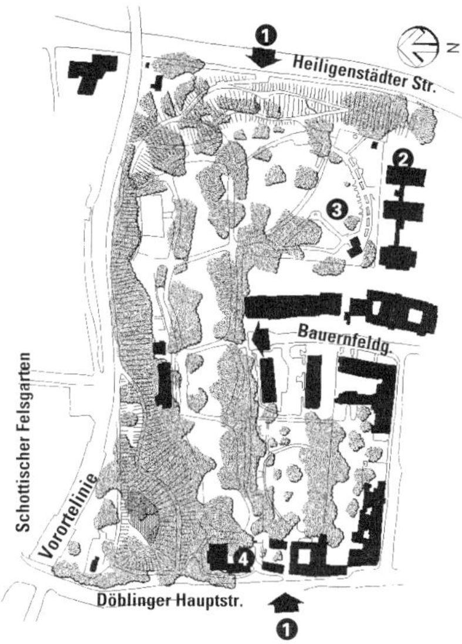

Lage: *Bauernfeldgasse (Teil des Wertheimsteinparks)*
Größe: *62.516 m²*
Planung: *Rudolf von Arthaber (Erbauer), Viktor Mödlhammer und Oskar Wladar (Blindengarten)*
Verkehrsverbindung: *D Rampengasse/37 Pokornygasse*

❶ Eingänge
❷ Kinderspielplatz
❸ Blindengarten
❹ Bezirksmuseum (Villa Wertheim)

Der Wertheimsteinpark zeigt in seiner reizvollen Vielfalt von Geländebewegungen, der Vegetation und der Gebäude manches Stück Döblinger Bezirksgeschichte. Er ist an der Döblinger Hauptstraße gelegen und erstreckt sich den Hang herab bis zur Heiligenstädter Straße. Es gibt hier einen schottischen Felsengarten sowie den einzigartigen Blindengarten, den Oskar Wladar und Viktor Mödlhammer gestaltet haben.

Geschichte und Gegenwart

Dieser Park ist wegen seiner seltenen Gehölze, der interessanten Topographie, aber auch aus kuturgeschichtlichtlichen Gründen sehr bemerkenswert. Die Bezirksgeschichte und das Kulturleben von Wien wurden in den Räumlichkeiten der Villa durch die berühmten Salons und in den Gartenanlagen durch die liebevolle Gartenpflege bereichert.

Die Villa Wertheimstein war ein altes Anwesen, das 1833 von Rudolf von Arthaber erworben und von ihm weitgehend umge-

Lucca Chmel: „Besuch im Blindengarten", 1968

Das kleine Klubhaus mit schöner Aussicht

baut wurde. Er soll auch das berühmte Glashaus aus Pitchpine-Holz, das im Zweiten Weltkrieg zerstört wurde, errichtet haben. 1867 wurde der Besitz an die Familie Wertheimstein verkauft. Der Salon von Josefine und Franziska von Wertheimstein bestand viele Jahre als einer der kunstsinnigsten Treffpunkte Wiens. Nach Franziskas Tod im Jahr 1907 gelangte das Areal an die Stadt Wien mit der Auflage, den Park der Öffentlichkeit zugänglich zu machen und eine Volksbibliothek im Haus einzurichten. 1959 konnte das Areal auf etwa sieben Hektar erweitert werden. Damals wurde auch der Blindengarten angelegt.

Ing. Mödlhammer und Prof. Oskar Wladar gestalteten in dem prächtigen Park diese Anlage, die am 3. Oktober 1959 eröffnet wurde. Die Grundidee bestand darin, blinden Menschen die Beschäftigung mit Pflanzen ohne fremde Hilfe zu ermöglichen. Am Eingang befinden sich Orientierungstafeln, die Beschriftung der Pflanzennamen war in Brailleschrift gehalten, und die Leitholme entlang der Wege sollten die Orientierung erleichtern. Die Einrichtungen umfassen eine Wiese mit Solitärbäumen und

Brunnen im Herbst

Beschriftungstafel

Sträuchern, ein kleines Klubhaus sowie einen Akustikbrunnen und einen kleinen Tiergarten. Leider wird die Anlage heute weniger besucht, sie ist zum „Geheimtip“ geworden.

Raumerlebnis und Vegetation

Der Eingang in den Wertheimsteinpark ist sowohl von der Heiligenstädter Straße über den Steilhang wie auch von der Döblinger Hauptstraße möglich, wo sich heute das Bezirksmuseum befindet. Der Park erstreckt sich über den Hang, der mit Spazierwegen, großen Gehölzgruppen und Wiesengründen eine interessante Parklandschaft bietet. Die Erweiterung des Areals brachte es mit sich, daß der Park um eine tiefe Geländestufe vergrößert wurde, daß nun auch „talartige Partien“ integriert werden konnten. Dazu diente auch der „schottische Felsengarten“.

„Die Beete sind vielfältig mit Stauden, Einjahresblumen und Sträuchern bepflanzt, (...) der Garten wurde besonders Mitte der 70er Jahre stark frequentiert“, so Brigitte Jedelsky in ihrer Beschreibung von Instituten mit Blindenbetreuung 1988.

Die im Straßenraum deutlich lesbare Geländestufe, dieser Höhensprung markiert auch die Teilbereiche der Parkanlage, die über weite Bereiche etwas verwildert wirkt, wie eine Seminararbeit von Marianne Leitgeb 1992 feststellt. „Ist man auf der Suche nach Abgeschlossenheit, wird man sie in dem dritten Bereich des Wertheimsteinparkes, der steil zum Krottenbachtal abfällt, finden. Diese Geländemulde hat etwas Wildes, Verzaubertes. An den Hängen bilden Laubbaumriesen eine grüne Wand. An der tiefsten Stelle lenken bizarre Baumgestalten rund um einen Tümpel den Blick auf sich."

Bauten und Denkmäler

Seit 1964 ist das Döblinger Heimatmuseum in der Villa untergebracht, die Bibliotheksräume wurden zu Ausstellungs- und Vortragsräumen umgestaltet, im Keller das Döblinger Weinmuseum eingerichtet. Die Villa ist heute wieder zu einem Ort der Begegnung, einem kulturellen Zentrum geworden.

Im Erdgeschoß der Villa Wertheimstein wurde eine städtische Bibliothek eingerichtet, die Zimmer im ersten Stock übernahm das Historische Museum der Stadt Wien, wo man im Rahmen des Bezirksmuseums Josefines Salon, Franziskas Schlafzimmer mit Erinnerungsmaterial des Dichters Eduard von Bauernfeld und einen Gedenkraum über Ferdinand von Saar besichtigen kann. Hier stehen auch die Büsten der Dichter Ferdinand von Saar und Franz Keim.

Literatur

Groner, Richard, *Wien, wie es war,* vollständig überarbeitet und erweitert von Felix Czeike, Wien 1965, S. 643.

Wiener Bezirkskulturführer 25, *Villa Wertheimstein,* Wien 1979.

Leitgeb, Marianne, *Ein offenes Parkmodell – Gestaltungskriterien für sehbehinderte und blinde Menschen,* Seminararbeit am Institut für Landschaftsgestaltung, Wien 1992.

21. BEZIRK
FLORIDSDORF

ALTE DONAU

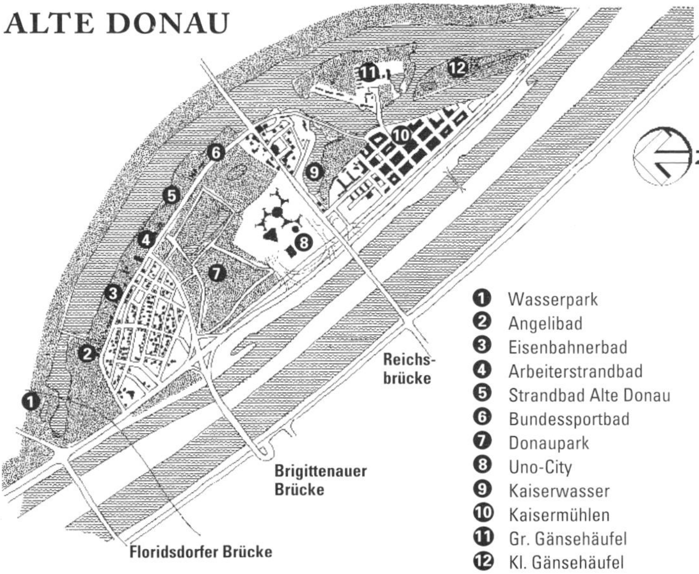

GÄNSEHÄUFL

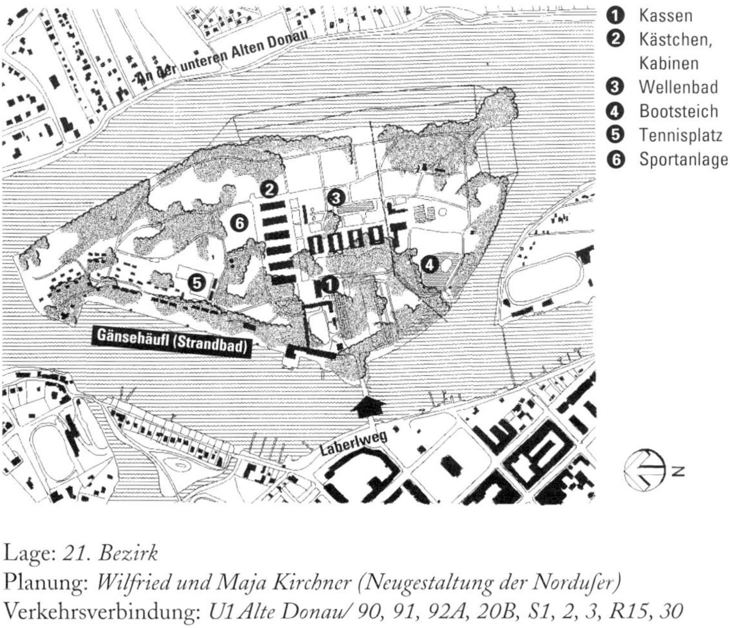

Lage: *21. Bezirk*
Planung: *Wilfried und Maja Kirchner (Neugestaltung der Nordufer)*
Verkehrsverbindung: *U1 Alte Donau/ 90, 91, 92A, 20B, S1, 2, 3, R15, 30*
Strandbäder

Die neuen Stege am Ufer

Sommer in Wien – und alle sind an der Alten Donau: zum Baden, Bootfahren, In-der-Sonne-Sitzen, Eisessen und um im Gasthausgarten den Blick über die Wasserlandschaft zu genießen. Die Alte Donau ist eine der schönsten Erholungslandschaften von Wien.

Geschichte und Gegenwart

Der damals jüngste Donauarm entwickelte sich zu Beginn des 18. Jahrhunderts zum Hauptarm der Donau, damals hieß dieser Abschnitt noch Floridsdorfer Au. Seit der Donauregulierung ist die Alte Donau von der Wasserzufuhr gänzlich abgeschnitten und wird nur vom Grundwasser gespeist. Im Laufe der Zeit wurde sie fast zu einem innerstädtischen Stillgewässer. Sie ist der größte Altarm der Donau, der nach der Donauregulierung auf Wiener Gebiet übrigblieb. Ihre Wasserfläche umfaßt 17.000.000 Quadratmeter, sie ist sechs Kilometer lang.

Auftakt und Basis für die Freizeit- und Erholungskultur an der Alten Donau war die Entwicklung des Gänsehäufels. Das Gänsehäufel, eine bewaldete Sandinsel, gehört zu den interessan-

Badebetrieb um 1907

testen Orten an der Alten Donau. Der Name stammt von den vielen „Haufen“, den im alten Flußbett angeschwemmten Inseln, die von den Uferbewohnern so bezeichnet wurden.

Florian Berndl gilt als der „Entdecker“ des Gänsehäufels. Er baute bereits um 1900 ein mit einfachen Hütten ausgestattetes Sand-, Sonnen- und Luftbad. Die Gemeinde Wien übernahm 1907 das Gelände und errichtete hier eine Gastwirtschaft und ein mit weitläufigen Baulichkeiten versehenes Strandbad. In der Folge entstanden 1912 das Arbeiterstrandbad, 1918 das Städtische Strandbad Alte Donau und 1919 die Militärschwimmschule, das spätere Bundessportbad. Das Gänsehäufel wurde im Ersten Weltkrieg erweitert, es entstanden neue Umkleidekabinen. Nach der totalen Zerstörung des Gänshäufels im Zweiten Weltkrieg schufen die Architekten Max Fellerer und Eugen Wörle eines der schönsten Nachkriegsbäder mit Wellenbecken, Umkleidekabinen, Brausen und Kästchen. Das Bad wurde 1950 wiedereröffnet.

In der Umgebung, an den nördlichen und östlichen Ufern, prägen Siedlungs-, Kleingarten-, Sport- und Verkehrsflächen das

Emilie Dworsky: „Strandbad Gänsehäufl", 1941

Bild. Der Wohnbezirk Kaisermühlen liegt am westlichen Rand zwischen Neuer Donau und einem Seitenarm der Alten Donau, dem Kaiserwasser, die Siedlung Bruckhaufen am nördlichen Rand des Donauparks. Heute prägt die 1979 fertiggestellte UNO-City mit ihren sechs Y-förmigen bis zu 120 Meter hohen Türmen das Bild der Alten Donau. Mit ihrem Bau sollte die Bedeutung dieses zentralen Wiener Landschaftsraumes unterstrichen werden.

Im Zuge der Sanierung des durch die Alte Donau geführten Hauptsammelkanals erfolgt derzeit eine Neugestaltung der Nordufer mit Holzstegen, die bis an das Wasser heranreichen.

Segeln, surfen, rudern, eislaufen und baden – die Alte Donau ist eine beliebte Erholungslandschaft in Wien. Jahrelang wurde der Zugang zu den Ufern durch die privaten Nutzer (Strandbäder, Kleingärten) der Ufergrundstücke behindert. Nur über die öffentlichen Strandbäder, Boote und im Winter durch das Eislaufen war ein Genießen dieser Wasserlandschaft möglich. Mit der Neugestaltung des nördlichen Ufers und der Auflassung der

Ein Schwan steigt auf

Tretbootfahrer

Blick zum Donauturm

vorhandenen Kleingärten ändert sich diese Situation – die Alte Donau wird zugänglicher für die Besucher.

Die Alte Donau ist eine der vielen Facetten des Wiener Stadtbildes, ein typisches Ausflugsziel für Kind und Kegel, sie gehört mit dem Donaupark, dem Wasserpark und der Donauinsel zum Großerholungsraum Alte Donau.

Raumerlebnis und Vegetation

Liegewiesen mit Baumgruppen für schattige und halbschattige Bereiche gehören zu den typischen Elementen der Alten Donau. Strandbäder und Pappelhaine, Bootsvermietung und Beisl werden zwar durch die neue Donauinsel in großem Maßstab ergänzt, aber niemals ersetzt.

Unverwechselbar ist der Charakter dieser Landschaft insbesondere wegen der für Auen typischen Baumstrukturen. Die Weiden und Pappeln mit ihrem flatternden und silbern schimmernden Laub sind hier besonders prägend. Hinzu kommt der landschaftsbestimmende Kontrast Land – Wasser. Der Gehölzbestand ist gekennzeichnet durch alte Auwaldrelikte mit einzelnen bizarren Baumindividuen – fast schon Baumruinen –, zum Beispiel an der Wagramer Straße und am Kaisermühlendamm. Die Schwarzpappelreihe „An der unteren Alten Donau" ist als Naturdenkmal geschützt. Für die vielen Parkvogelarten und Fledermäuse sind die Wasser- und Parkflächen ein ideales Jagdrevier. Ab und zu verirren sich auch die Schwarzen Schwäne aus dem Wasserpark in die Alte Donau.

Bauten und Denkmäler

Eine besondere Bedeutung an der Alten Donau haben die über lange Jahre gewachsenen Strukturen der Strandbäder: Angelibad, Eisenbahnerbad, Arbeiterstrandbad, Bundessportbad gegenüber vom Donaupark, das Strandbad Gänsehäufel auf dem Großen Gänsehäufel und das Polizeibad und Straßenbahnerbad auf dem Kleinen Gänsehäufel. Diese Bäder sind Teil der Wiener Kultur- und Sozialgeschichte und gehören seit Jahrzehnten zu den wichtigen Erholungsgebieten für die Wienerinnen und Wiener. Im Sommer zieht die Wiener Familie in ihr Badehütterl im Gänsehäufel.

Im Gänsehäufelstrandbad entstand ein 27 Meter hoher Uhrturm, eine Betonplastik von Heinz Leinfellner mit Marmorintarsien, der „Wellenbrecher", und eine Freiplastik aus Naturstein, der „Jüngling", von Fritz Wotruba.

Rings um die Alte Donau gibt es eine Vielzahl von Beisln und Gasthäusern, meist mit Terrassen und Blick auf die Wasserfläche.

Literatur

Grimm, Karl/Grimm-Pretner, Dagmar, *Erhaltungs- und Entwicklungskonzept für die Gehölzbestände im Umland der Alten Donau,* Wien 1989.

Groner, Richard, *Wien, wie es war,* vollständig überarbeitet und erweitert von Felix Czeike, Wien 1965.

Müllbauer, Edith, *Wiener Bezirkskulturführer. XXII – Donaustadt,* Wien 1985.

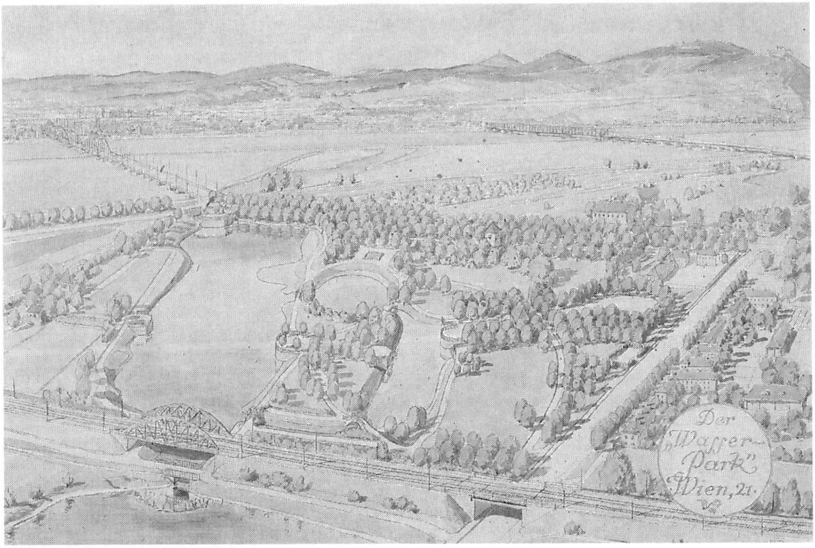

Vogelschau der Parkgestaltung

DER FLORIDSDORFER WASSERPARK

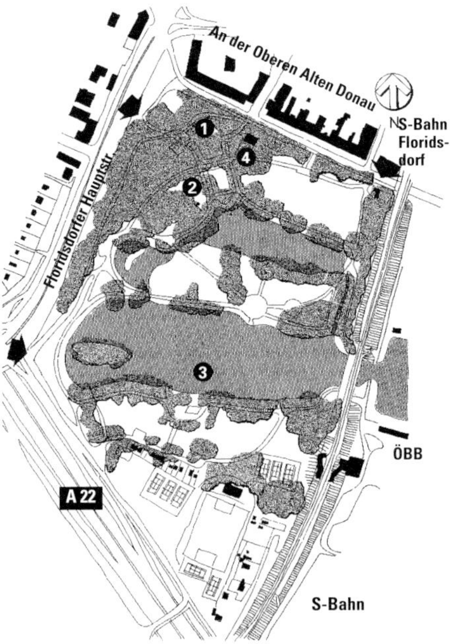

Lage: *21. Bezirk An der oberen Alten Donau*
Größe: *142.415 m²*
Planung: *Stadtgartenamt (Fritz Kratochwjle)*
Verkehrsverbindung: *31, (31/5), 32, 20B Floridsdorfer Hauptstr., Am Hubertusdamm / S1, 2, 3, R15, 30 Strandbäder*

1. Kinderspielplatz
2. Storchendenkmal
3. Futterplatz
4. Gartenbezirk VII

Große Wasserflächen mit kleinen spitzen Brücken und einer unzählbaren Vogelschar prägen den Wasserpark, einen späten Ausläufer des englischen Gartenstils, der 1929 fertiggestellt wurde. Er liegt heute eingekeilt zwischen Floridsdorfer Hauptstraße, S-Bahn und Autobahn am nordwestlichen Ende der Alten Donau.

Geschichte und Gegenwart

Der Wasserpark ist eines der größten Projekte des Gartenamtes unter Direktor Kratochwlje in den zwanziger Jahren. Er entstand auf einem alten Wiesengelände, durchzogen von der „Alten Donau", die hier ein seichtes und sumpfiges Gelände bildete. Die Sanierung der Fläche wurde notwendig, da nach der Donauregulierung das ehemalige Donaubett langsam verödete und die wilden Ablagerungen entfernt werden mußten.

Die Naturgegebenheiten wurden ausgenutzt und die tiefer gelegenen Stellen ausgebaggert. Das Material wurde zur Niveauanhebung der übrigen Parkteile verwendet. Es entstanden zwei

Die Brücken sind hier typische Entwurfselemente

Ein Teichidyll

Der Schwarze Schwan, die Attraktion im Wasserpark

Teiche, die durch Kanäle verbunden sind. Ingesamt wurden rund 40.000 Kubikmeter Schottermaterial ausgebaggert und umgeschichtet, damit der östliche Parkteil ausreichend gefestigt und vor Ausschwemmungen geschützt werden konnte.

In der Mitte des Parks entstand eine große Insel mit Wiesenflächen und Landungsstellen. Die Wege wurden mit Gneissteinen eingefaßt und mit romantischen Laternen beleuchtet. Über die Kanäle wurden die in den zwanziger Jahren typischen steilen kleinen Brücken im japanischen Stil mit Eisengeländern gebaut. Die Wasserflächen standen früher auch für den Rudersport zur Verfügung, nach dem Dammbau für die U-Bahn-Linie 6 wurde die Verbindung zur Donau jedoch unterbrochen, und so haben sich die Ruderaktivitäten auf die Neue Donau verlagert. Die kleineren, seichteren Teiche sollten den Kindern als „wildes Bad" dienen, in Anlehnung an die in innerstädtischen Bezirken eingerichteten Kinderfreibäder. Inzwischen ist Baden, Rudern und Angeln jedoch verboten, auch Hunde dürfen nicht mit in den Park. Der Park selbst wurde als Landschaftspark gestaltet und in die umgebende Naturlandschaft eingepaßt.

Durch den Neubau der Floridsdorfer Brücke und den Bau der S-Bahn-Strecke gingen Teile des Parks verloren, und die Böschungen mußten neu angelegt werden. Jetzt wird er wieder neu bedrängt durch den Bau der U-Bahn-Linie 6, die mit ihrem Damm den Park berührt und einengt. Die vielen Verkehrswege in der direkten Umgebung führen zu einer starken Lärmbeeinträchtigung fast des gesamten Parks.

Raumerlebnis und Vegetation

Die vielen Wasserflächen, Wasservögel und die verwinkelte Wegeführung bestimmen das Bild im Park, ringsherum eingegrenzt durch die Dämme der Straßen- und Schienenwege. Durch sie, besonders durch ihren Lärm, ist das „Grün-Erlebnis" stark beeinträchtigt.

Ein Drittel der Parkfläche besteht aus Wasser. Den Untergrund bildet Donauschotter. Infolge des durchlässigen Bodens konnten daher nur Gehölzarten gepflanzt werden, die viel Trockenheit vertragen. Im nördlichen Teil ist inzwischen ein stattlicher tiefer Platanengrund entstanden. Weiters gibt es wunderbare alte Pappelbestände.

Der Wasserpark lockt insbesondere durch den dort angesiedelten Tierbestand, vor allem die Vogelwelt, Besucher an. Hier gibt es auf engem Raum viele Arten von Wasservögeln, wie Enten, Gänse, Reiher, zu beobachten – eine Gelegenheit, die heimische Vogelwelt näher kennenzulernen. Im Westen der Anlage sickert das Donauwasser als „warme Quelle“ durch den Hubertusdamm und verhindert dadurch das Zufrieren der Wasserfläche, selbst bei tiefsten Temperaturen. So entsteht ein natürliches Winterquartier für Stockenten, Möwen, Bleßhühner und andere Wasservögel, die hier vorüberziehen. Eine zoologische Rarität sind die schwarzen Schwäne oder Trauerschwäne, die hier im Wasserpark mehrmals im Jahr brüten. Zur Information der Parkbesucher über die rund 30 Tierarten des Parks – davon allein 20 Entenarten – wurde eine bebilderte Informationstafel aufgestellt. Die Wasserflächen sind durch die in den letzten Jahren stark ansteigende Populationsdichte durch Vogelkot extrem belastet.

Bauten und Denkmäler

Der Park bietet einen großen Kinderspielplatz, viele Ruheplätze und Sitzgelegenheiten, unter anderem wurde auch eine Seniorenecke eingerichtet. Weiters gibt es ein Storchendenkmal mit zwei gußeisernen Störchen.

Literatur

Auböck, Maria, *Die Gärten der Wiener,* Wien 1975, S. 62–63.

Kratochwjle, Fritz, *Die städtischen Gärten Wiens,* Wien 1931, S. 31–32.

Altarm in der Lobau

22. BEZIRK
DONAUSTADT

DONAUBEREICH WIEN

1. Fkk-Badebucht
2. Nordbrücke
3. Floridsdorfer Brücke
4. Nordbahnbrücke

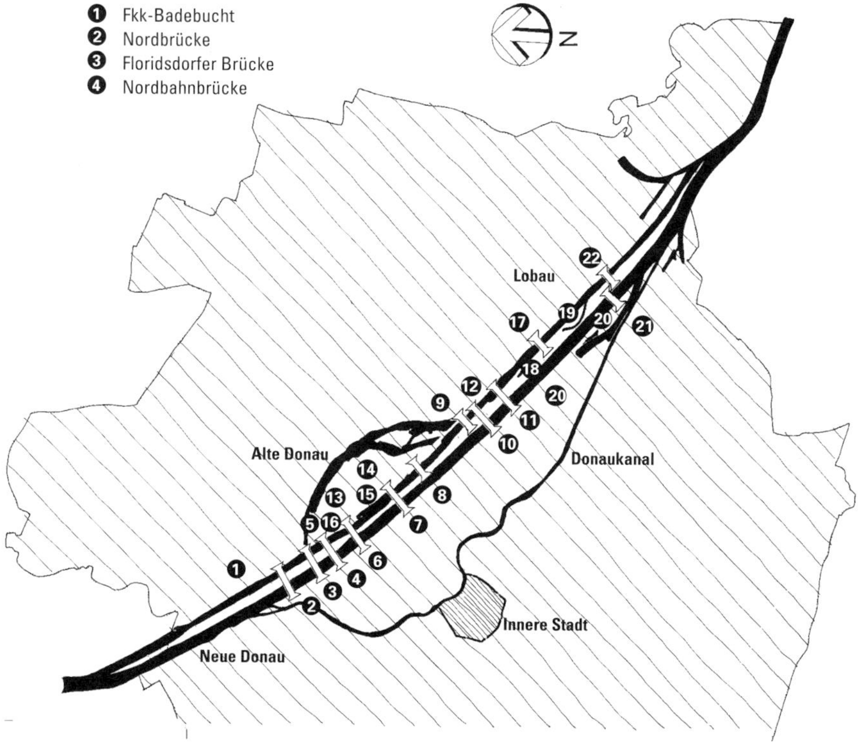

5. Sportplätze der offenen Tür
6. Brigittenauerbrücke
7. Reichsbrücke
8. Brücke Kaisermühlen
9. Wehr 1
10. Praterbrücke
11. Stadlauerbrücke/Ostbahnbrücke
12. Wasserschidorf
13. Donaupark
14. Uno City
15. Copa Cagrana
16. Islamisches Zentrum
17. Steinspornbrücke
18. Ruderregattastrecke
19. Naturschutzgebiet Toter Grund
20. Fähre
21. Kraftwerk Freudenau
22. Wehr 2

Lage: *2., 20., 21. und 22. Bezirk, Handelskai*

Größe: *300 Hektar Donauinsel, 100 Hektar linkes Ufer und 70 Hektar rechtes Ufer, 300 Hektar Neue Donau (Entlastungsgerinne)*

Planung: *Wilfried und Maja Kirchner, Ernst Heiss, Gottfried Hansjakob und Bruno Domany (Koordination)*

Verkehrsverbindung: *S1 Neue Donau/S80 Lobau/U1 Donauinsel/U6 Donauinsel ab 1996/31 (31/5), 32 Floridsdorfer Brücke; Längserschließung mittels 91A, 20b, 21, 80b Fähren „Nußdorf", „Friedenspagode", Übergang auf den 3 Wehren möglich*

Luftbild Donauinsel

„Wenn Sie Wien zu einer Weltstadt ersten Ranges machen wollen, so ist der Schlüssel hierzu die Donauregulierung!“ (Gemeinderat Josef Schnürer, 1865). – Eine der größten, interessantesten und am heftigsten umstrittenen Grünflächen der neueren Grünplanung in Wien ist die Donauinsel: ein grünes Band, das sich entlang der gesamten Stadt zwischen Donau und Neuer Donau erstreckt.

Geschichte und Gegenwart

Immer wieder im Laufe der Jahrhunderte hatten Hochwasserkatastrophen die Stadt und die donaunahen Bereiche unter Wasser gesetzt. Die Hochwasserkatastrophen von 1830 (Eisstoß) und 1862 (Stauflut) waren Anlaß für die 1870 begonnenen Arbeiten am Großprojekt des Donaudurchstichs, bei dem der heutige Verlauf des Donaustroms auf dem Wiener Stadtgebiet entstand.

Das letzte große Hochwasser von 1954 war schließlich Auslöser, weitere Verbesserungen des Hochwasserschutzes zu beginnen. Das neue Großprojekt „Hochwasserschutz Wien“ wurde in Angriff genommen. Hauptziel war es, weitere Katastrophen zu verhindern.

Badeurlaub in der Stadt

Bei der Dimensionierung orientierten sich die Planer an dem höchsten bekannten Hochwasser von 1501 mit einer geschätzten Durchflußmenge von 14.000 Kubikmetern pro Sekunde.

Bis 1969 wurden die Vorschläge, überwiegend wasserbautechnischer Art, zu einem Gesamtprojekt zusammengetragen und vom Gemeinderat genehmigt. Parallel zur Donau war im Zuge der ersten Regulierung (1870–1875) im linksufrig angelegten Überschwemmungs- oder Inundationsgebiet eine kanalartige Rinne gegraben worden. Mit den ausgehobenen Gesteins- und Erdmassen wurde nun eine 21 Kilometer lange und bis zu 200 Meter breite künstliche Insel zwischen Donau und dem neuen Entlastungsgerinne aufgeschüttet.

Erst 1972 beschloß der Gemeinderat auf Druck der Öffentlichkeit – inzwischen war eine Bürgerinitiative „Rettet die Lobau" (linksufriges Auwaldgebiet am unteren Ende der Insel) entstanden – einen Wettbewerb „Donaubereich Wien". Der Donaubereich sollte städtebaulich neu geordnet, Wien wieder an die Donau gebracht, die andere Seite der Donau, „Transdanubien", mehr zum Stadtzentrum hin orientiert und ökologische Fragestellungen bei der Ausführung des Hochwasserschutzes berücksichtigt werden. Die Lobaudotation kam erstmals ins Gespräch.

In einem zweistufigen Wettbewerb (1973/74 und 1974/77) wurden fünf Projekte ausgewählt. Die fünf Teams bildeten Arbeitsgruppen, die das Bauprojekt begleiteten, kritisierten und verbesserten (Architekten des Donaubereichs Wien: Erwin Christoph, Hannes Lintl, Harry Glück, Werner Höfer, Heinz Ekhart, Stefan Hübner, Heinz Marschalek, Helmut Ladstätter, Norbert Gantar, Hugo Potyka mit Konsulentengruppe; Landschaftsplaner: Maja und Wilfried Kirchner, Ernst Heiss und Gottfried Hansjakob; Koordination: Bruno Domany).

Wichtig bei den Planungen war die Nutzbarkeit der neu entstehenden Insel, der Ufer und der linken Uferzonen der Neuen Donau. Es entstanden Konzepte und Ausführungsvorschläge für den Nordteil (Wiener Pforte bis Nordbrücke), den Mittelteil (Nordbrücke bis Praterbrücke) und den Südteil (Praterbrücke bis Lobau/Albern) der Insel. Die Konzeptionen sollten gestalterisch differenzieren zwischen „naturnah" in den Randgebieten und „städtisch nutzbar" im Mittelbereich. Mehr als 13 Brücken wurden errichtet, um auf der gesamten Länge eine direkte Erreichbarkeit aus dem 21. und 22. Bezirk zu ermöglichen.

Mit dem Bau des Kraftwerks Freudenau wird das gesamte donauseitige Ufer der Donauinsel eingestaut, die Fließgeschwindigkeit der Donau verlangsamt sich, und der Wasserspiegel wird angehoben. Es kommt zu einem Flächenverlust entlang des Ufers. Viele vorhandene Ufer- und Weggestaltungen waren bereits auf diese Höhe hin berechnet und werden also ab 1996 erst richtig erlebbar sein. Die im Süden vorhandenen Fischerhütten auf Stelzen müssen der Umgestaltung voraussichtlich weichen. Mit dem Kraftwerksbau entsteht ein neuer direkter Zugang zur Insel vom 2. Bezirk aus. Bisher gab es im Süden nur die Möglichkeit, mit der Fähre beim Frachtenbahnhof Freudenau auf die Insel überzusetzen.

Die „Neue Donau", die Donauinsel und das linke Donauufer sind inzwischen zu einem der wichtigsten „Urlaubsorte" für die Wiener Bevölkerung geworden. Das in der Frühphase lange beargwöhnte Projekt – Verlust des beliebten Inundationsgebietes als Erholungsraum – verwandelte sich schon während des Baus zu einem neuen, nicht mehr wegzudenkenden Teil des Stadtbildes von Wien. Das „Entlastungsgerinne" wurde zur „Neuen Donau". Der Donauraum insgesamt wurde aufgewertet und in das Grünkonzept von Wien eingebunden. Die beiden Stadtregionen hüben und drüben der Donau, Cis- und Transdanubien, wurden enger miteinander verbunden.

Der Donaubereich wird als neue „grüne Mitte" der Stadt gefeiert. Die zirka 300 Hektar Wasserfläche und 470 Hektar Landfläche (Donauinsel und linkes Ufer der Neuen Donau) im Herzen der Stadt sind zu einer mit öffentlichen Verkehrsmitteln leicht erreichbaren Freizeitlandschaft geworden. Die agorahaften Gestaltungen erinnern an vielen Stellen an ein Amphitheater. Besonders im Mittelbereich gibt es eine große Anzahl einzelner Freiraumelemente, die hintereinander aufgereiht sind und deren einziger Zusammenhang das Publikum ist. Dabei besteht für alle die Möglichkeit, die Einsamkeit der Landschaft, sich selbst oder die Unterhaltungsangebote zu suchen.

Was von früher geblieben ist, sind die Boote der Daubel-Fischer, die am linken Donauufer entlang der gesamten Donauinsel liegen und deren überdimensionale Netze über der Donau schweben.

Raumerlebnis und Vegetation

Die Donauinsel, ein grünes Band inmitten der Stadt mit zwei ufernahen Begleitstraßen, vielen offenen heißen Flächen, mit wenig Schatten, fest verbauten Ufern, faszinierend nahe an der Stadt, leicht erreichbar, mit Blick auf den Kahlenberg und die gesamte Donau, ein Radlerparadies mit Grill- und Picknickplätzen – jeder sieht sie anders, genießt sie oder bleibt ihr fern, ein Streitobjekt in Wien.

„Der Raum, in einzelnen Schichten der Länge und Breite nach strukturiert, ist so weit eröffnet, daß alles ehemals Verborgene zum Exponat der Betrachtung werden muß: Nichts entzieht sich mehr dem Auge, alles ist für dieses gemacht. Eine große Inszenierung: Das Ambiente läßt Urlaub zum Plagiat seiner selbst werden; in der (zwangsläufig) zur Schau gestellten Zurückgezogenheit steckt

Daubelfischerboote

ebenso das Konzept des Animators wie im Fitnessparcours, in den Badetribünen der Bodybuilder und Tangamädchen bei der Reichsbrücke ebenso wie im arrangierten Grillabend. Brückenwiderlager sind zu großen Gästebüchern gestaltet worden, Natur ist als Ökozelle anschaulich konserviert" (Leopold Redl).

Im Mittelteil besteht eine strenge Gestaltung mit überwiegend heimischer Vegetation. Für die Besucher, die es etwas ruhiger lieben, bieten Nord- und Südteil der Insel ruhige Ecken mit Badebuchten, flachen Uferzonen, naturnahen Auwaldstücken und Ausblicken auf den Donaustrom und die Stadt. Es gibt noch ehemalige Altwässer der Donau, wie den „Toten Grund", aber auch naturnah angelegte „Donauarme" wie das künstliche Biotop „Tritonwasser". Im Süden und Norden der Insel orientiert sich die Pflege und Entwicklung an naturnahen Kriterien, geplant ist es dort die Einrichtung weiterer Feuchtbiotope.

Ausstattung

Die Nord- und Südteilabschnitte sind eher extensiv gestaltet, mit landschaftlich naturnahen Erlebnisräumen und einzelnen Freizeiteinrichtungen für Baden, Erholung und Sport. Der Mittelteil und die Uferzonen der Neuen Donau haben einen intensiv stadträumlich geprägten Charakter mit Gastronomiebetrieben, Freizeit- und Erholungseinrichtungen.

Sieben Minuten U-Bahn-Fahrt vom Stephansdom entfernt, bieten rund 40 Kilometer Strand im Sommer manchmal bis zu 150.000 Besuchern täglich Erholung und Entspannung. Mehrere Radverleihe, ein Tauchclub, Surfschulen, Segelzentren, Bootsverleihe, eine Regattastrecke, ein Wasserskilift, mehrere Sportzentren sowie die Sportplätze der offenen Tür und viele andere Freizeiteinrichtungen garantieren entlang der Insel für ein Riesenangebot an Abwechslung und Freizeitspaß. Im Winter ist die „Neue Donau" eine riesige spiegelglatte Eislauffläche.

Die Copa Cagrana auf der Insel und am linken Ufer der Neuen Donau, gegenüber der Uno-City bis hinunter zur Steinspornbrücke, ist Treffpunkt für kulinarische Vergnügungen und

Sitzplätze der Regattastrecke

Beliebte Radroute

Gestaltete Promenade

Rollhockey bei der Reichsbrücke

die Vorführung der neuesten Bademode. Im Sommer findet im mittleren Abschnitt alljährlich das Donauinselfest mit bis zu eineinhalb Millionen Besuchern in drei Tagen statt. Hier gibt es auch immer wieder Open-air-Konzerte.

Literatur

Der Aufbau, Wien 1981, Heft 7.

Domany, Bruno/Schwetz, Otto/Seidel, Guido, *Planung und Gestaltung des Donaubereiches,* Wien 1982.

Müllbauer, Edith, *Wiener Bezirkskulturführer. XXII – Donaustadt,* Wien 1985.

Redl, Leopold/Wösendorfer, Hans, *Die Donauinsel, ein Beispiel politischer Planung in Wien,* Wien 1980.

DONAUPARK

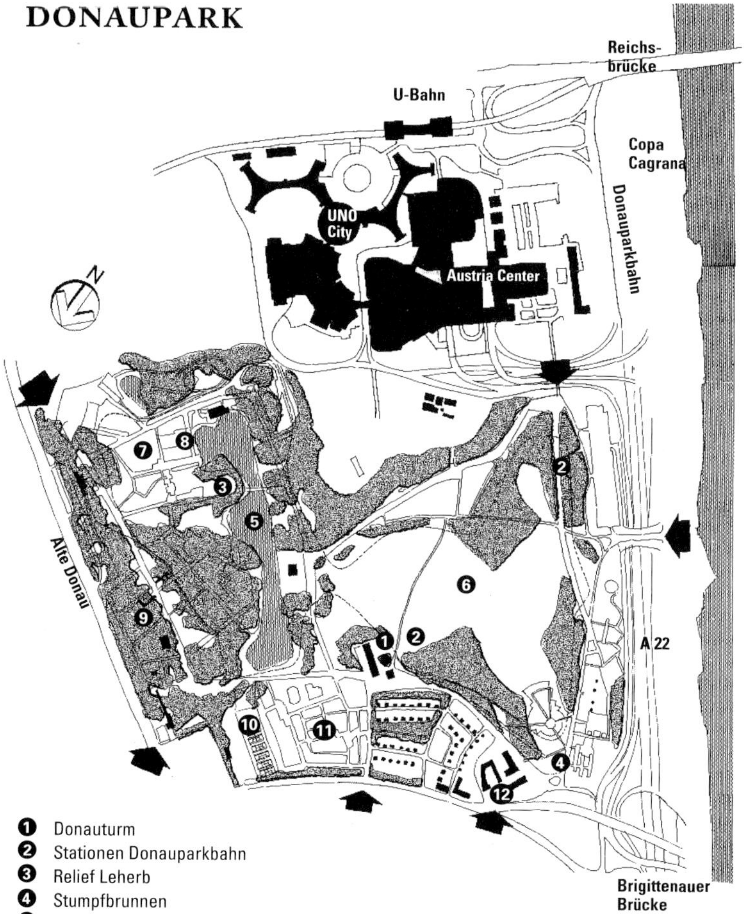

❶ Donauturm
❷ Stationen Donauparkbahn
❸ Relief Leherb
❹ Stumpfbrunnen
❺ Irissee
❻ Papstwiese
❼ Sommerblumenschau
❽ Rosenschau
❾ Kleingärten
❿ Tennisplatz
⓫ Streichelzoo
⓬ Gartenbezirk VII
⓭ Restaurant

Lage: *Arbeiterstrandbadstraße*
Größe: *100 Hektar*
Planung: *Stadtgartendirektion (Alfred Auer)*
Verkehrsverbindung: *U1 Alte Donau/20B Strandbad Alte Donau*

Irissee mit Restaurant

Zwischen Neuer und Alter Donau liegt der Donaupark, das größte Wiener Gartenbauprojekt nach 1945. Auf einer alten Mülldeponie unter Resten der Aulandschaft wurde hier eine abwechslungsreiche Parklandschaft im Stil der sechziger Jahre entwickelt, in der zwischen Gartenblumenschauen, Donauturm und Streichelzoo alles zu finden ist.

Geschichte und Gegenwart

In der Nähe der Reichsbrücke, zwischen Alter Donau und dem damals noch bestehenden Überschwemmungsgebiet, entstand zwischen 1961 und 1964 die erste „Wiener Internationale Gartenbauausstellung“ (WIG 64). Anschließend (1965) wurde das Gelände in den Donaupark umgewandelt.

Die etwa 100 Hektar große Fläche war eines der ersten großen Gartenprojekte jenseits der Donau, in „Transdanubien“. Zur Entwicklung der damals etwas verrufenen Gegend mit ihren bis zu zwölf Meter hohen Schutt- und Müllbergen, dem „Brettldorf“ und dem alten Floridsdorfer Exerzierplatz, der in der NS-Zeit ein berüchtigter Exekutionsplatz war, wurde zum ersten

Tulpenschau im Frühling

Mal in Österreich eine internationale Gartenbauausstellung durchgeführt. 1958 bewarb sich Wien beim „Bureau International des Expositions" in Paris um die offizielle Genehmigung für die „Olympiade der Gärtner". Die Ausstellung diente als Vehikel zur Sanierung des Geländes. Ein nationaler Wettbewerb brachte nicht die gewünschten Ergebnisse, und so wurde die Gesamtgestaltung dem damaligen Stadtgärtner Alfred Auer übertragen. Am 16. April 1964 eröffnete Bürgermeister Franz Jonas die Ausstellung, die bis zum 11. November ihre Tore geöffnet hatte.

Es war eines der aufwendigsten Gartenprojekte der Nachkriegszeit. Die Anlage hat den typischen Charakter der fünfziger und sechziger Jahre, die Reste der vorhandenen Auvegetation (alter Pappelbestand) wurden mit zum Teil sehr strengen Gestaltungselementen verbunden. Die Gartenschau ermöglichte es der Stadt Wien, die Verkehrsinfrastruktur über die Donau hinaus zu verbessern, es gab eine eigene Schnellbahnstation, und eine neue Schnellstraße wurde gebaut.

In Hallen und Zelten mit einer Gesamtfläche von 14.000 Quadratmetern wurden Blumenschauen zu den unterschiedlichsten Themen gestaltet, zum Beispiel „Blumen im Heim“ oder „Blumen auf Briefmarken“. Es gab Stauden- und Rosenvergleichsschauen, Sommerblumen-, Begonien- und Dahlienwettbewerbe, die teilweise heute noch jährlich durchgeführt werden.

Großen Eindruck machte der „Ruthner Turm“, ein Turmglashaus von acht Meter Durchmesser und 42 Meter Höhe, in dem dreidimensional auf 1000 Quadratmetern Gemüse platzsparend auf Fließbändern angebaut wurde. Die Besucher wurden auf einer heute noch bestehenden Schmalspurbahn („Liliputbahn“) und einem inzwischen abgetragenen Sessellift durch die Anlage gefahren. Zum Entlastungsgerinne, der „Neuen Donau“, führt eine „Grünbrücke“, über die man das Erholungsgelände entlang der Donau erreichen kann.

Auf der Fläche der WIG-Sonderschauen im Süden des Parks entstanden in den siebziger Jahren in der Nähe der „Donaupark-

Kinderflug mit der Spielrakete

Parkszenerie

Minibahn

Der Donaupark 1963

Blick vom Donauturm

Sessellift mit Berühmtheiten, 1963

Eishalle" der riesige Gebäudekomplex der UNO, die UNO-City, und das Austria Center. Die Parkfläche wurde um fast ein Drittel verkleinert. Die Müllablagerungen im Boden vor der UNO-City wurden in den letzten Jahren ausgebaggert und auf eine Sondermülldeponie geführt, die Eissporthalle wurde abgetragen. Auf diesem Areal wird in den nächsten Jahren die „Donaucity" entstehen.

Der Donaupark bietet den Parkbesuchern, insbesondere auch dem internationalen Publikum aus der benachbarten UNO-City, reichhaltige Möglichkeiten, sich zu treffen und zu erholen. 1994 feiert er mit Narzissen-, Rosen- und Dahlientaufen seinen dreißigsten Geburtstag.

Raumerlebnis und Vegetation

Der Donaupark ist ein bunter Park mit vielen versteckten Kleinigkeiten und einem reichhaltigen Angebot an Aktivitätsmöglichkeiten. Im Frühjahr und Herbst wird er besonders intensiv genutzt und ist vor allem für Kinder, Kleingärtner und Spaziergänger ein Anziehungspunkt. Sie genießen die Blumenrabatten und Rosendüfte, den Rundblick vom Donauturm und die Rutschen, Schaukeln und Sandkisten.

Zur „Urbarmachung" des Geländes wurden 900.000 Kubikmeter Erde bewegt, sieben Millionen Bäume, Sträucher und Stauden, zirka zwei Millionen Sommerblumen und mehr als sieben Tonnen Grassamen aufgewendet. Trotz des etwas problematischen Untergrundes konnten sich die meisten Pflanzen gut entwickeln. Zu den umgebenden Straßen hin wurde die Anlage mit einem Mischwald, vorwiegend bestehend aus Schwarzkiefern (Pinus nigra austriaca), Lärchen (Larix europaea und leptoloepis), Birken (Betula alba und verrucosa), Robinien (Robinia pseudoacacia), Ahornen (Acer campestre), bepflanzt. Zur Arbeiterstrandbadstraße hin gibt es noch einen Restbestand der ehemaligen Auvegetation, einen alten Pappelbestand. Der Irissee wurde 1993 saniert, er dient als Wasserreservoir für die Bewässerung der riesigen Pflanzflächen im Park und soll in Zukunft zu einem Lehrbiotop werden.

Bauten und Denkmäler

Nach der Gartenschau verschwanden viele der Sonderschauen und -bauten wieder. Paracelsusgarten, Rosenschau, Dahlienarena, Sommerblumenschau, der südlichste Heidegarten Europas, ein Vogelhaus, riesige Wacholderpflanzflächen, die Kleingartenmustersiedlung, der bewachte Kinderspielplatz mit Rohrgeräten aus den sechziger Jahren, ein Streichelzoo, Tennisplätze und viele andere versteckte Kleinigkeiten sind jedoch auch heute noch zu besichtigen und zu benutzen. Zentraler Treffpunkt im Park ist der Donauturm (252 Meter hoch) mit seinen in 150 Meter Höhe liegenden Aussichtsterrassen und dem Restaurant, die sich langsam um die Turmachse drehen und an schönen Tagen einen prachtvollen Ausblick über Wien und die Umgebung bieten.

Die größte zusammenhängende Rasenfläche, zirka 20 Hektar, liegt unterhalb des Donauturms. Seit dem Papstbesuch 1983 wird sie „Papstwiese" genannt. Sie ist ein Tummelplatz für Frisbee-Spieler, Jogger und Menschen, die Drachen steigen lassen.

Schachspieler

Picknick im Park

Der Irissee, ein künstlich angelegtes Gewässer, ist ein typisches Beispiel für die Gartenkunst der frühen sechziger Jahre. Vom Bergcafé und dem Seerestaurant sollte der Besucher über eine Seenlandschaft blicken. Das Café ist inzwischen in eine Pergola mit einem Bodenbelag von Mike Lee umgestaltet worden. Eine Seebühne mit gegenüberliegender Tribüne und 3000 Plätzen wurde in den siebziger Jahren abgetragen.

Im Park gibt es einige interessante Plastiken, Mosaike und Brunnen, etwa einen Brunnen von Josef Seebacher und Heinrich Deutsch, ein keramisches Relief „Kaffeehausszene“ von Helmut Leherb (1993/94 restauriert von Hermann Bauch), nördlich des Irissees eine Freiplastik „Paracelsusdenkmal“, ein von der Landeshauptstadt Salzburg 1964 gestifteter Gedenkstein mit Porträtrelief des Arztes und Philosophen Philippus Aureolus Theophrastus Bombastus von Hohenheim, genannt Paracelsus, eine abstrakte Bronzeskulptur „Figur“ von Johann Avarmidis von 1967 beim Vogelhaus mit Freivolieren, ein Mosaik von Loew (1974) und ein Bodenschachspiel von Susanne Peschke-Schmutzer (1966).

Literatur

Auer, Alfred/Kutschera, Hans/Schmid, Elfriede, *Die Gärten der Republik.* In: *Wien und seine Gärten,* Wien 1974, S. 115–117.

Koller, Rudolf, *WIG 64 und Donaupark.* In: *Der Aufbau,* Heft 3/1964.

Müllbauer, Edith, Wiener Bezirkskulturführer. *XXII – Donaustadt,* Wien, 1985, S. 52.

Loidl-Reisch, Cordula, *Donaupark – WIG 64.* In: *Historische Gärten in Österreich,* hg. v. Österreichische Gesellschaft für historische Gärten, Wien 1993, S. 308–311.

Blick in die Wiener Lobau, eine europäische Flußlandschaft

DIE LOBAU

Lage: *am nördlichen Donauufer unterhalb von Kaisermühlen und Aspern*
Größe: *2160 Hektar, davon 1260 Hektar Wald*
Verkehrsverbindung:
91A Steinspornbrücke oder Panozzalacke/93A Lobaugasse/99B Auerheimergasse, Kirschenallee

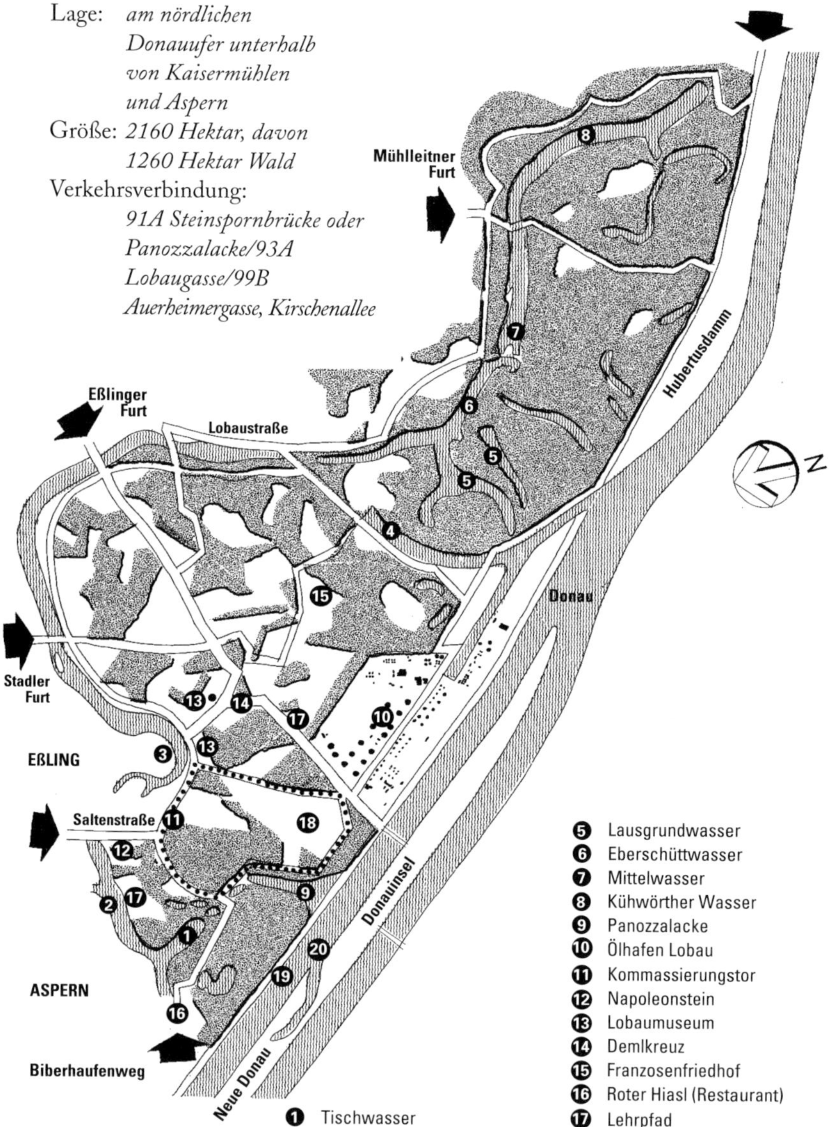

1 Tischwasser
2 Mühlwasser
3 Oberleitnerwasser
4 Donau-Oder-Kanal
5 Lausgrundwasser
6 Eberschüttwasser
7 Mittelwasser
8 Kühwörther Wasser
9 Panozzalacke
10 Ölhafen Lobau
11 Kommassierungstor
12 Napoleonstein
13 Lobaumuseum
14 Demlkreuz
15 Franzosenfriedhof
16 Roter Hiasl (Restaurant)
17 Lehrpfad
18 Napoleons Hauptquartier
19 Uferhaus (Restaurant)
20 Wehr 2

„Urwald", städtische Natur, zweites Kaffeehaus – im Sommer ist die Lobau ein riesiger Freilufttreffpunkt für die Stadtbewohner. Zwischen Gelsen, Froschquaken und Vogelgesang liegen sie an den Lacken und auf den Wiesen und genießen ihre Aulandschaft.

Geschichte und Gegenwart

In früheren Zeiten war die Lobau – der Wasserwald – ein von Donauarmen begrenztes Augebiet nahe Eßling. Kaiser Heinrich II. schenkte diese Insel dem bayrischen Kloster Weihenstephan. Von diesem kam es einige Zeit später in den Besitz des Bistums Freiburg. Im 15. Jahrhundert errichtete eine Schar Hussiten unter ihrem Hauptmann Sokol in der Lobau einen „Räuberstaat". Die Aulandschaft war bis ins 18. Jahrhundert ein bevorzugtes Jagdgebiet der jeweiligen Herrscher. Kaiser Franz I. kaufte das Gebiet der Lobau vom Bistum Freiburg.

1809 schlug Napoleon in der Lobau mit 90.000 Mann sein Hauptquartier auf. Die sumpfige, unübersichtliche Landschaft mit dem weitverzweigten Netz von Nebenarmen und Inseln dürfte den Aufmarsch und Nachschub der napoleonischen Truppen behindert haben, sodaß Erzherzog Karl ihn in der Schlacht von Aspern besiegen konnte.

Zu Beginn des 19. Jahrhunderts begannen erste Befestigungsarbeiten an den Seitenarmen der Donau, und die Donauregulierung von 1875 brachte eine Verlegung des Hauptstroms nach Süden; das Gelände der heutigen Lobau entstand. Die Auen der Lobau wurden damals durch den Kaisermühlendamm von den notwendigen Überflutungen abgeschnitten, seit dieser Zeit hat die Aulandschaft immer wieder mit Wasserproblemen zu kämpfen.

1905 wurden die Auen zum Schutzgebiet erklärt, und 1917 verzichtete Karl I. auf sein Jagdrecht in der Oberen Lobau, die nach dem Ende der Monarchie an die Gemeinde Wien fiel. Die Untere Lobau ging nach Kriegsende zunächst in den Besitz der Republik über und 1937 ebenfalls an die Gemeinde Wien.

Von 1926 bis 1938 war die Lobau – nunmehr ein Naturschutzpark, von einem drei Meter hohen Zaun umgeben – gegen

Der „Urwald“ in Wien

Wasserlandschaften im Hochsommer

Kinder im Schilf

ein geringes Entgelt von Ostern bis Allerheiligen zugänglich. Teile des Auwaldes wurden in dieser Zeit in Ackerboden umgewandelt. 1938 fügten die Errichtung des Öllagers, der Pipeline und die Trassierung des Donau-Oder-Kanals, der hier in den Strom einmünden sollte, der Lobau bleibende Wunden zu. Erst nach dem Zweiten Weltkrieg entwickelte sie sich langsam wieder zu einem Erholungsgebiet. 1977 wurde die Lobau von der UNESCO als „Biosphère Réservée“ und 1978 von der Wiener Landesregierung zum Naturschutzgebiet erklärt. Die Stadt begann, in der Oberen Lobau Wildbadeplätze, Lagerwiesen, Spielflächen, Rad- und Wanderwege anzulegen.

Inzwischen erschließt ein sehr gut markiertes Rad- und Wanderwegenetz die Schönheit dieser Landschaft. Zur Donauinsel hin gibt es am Ölhafen beim Wehr 2 und über die Steinspornbrücke eine Verbindung zur Lobau. In Höhe der Panozzalacke ist eine neue Holzbrücke zur Insel im Bau. Die schönsten Wildba-

Große Gehölze prägen die Gegend

Uferszenerie

deplätze der Lobau liegen an der Panozzalacke, am Biberhaufenweg, am Schilfweg und am Donau-Oder-Kanal. Auf der „Festwiese“ oder der „Viererwiese“ tummeln sich im Sommer die Sonnenhungrigen. Insbesondere die Obere Lobau ist mit Freizeiteinrichtungen erschlossen, die Untere Lobau, als Kern des Naturschutzgebietes, wird eher für die ruhigere Erholung und die Naturbeobachtung genutzt.

Der Flächenverlust der Lobau ist durch die Vergrößerung des Ölhafens noch gestiegen. Abwasser-, Öl- und Fernleitungen queren das Naturschutzgebiet und stören das Landschaftsbild der Au. Trotzdem wächst ihre Bedeutung im Rahmen der derzeitigen städtebaulichen Entwicklung immer mehr.

Raumerlebnis und Vegetation

Eine Auwaldlandschaft mit kleinen und größeren Wasserflächen, wilden, wüsten Röhrichtzonen, heißen trockenen Wiesen mit dornigen Sträuchern, Vogelgezwitscher, Froschgequake, unzähligen „Gelsen", immer wieder neu zu entdeckenden versteckten Ecken und Wegen.

Die Lobau ist ein wichtiger Bestandteil des geplanten Nationalparks „Donau-March-Thaya-Auen". Der Landschaftsraum umfaßt die jüngsten Schotteraufschüttungen der Donau, jene Gebiete, die geologisch als Praterterrassen bezeichnet werden. Die durchströmende Donau ließ hier mannigfaltige Lebensräume für Flora und Fauna entstehen.

Der Auwald der Lobau ist der am stärksten vom Wasser abhängige Waldtyp. Er besteht aus Altarmen, Autümpeln, breiten verschilften Seen, Waldflächen mit zum Teil mächtigen alten Baumbeständen, savannenähnlichen Heißländen, Wald- und Feldrainen, Wiesen und Ackerflächen. In den Tümpeln und Gewässern tummeln sich Amphibien und Fische. Vor der Regulierung von 1875 wurden die heutigen Altarme regelmäßig von der Donau überflutet, heute verursacht die Eindämmung der Donau eine drastische Grundwasserabsenkung, und der Wasserstand in den alten Augewässern sinkt. Zur Verbesserung der Situation wird aus der Neuen Donau Wasser in das Altarmsystem gepumpt.

Die Heißländen sind Schotterinseln („Häufel"), die bei extremen Hochwässern im Fluß aufgeschüttet wurden. Die Heißländen der Lobau gehören mit ihren Orchideen und den sonstigen reichhaltig blühenden, Trockenheit liebenden Pflanzenarten zu den schönsten in Österreich.

Die Lobau und die angrenzenden Donauauen bilden eine der letzten geschlossenen Flußauen in ganz Mitteleuropa. Sie sind Lebensraum für eine große Anzahl bedrohter Tier- und Pflanzenarten, unter anderem für die berühmten Donauhirsche mit ihren gewaltigen Geweihen. Hier leben Greifvögel, Reiher und Störche und viele Wasservögel und eine bunte Vielfalt von Insekten und Reptilien.

Nach dem Zweiten Weltkrieg entwickelte sich vor allem in der Oberen Lobau eine intensive Landwirtschaft. Die Forstverwaltung versucht heute, diese Flächen in Wald- und Wiesenflächen rückzuverwandeln.

Bauten und Denkmäler

Aus napoleonischer Zeit stammt die Napoleonschanze am Oberleitner Wasser, an der Napoleonstraße soll der kleine Franzose auf eine Pappel gestiegen sein, um nach den Österreichern Ausschau zu halten, und am Ende der Straße zeigt der Napoleonstein, ein Obelisk, die Stelle, an der die Franzosen einen Wasserarm überquerten. Auf dem Friedhof der Franzosen am Mukischen Grund markiert ein weiterer Obelisk die Stelle, an der 3000 Franzosen begraben liegen. Unweit von hier steht auch ein Pulvermagazin der napoleonischen Armee. In der Nähe der Panozzalacke befindet sich der Gedenkstein „Napoleons Hauptquartier".

Das Lobaumuseum im denkmalgeschützten Vorwerk eines ehemaligen Gutshofes gewährt den Besuchern Einblick in die Zusammenhänge der Natur in diesem Bereich (Öffnungszeiten: Sonn- und Feiertag von 14 bis17 Uhr, nach Voranmeldung auch wochentags). Das Demel-Kreuz erinnert an den 1920 erschossenen Stadtschutzwachmeister Franz Demel, und am Komassierungstor wird man an die Zeit erinnert, als die Erholungssuchenden in der Lobau Eintritt zahlen mußten. Heute noch existiert am nordwestlichen Ende der Lobau die Gastwirtschaft „Roter Hiasl", die 1862 von dem rothaarigen Galizier Mathes Turnowsky in einer Landhütte neben einer alten Schiffsmühle am Biberhaufenweg eingerichtet wurde. Sie ist ein beliebtes Ausflugsziel für Lobaubesucher.

Literatur

Graher, Hans Peter, *Nationalpark Donau-March-Thaya-Auen,* Wien 1991.

Müllbauer, Edith, Wiener Bezirkskulturführer. *XXII – Donaustadt,* Wien 1985.

Naturschutzgebiet Lobau, hg. v. Stadt Wien, Wien, 1981.

Naturlehrpfad Obere Lobau, hg. v. Stadt Wien, MA 49 Forstamt und Landwirtschaftbetrieb, Wien 1992.

Blick über Hügel und Wälder

WIENERWALD UND HÖHENSTRASSE

1. Kirche + Kloster Leopoldsberg
2. Kahlenbergerdorf
3. Kahlenberg
4. Schloß Kobenzl
5. Fischerhaus
6. Villa Kraus
7. Habsburgerwarte
8. Stefaniewarte
9. Josefinenhüttel
10. Jägerwiese
11. Gasthaus Grüß-di-Gott-Wirt
12. Gasthaus Häuserl am Stoan
13. Gasthaus Häuserl am Roan
14. Krapfenwaldlbad
15. Parkplätze
16. Kinderspielplätze

Lage: *nordwestliche Wiener Stadtgrenze*
Größe: *ca. 50.000 Hektar*
Planung: *Erich Leischner und Alfred Fetzmann*
Verkehrsverbindung: *siehe Lageplan*

Wie kam es zu diesem Wiener Wald, von dem man in Literatur und Musik schwärmt? Wien ist eine von den wenigen Metropolen Europas, die auf ihrem eigenen Stadtgebiet eine Großlandschaft, wie es der Wienerwald bis heute ist, verwalten kann.

Geschichte und Gegenwart

Die Gründung von Stift Klosterneuburg (1106) und von Stift Heiligenkreuz (1135) stehen in unmittelbarem Zusammenhang mit den Waldgebieten Wiens. Diese weitläufigen Besitzungen der zwei Klöster haben über die Jahrhunderte durch die Zunahme an Siedlungsdichte und durch den vermehrten Straßenbau Einbußen erlitten. Das gesamte Wiener Becken war ursprünglich Waldland, heute hat die Stadt Wien mit den Waldgebieten im Westen, im Norden und Osten der Stadt einen Landschaftsraum, der nicht nur gesichert, sondern auch laufend weiterentwickelt werden muß.

Seit dem frühen Mittelalter ist der Wienerwald ein Wirtschaftsraum, der geplant und verwaltet wurde. Die Forstmeister der Babenberger sind etwa ab 1235 bekannt, später wurde das

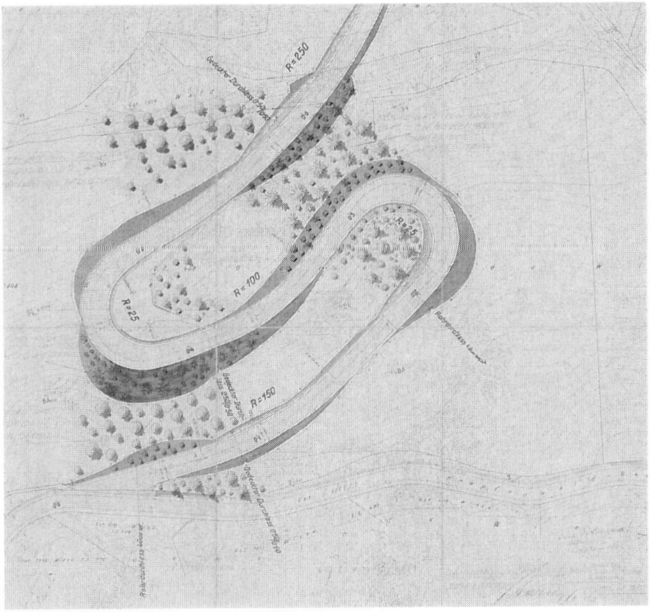

Cerny: „Ein Bepflanzungsplan", 1935

Hans Frank: „Kehre der Höhenstraße beim Krapfenwaldl", 1937

Waldamt mehrmals verpachtet. Die Kaiser verpfändeten auch den Wienerwald bei Bedarf, 1755 trat Maria Theresia den Besitz an den Staat ab. 1873 wurde schließlich der Wienerwald der „k.k. Forst- und Domänendirektion" unterstellt. Seit 1925 untersteht er der Verwaltung der österreichischen Bundesforste und dem Forstamt der Stadt Wien.

Die größte Gefahr für den Bestand sollte Ende des 19. Jahrhunderts gebannt werden: „Da dem Finanzministerium auf Grund der Kameraltaxe der Hiebsatz als zu gering erschien, wurde die Umtriebszeit von 120 auf 100 Jahre herabgesetzt und gleichzeitig der Hiebsatz auf 140 bis 190% des Durchschnittseinschlages gesteigert" (Elisabeth Johann). Der Wiener Holzhändler Moritz Hirschl war Hauptkäufer, erst massive Proteste aus der Bevölkerung und das langjährige Bemühen des Landtagsabgeordneten Josef Schöffel (1832–1910) bewirkten, daß die Verträge 1872 storniert wurden. Fast ein Viertel des Wienerwaldes war bereits kahlgeschlagen.

Die Buchenwälder sind typisch für Wien

Aussichtswarte

Man forstete wieder auf und erreichte am 24. Mai 1905, daß der Gemeinderat den „Wald- und Wiesengürtel" zur Sicherung dieses bedeutenden Landschaftsteils beschloß und den Bau der Höhenstraße bewilligte. Diese sollte auf 29 Kilometer Länge und einer Breite von acht Metern errichtet werden. Der Verlauf war etwa 183 Meter über dem Wasserspiegel der Donau geplant, wobei die Steigungen sechs Prozent nicht überschreiten sollten. Die Idee zu dieser Aussichtsstraße war bereits in dem Projekt von J. Stübben 1894 für den „General-Regulierungsplan" der Stadt enthalten gewesen.

Die Höhenstraße ermöglichte nicht erst das stadtnahe Wandern, der Ausflug am Wochenende gehörte schon lange zum Wiener Freizeitrepertoire – die Höhenstraße machte den Ausflug bequemer und modern, wie Peter Turrini schreibt: „Der Wiener geht nämlich an Wochenenden in den Wienerwald, und er erreicht ihn auf mehrere Arten. Im Opel Kapitän, oder mit dem

Panoramastraße

Fahrrad und umgehängtem Transistorradio, oder zu Fuß: in Bergschuhen, Stutzen, Knickerbocker, Anorak und mit umgeschnalltem Rucksack. Im Rucksack befindet sich eine rechteckige Aluminiumdose mit Luftlöchern. In der Aluminiumdose befinden sich belegte Brote, hartgekochte Eier, Radieschen und etwas Salz, welches in eine Papierserviette eingewickelt ist. In letzter Zeit sieht man immer weniger Rucksackmenschen und immer mehr Opel Kapitäne."

Raumerlebnis und Vegetation
Der Wienerwald ist eine einzigartige Wald- und Wiesenlandschaft, deren weiche Hügel, Täler und Bachläufe eine spezifische Qualität der Wiener Landschaft sind. Die Monotonie der Buchenwälder hat wie manche überalterten Pappelbestände an der Alten Donau und der Lobau ihren eigenen Reiz, obwohl diese aus forsttechnischen Gründen manchmal kritisch gesehen

werden. Diese landschaftstypischen Bestände bieten zusammen mit den Maßnahmen der Landschaftspflege und der Aufforstung für eine Metropole ungewöhnliche Raumerlebnisse.

Die in Wien wichtigsten Waldgesellschaften sind der Traubeneichen-Hainbuchen-Wald und der Rotbuchenwald. In den Donauauen ist die Verteilung der Waldgesellschaften von der Höhe des Standortes und dem Alter der Böden abhängig, man unterscheidet „harte“ und „weiche“ Au. Die Donauregulierung hat seit 1875 eine Grundwasserabsenkung von rund zwei Metern herbeigeführt, sodaß Lobau und Prater nur mehr als Relikte der ehemaligen Auen zu verstehen sind.

Heute sind die stadtnahen Wälder die durch Luftschadstoffe am stärksten belasteten Waldgebiete Österreichs.

Bauten und Denkmäler

Im Wienerwald sind sehr viele Bauwerke und Anlagen zu finden, deren Geschichte eng mit der des Waldes verbunden ist: das Kahlenbergerdorf auf dem Kahlenberg, Kirche und Kloster Leopoldsberg, Schloß Cobenzl und ehemaliger Landschaftsgarten, Villa Kraus, zahlreiche Ausflugsrestaurants und Gaststätten …

Die Höhenstraße wurde bis in die dreißiger Jahre unseres Jahrhunderts gebaut. Sie ist eine Panoramastraße, die sich durchaus mit der Hügelstraße in Florenz (1861) und der Passegiata Margherita in Rom (1884) messen kann.

Literatur

Turrini, Peter *„Wien, Wien allein“*, Darmstadt 1987, S. 153f.

Johann, Elisabeth, *Der Wienerwald.* In: *Österreichische Forstzeitung,* Juni 1993, S. 10–12.

Haubenberger, Gottfried, *Die Wälder in Wien.* In: *Wiener Landschaften,* Katalog, Wien 1993, S. 146.

Rigele, Georg, *Die Wiener Höhenstraße. Autos, Landschaft und Politik in den dreißiger Jahren.* Wien 1993, S. 109.

Zwischen Beserlpark und Gstetten

Welche Bedeutung haben Grün und öffentlich nutzbare Freiräume in der Stadt?

Die Suche der Stadtbewohner nach Ausgleich und Erholung, Ruhe und Harmonie, Abwechslung und Erlebnis beginnt direkt in ihrer alltäglichen Umgebung. Wohnen und Wohnumgebung sind untrennbar miteinander verbunden. Zu einem „vollständigen Wohnraum" gehört laut Gert Gröning neben Küche und Bad und einer ausreichenden Anzahl an Zimmern auch ein Stück privater Freiraum, der möglichst von der Wohnung aus erreichbar ist. Dies ist bei der Enge, besonders der älteren Wohnquartiere, in der Stadt jedoch häufig nicht möglich. Die Wohnumgebung und die städtischen Freiräume müssen inmitten der städtischen Gegebenheiten den alltäglichen Bedürfnissen und Aktivitäten nach Muße und Kommunikation, Spiel und „Naturgenuß", der Entwicklung der Kinder, den großen und kleinen Einkäufen, Kundgebungen und öffentlichen Veranstaltungen Raum bieten.

Der öffentliche grüne Raum entspricht meist nicht dem Traum einer heilen Welt. Er dient inzwischen zwar schon längst nicht mehr der Dekoration oder der Repräsentation für den Hof der Herrscher und ist meistens alles andere als zum Träumen gemacht. Hier gibt es hektische und ruhige Orte, die vielfältig genutzt werden und besetzt sind von den unterschiedlichsten Ansprüchen – Sportflächen, Wohnbauten, Straßen, Plätze, Spielplätze, Friedhöfe, Marktplätze, Innenhöfe und vieles mehr gehören dazu und bilden Bereiche mit den unterschiedlichsten Qualitäten.

Diese moderne städtische Landschaft wird von einem bunten Gemisch von Stadtbewohnern aller Altersstufen und Couleurs genutzt: von Kindern und alten Damen, Managern und Ökofreaks, Junkies und Geistlichen. Das Selbstverständnis in der Nutzung hat sich geändert, alte Muster gelten längst nicht mehr, der Großvater ist mit dem Walkman unterwegs, und die Fünf-

Da geht's rund

zehnjährigen spielen Mozart in der Fußgängerzone. Pendler, Erholungssuchende, Einkaufsbummler, Kulturliebhaber und viele mehr benutzen die städtischen Freiräume.

In der hochtechnisierten Welt ist das Interesse an unseren Grünräumen gestiegen, und gerade in der letzten Zeit wird im Rahmen der Stadterweiterung in Wien vermehrt darüber diskutiert, wie viele Gebäude wir brauchen und wieviel Außenraum dazu notwendig ist. Die Ergebnisse fallen meist zuungunsten der öffentlichen grünen Räume aus.

Das Geheimnis von Wiens grünen Räumen liegt in der Vielfalt ihrer verschiedensten Formen von Grün, die das Stadtbild prägen: die direkte Wohnumgebung mit ihren kleinen Gärten und Gärtchen, die Naherholungsflächen, das Funktionsgrün, auch „Abstandsgrün" genannt, die großen zusammenhängenden Grüngebiete im Randbereich der Bebauung, die zum Teil bis fast ins Zentrum hineinragen – etwa der Prater –, die in die umgebende Landschaft hinausgreifenden Flächen des Wienerwaldes und der Lobau und natürlich der weite Landschaftsraum der Donau.

Entspannung im Schönbornpark

Idyllen von heute

Der direkte Bezug der Wiener zu ihrer Wohnumgebung, zu ihrer Idealstadtlandschaft um die Ecke, zu den Innenhöfen, den Vorgärten, dem Balkon oder der Loggia zeigt sich in der „kleinen Gartenkultur“, in vielfältigen Maßnahmen vom Blumenkübel bis zur Gartenbank, die sehr persönlich geprägt sind. Hier kommt der individuelle Geschmack derjenigen zum Ausdruck, die die Räume pflegen und benutzen. Die Wohnung wird erweitert, es gibt Sitzecken und Sandkisten und manchmal auch nur eine Klopfstange. Die Höfe sind Treffpunkte und Spielplatz, über die Balkonpflanzen gibt es Kontakt zum Nachbarn, ein vielfältiger Austausch kann stattfinden. Manche Höfe und Vorgärten dienen auch nur der Dekoration: Der Rasen und die Pflanzen werden gepflegt und von jeder Benutzung freigehalten, eifrige Hausbesorger bewachen die Anlagen.

Zwischenräume

Die Erweiterung zur direkten Wohnumgebung bilden die Straßenräume, die Restflächen am Straßenrand oder zwischen zwei Fahrstreifen, die Plätze und die kleinen Parkflächen, die „Beserlparks". Sie gehören zum „Grätzl" und sind kleine Teilstücke im Mosaik des Stadtgrüns.

In den Beserlparks trifft man und frau sich, verzehrt die Mittagsjause und hält einen Plausch mit den Freunden, die auch schon jahrelang hierherkommen und „ihre" Bank in der Sonne genießen. Die Kinder toben in der Sandkiste oder über die Klettergeräte, beobachtet von besorgten Müttern und Vätern, die darauf achten, daß die lieben Kleinen nicht zu schmutzig werden. Die Jugendlichen erobern bestimmte Plätze als Treffpunkte oder nutzen die Stufen und Rampen als Skateboardbahn, bis sie wieder vertrieben werden.

Großes Match

Zwei Sandler am Karlsplatz

Die Straßenräume sind häufig eng und schmal und von Autos zugeparkt, es sind Durchgangsräume, die manchmal an den Straßenbahnhaltestellen oder an den Straßenecken kleine Aufweitungen haben, wo Würstelstände stehen und Platz ist zum Stehenbleiben, zum Erzählen und Schauen.

Parkkultur

„Park – das ist die im Schatten lagernde
Picknickgesellschaft, sind Kahn auf dem Teich
und träumende Paare;
Kindergeschrei beim Drachensteigen, Wolkenfetzen
in frischem Wind, bunte Früchte und trauernder
Rückblick auf den vergangenen Sommer;
Schlittschuhlaufen in der Neujahrsnacht, dick
vermummte Gestalten in der fahlen Wintersonne;
aufrechtes Promenieren um die Stadt nach
überstandenem Winter, in blühenden Wiesen in der
Vorfreude auf lauwarme Nächte.
Park – das ist die trivial formulierte Sehnsucht
nach einer heilen bürgerlichen Stadt“ (Peter Latz).

Parklandschaften unterstützen das ökologische Gleichgewicht in der Stadt. Natur in der Stadt heißt Baum, Beet, Hecke, Rasen, aber auch wasserdurchlässiger Belag auf den Wegen, weiter Platz, hohe Mauer, offengehaltene Frischluft- oder Sichtachse.

Die großen Parkanlagen in der Nähe des Stadtzentrums von Wien, aber auch die am Rand der Stadt sind insbesondere Treffpunkte. Jede Gruppe, seien es Pensionisten, ausländische Mitbewohner, Kinder, Sandler oder Jugendliche, hat ihre Orte und Plätze in den Anlagen. Hier sitzen sie zusammen, spielen, picknicken, diskutieren die Tagespolitik oder schauen einfach nur. Es sind insbesondere Gruppen, die sonst wenig Möglichkeiten haben, ins „Grüne" zu fahren. Für sie ist der Park, zumindest im Sommer, wie ein zweites Wohnzimmer. Die Studenten nutzen die Parks, um in der Sonne zu lernen, und Liebespaare finden hier heimliche und ruhige Ecken.

Im Park treffen sich Gaukler, Gitarrespieler, Schachspieler, Schlittschuhläufer, Skateboardfahrer, Murmelspieler, Maler, Sonnenanbeter, Zeitungsleser, Taubenfütterer und viele mehr. Der Park – ein öffentlicher Raum, der den ganzen Tag Betrieb bietet, ein fröhliches Treiben mit Gewächshäusern, Maroniständen, Ateliers, Theater und anderen Überraschungen. An vielen Stellen ist er auch ein poetischer Ort, der an die Vergangenheit erinnert und von seiner Geschichte erzählt. Die Parkanlagen an der Ringstraße werden auch von nach den anstrengenden Besichtigungstouren in der Innenstadt müden Touristen als Erholungsstätten genutzt. Hier finden sich einige Restaurationen und Kaffeehäuser, die in der Sommerzeit zu einer Melange mit Apfelstrudel im Freien einladen, etwa das Café im Glashaus des Burggartens oder die Meiereien im Volkspark und im Stadtpark.

Alltägliche Rituale im Park

Der tägliche Gang zum Spielplatz ist das wichtigste für die Kinder, im Sommer sind die Sandkisten in den Parks meist überfüllt. Die Mütter und Väter müssen mit. Sie treffen sich am Rand der Spielplätze, lesen Zeitung, trösten, schlichten Streit und kaufen Eistüten. Einige Parks bieten für Kinder besondere Attraktionen: In Schönbrunn zum Beispiel gibt es den Tiergarten und das Schmet-

Subversive Futterstellen in den Hecken

terlingshaus, auf der Donauinsel ein reichhaltiges Angebot von der BMX-Bahn bis zur Wasserrutsche, im Wurstelprater alles vom Autodrom bis zum Lachkabinett oder Ponyreiten und im Böhmischen Prater am Laaer Berg die alten Ringelspiele und Karussells.

Viele Parks dienen allmorgend- und abendlich den auf ihre Gesundheit Bedachten als Trainingsstrecke für ihren Rundkurs. Wiens Straßen und Parks sind insbesondere beim Wiener Frühlingsmarathon ein Mekka für die Läufer. Beliebte Strecken gibt es im Prater mit der Hauptallee, in der Unteren Lobau, im Wienerwald, im Lainzer Tiergarten, auf der Perchtoldsdorfer Heide, im Türkenschanzpark oder hinauf auf den Kahlenberg.

„Lebensräume"?

Die Parks, Plätze und Beserlparks sind häufig Treffpunkte für die Vergessenen, die Randgruppen: Alkoholiker, Sandler und Drogenabhängige. Für diese Gruppen werden die Lebensräume in der Stadt immer weiter eingeengt, die öffentlich zugänglichen Grün- und Freiräume sind oft ihre letzten Rückzugsorte. Die Parks werden von ihnen im Sommer häufig als Wohnraum und Schlafplatz genutzt.

Radtour am Wienerberg *Jogger im Schnee*

In letzter Zeit kam es in Wien zu einer erregten Diskussion über die Parköffnungszeiten, da die Parks inzwischen wieder vermehrt nachts versperrt werden. Begründet wurde dies mit dem zunehmenden Vandalismus in den Anlagen. Insbesondere die Sandler, Jogger und Nachtwandler (-spaziergänger) sind von dieser Aktion betroffen und müssen jetzt unvorhergesehene Hindernisse überwinden, um ihren Neigungen nachgehen zu können.

Nicht immer zeigen sich die Parks von ihrer besten Seite: Exhibitionisten, Spanner, dunkle Ecken und erzwungene Wege verhindern häufig eine angstfreie Benutzung. Frauen sind hiervon besonders betroffen. In einigen Parks wird bereits an der sichereren Gestaltung und Ausleuchtung zumindest einiger Durchgangswege gearbeitet. Ein kleiner Beitrag, um die Sicherheit für Frauen in der Stadt zu verbessern.

„Gassi gehn"

In den Straßen, auf den Restgrünflächen und in den Parks werden die Hunde „äußerln" geführt, und täglich treffen sich dort dieselben Hunde und ihre Besitzer – nicht immer zur Freude der übrigen Parkbesucher. Seit kurzer Zeit gibt es in einigen Wiener Parks die sogenannten „Hundezonen" – mit Zäunen abgetrennte Parkteile, die für Hunde reserviert sind. Sie sind insbesondere in den Innenstadtbezirken die einzigen Möglichkeiten für Hundebesitzer, ihre Lieblinge „Gassi" zu führen, wenn sie nicht direkt die Straße benutzen wollen. Ein besonders gelungenes Beispiel der Einbindung der Interessen von Hunden, Kindern, Jugendlichen und der sonstigen Erholungssuchenden in einen kleinen Park ist der Schönbornpark im 8. Bezirk. In den meisten Parkanlagen gibt es neben diesen Hundezonen ein generelles Hundeverbot, insbesondere in den Kinderspielbereichen.

„Blick ins Grüne"

Zu den Erscheinungsformen der Wiener Stadtlandschaft gehören heute: Kaltluftschneisen, Grüngürtel, Wälder, Flußufer, Kleingärten, brachliegende Flächen, Tierparks, romantische Parks, Volksparks, Ausstellungsgelände, Sportplätze, Einkaufszentren, Fußgängerzonen und vieles mehr. Die ausreichende Versorgung einer Stadt mit öffentlich nutzbaren grünbestimmten

Moritz Nähr: „Gustav Klimt im Garten seines Ateliers", 1910

Freiräumen und eine Verbindung solcher Stadtlandschaften untereinander tragen wesentlich zur Erhaltung des Wohlbefindens der Stadtbewohner und -bewohnerinnen bei.

Statt der räumlichen Verbindung kommt es aber in letzter Zeit häufiger zu Funktionstrennungen, vor allem in den Parkanlagen selbst. Die Parks sind durchsetzt mit Käfigen, die eine Gruppe vor der nächsten schützen sollen: Käfige für die Kleinkinder, Ballspielkäfige und jetzt auch noch Hundekäfige, ein markantes Beispiel hierzu ist der Währinger Park. Wer weiß, welche Käfige in Zukunft noch hinzukommen, vielleicht Käfige, in denen die letzten Bäume zu bestaunen sind?

In den Stadtrandbereichen auf der transdanubischen Seite verschlingt die Stadterweiterung die bisher zur Erholung nutzbaren Flächen, wobei argumentiert wird „Die Lobau ist nicht weit". Nur in einigen wenigen Fällen gelingt es, den Bedürfnissen nach wohnungsnahen nutzbaren Freiräumen zu entsprechen, etwa dort, wo mit den Bewohnern gemeinsam versucht wird, die Außenräume zu planen und zu gestalten. Wichtig ist auch die adäquate Pflege der Anlagen, da sie nur so in einem Zustand bleiben, der die Anwohner zur Nutzung animiert.

„Der Beserlpark als Sommerfrische der Proletarier", aus „Glühlichter", 1912

Politische Kundgebung Anfang der dreißiger Jahre

Neue größere Parkanlagen gab es in der letzten Zeit nicht in Wien, der Raum ist zu knapp, die Fläche zu „wertvoll" – oder ist etwa genug Grün vorhanden? Noch ist Wien relativ grün, doch an vielen Stellen, besonders in den Randbereichen, den Stadterweiterungsgebieten, wird daran gekratzt. Der Traum eines grün bestimmten und nutzbaren Paradieses vor der Haustür auch in der Großstadt scheint immer mehr abhanden zu kommen.

Hier sind neue Ideen gefordert, die sich auf die Vielfalt von Lebensstilen und Wünschen einstellen, Menschen mit und ohne Geld berücksichtigen und den Raum zum Überleben in der Stadt sichern.

Literatur

Baltzarek, Franz/Schediwy, Robert, *Grün in der Großstadt,* Wien 1982.

Latz, Peter: *Paradigma Park.* In: Koenigs, Tom (Hg.), *Stadt-Parks,* Frankfurt/M. 1993, S. 22–27.

Selle, Klaus/Sutter-Schurr, Heidi, *Der gemeinschaftlich nutzbare Freiraum – Raum zum Wohnen in der Stadt.* In: *Freiräume für Gemeinschaften in der Stadt,* hg. v. Selle, Klaus, Werkbericht Nr. 33, Dortmund 1993.

Wiesbauer, Heinz, *Sperrstund is.* In: *Zolltexte 9/1992.*

Wer ist für die öffentlichen Grünflächen zuständig?

Die Grünflächenpolitik in Wien entwickelte sich gemeinsam mit dem Anwachsen der Stadt. Die Flächen waren im Besitz der unterschiedlichsten Grundbesitzer, und Mitte des letzten Jahrhunderts erschien eine gemeinsame Organisation notwendig. Die Schleifung der Glacisanlagen und die Stadterweiterung führten zu heftigen Diskussionen über die Nutzung der Flächen. Sollten sie verbaut werden oder als Grünanlagen der Bevölkerung zur Verfügung stehen? Wie sollte die Metropole Wien mit Grün ausgestattet werden?

1861, als den Gemeinden im Rahmen einer Verfassungsreform die kommunale Selbstverwaltung zurückgegeben worden war, berief der damalige Bürgermeister Zelinka – „Initiator der kommunalen Wiener Grünflächenpolitik" – den ersten Stadtgärtner für Wien: Rudolf Siebeck. Siebeck entwarf mit dem Rathauspark und dem Stadtpark (in Zusammenarbeit mit dem Landschaftsmaler Selleny) zwei der wichtigsten Parkanlagen am Ring.

Die Stellung und Einflußmöglichkeiten der Stadtgärtner und späteren Stadtgartendirektoren wechselten häufig, da sie ständig anderen Abteilungen zugeordnet wurden. Sie waren zeitweise der Abteilung für städtische Bauten und ökonomische Angelegenheiten angegliedert, dann wieder der Magistratsabteilung für Fondsgüter, städtische zinstragende Realitäten, Gärten, Gemeindewälder und Denkmäler, bis schließlich nach dem Zweiten Weltkrieg die heutige Magistratsabteilung 42 als eigenständiges Stadtgartenamt die Planung, Verwaltung und Pflege der öffentlichen städtischen Grünanlagen übernahm. Sie ist dem Wiener Stadtrat für Umwelt und Sport zugeordnet.

Gründerzeit

Um die Jahrhundertwende war das Stadtgarteninspektorat im wesentlichen eine ausführende Stelle. Impulse zur Planung von Freiflächen im Zuge der Stadterweiterung gingen vom Stadtbauamt aus. Die alltägliche Planung kleiner Stadtplätze im Zuge der Stadterweiterung wurde häufig vom Straßenbauamt betrieben, und das Stadtgarteninspektorat übernahm lediglich Ausführung und Pflege der Anlagen. Die Gartenverwaltung hatte keine Kompetenz in übergeordneter Planung, die Einflußnahme auf die gesamtstädtische Grünentwicklung war von der Persönlichkeit der jeweiligen Stadtgartendirektoren abhängig.

Von 1878 bis 1884 wurde Ferdinand Maly als Stadtgärtner berufen. 1885 war die Stelle des Stadtgärtners unbesetzt. Von 1886 bis 1895 folgte dann Gustav Sennholz, der Gestalter des Türkenschanzparks. Von 1897 bis 1918 war Wenzel Hybler Stadtgartendirektor. In seiner Zeit entstanden viele kleine Stadt- und „Beserlparks" in Wien. Hybler wurde 1918 von Jakob Plohowitz abgelöst.

Zwischenkriegszeit

In der Amtszeit von Plohowitz, die bis 1926 dauerte, gab es wenig Geld für Grünmaßnahmen. Trotzdem wurden weitere

Der große Heckenschnitt in Schönbrunn

Arbeit an der Kronenentlastung

Schritte zur Vervollständigung des Grüngürtels für Wien gesetzt. Die Anfänge des Grüngürtels gehen bis in die Zeit um 1900 zurück. Mit der Wienflußregulierung entstanden zahlreiche neue Grünanlagen, der Türkenschanzpark wurde erweitert, und es begannen Aktionen wie „Wien im Blumenschmuck", die vom Stadtgartenamt initiiert und betreut wurden und die bis heute noch bestehen. 1920 entstand das Programm „Soziales Grün", und das Stadtgartenamt betreute die Entwicklung der Grünanlagen in den Gemeindebauten, die Umwandlung von Friedhöfen entlang des Linienwalls in Parkanlagen und die Entwicklung von Kleingartenanlagen. Erstmals wurden auch Kinderspielplätze, Freibäder, Pensionistenbereiche und die damals sehr beliebten Kinderfreibäder in die Grünanlagen und in den öffentlichen Raum integriert.

In der Zwischenkriegszeit änderte sich das Aufgabenfeld des Stadtgarteninspektorats und späteren Stadtgartenamts als vorrangig ausführende Behörde nicht. Die Projektierung der übergeordneten Freiraumplanung blieb auch nach den Verwaltungsreformen zu Beginn der zwanziger Jahre in den Händen der jeweiligen Abteilungen für Stadtregulierung.

1926 bis 1940 und 1945 bis 1950 war Fritz Kratochwjle Leiter des Stadtgarteninspektorats (von 1941 bis 1945 Rudolf Stier). Er setzte wichtige Impulse für die Grünflächenentwicklung in Wien und ist Schöpfer des Wasserparks in Floridsdorf und des Herderparks in Simmering. Er bemühte sich um die Verbesserung der Situation des Garteninspektorats und formulierte folgende Ziele:

❍ Erhaltung der bestehenden Anlagen im Stadtgebiet: Alle öffentlichen Parkanlagen wurden 1924 als Parkschutzgebiete gesichert und nach der damaligen Bauordnung mit einem Bauverbot belegt.

❍ Umgestaltung vorhandener Grünanlagen: Hier ging es insbesondere um die Umgestaltung ehemaliger Friedhöfe und die Nutzbarmachung der Parkanlagen und Grünflächen als Ruhe- und Erholungsraum für die Bevölkerung. Sportplätze, Spielwiesen, Milchtrinkhallen und Kinderfreibäder wurden in den Anlagen ergänzt.

❍ Schaffung neuer Anlagen: Kleine Parks sollten als Ruhebereiche und ästhetische Bereicherung des Stadtbildes entstehen, und

Rasenpflege im Waldmüllerpark

größere Parks sollten mit einer Fülle an Ausstattungselementen für Spiel und Bewegung versehen werden.

○ Schaffung von Grünstreifen und Parkgürtel: Der seit der Jahrhundertwende entstehende Wald- und Wiesengürtel um Wien sollte mit sogenannten Grünkeilen bis in das innere Stadtgebiet geführt werden, um eine Durchgrünung des gesamten Stadtgebietes zu erreichen.

Nachkriegszeit

1950 bis 1975 leitete Ing. Alfred Auer das Stadtgartenamt. In seiner Amtszeit beschließt der Gemeinderat ein Acht-Punkte-Programm zur Schaffung eines Grün- und Erholungsflächennetzes. Die Grün- und Erholungsanlagen werden vermehrt mit Sport-, Spiel-, Ruhe- und Kommunikationsbereichen ausgestattet.

1952 wird das in den Kriegsjahren von den Briten besetzte Direktionsgebäude am Stadtpark wieder vom Stadtgartenamt bezogen. In diese Phase fallen zwei Bundesgartenschauen und eine vermehrte Öffentlichkeitsarbeit.

Gartenbaudirektoren, (v.l.n.r.): Rudolf Siebeck, 1861-1876, Gustav Sennholz, 1885-1895, Wenzel Hybler 1896-1918

1974 wird Auer Kurdirektor in Oberlaa, und Ing. Karl Seidl übernimmt von 1976 bis 1985 die Leitung des Stadtgartenamtes. In seiner Amtszeit werden die durch den U-Bahn-Bau lange Zeit als Baustellen brachliegenden Parks am Karlsplatz und der Reumannplatz fertiggestellt.

Heute obliegen dem Wiener Stadtgartenamt unter Ing. Paul Schiller die Betreuung, die Neuplanung, der Bau und die Pflege der öffentlichen Grünflächen in Wien. Es ist für die Mehrheit der Grünflächen in Wien, das sind die Parks, Plätze, Verkehrsgrünflächen und die kleineren Restflächen, zuständig. Das Logo „Unsere Gärten" soll die Bürgernähe und den Servicecharakter des Amtes vermitteln.

Das Stadtgartenamt versteht sich als Dienstleistungsbetrieb für die Wiener Bevölkerung und orientiert seine Tätigkeit an deren Bedürfnissen. Das Augenmerk liegt auf Öffentlichkeitsarbeit als einem wesentlichen Aspekt in der alltäglichen Arbeit des Amtes. Es werden zum Beispiel Aktionen wie Innenhofbegrünung, Tag der offenen Tür, Blumenmärkte und ähnliches durchgeführt.

Die Anlage von Radwegen in Parks, die Anpassung der Spielplätze an den neuesten Wissensstand (Önorm), die Entwicklung eigener Hundezonen in Parks, Blumenwiesen, Biotope, Bevorzugung heimischer Gehölzarten, Reduzierung der Verwendung von Torf und chemischem Dünger, Standortverbesserung für die

Jakob Plohowitz, 1918-1926, Rudolf Stier, 1941-1945, Fritz Kratochwjle 1926–1940 und 1945–1950

Stadtbäume, Baumchirurgie, moderner Baumschnitt und vieles mehr gehören zu den täglichen Aufgaben.

In dem seit 1959 fertiggestellten Reservegarten in Hirschstetten, im 22. Wiener Gemeindebezirk, werden unter 23.669 Quadratmeter Hochglasflächen und auf 124.034 Quadratmeter Freilandflächen jährlich bis zu 950.000 Sommerblumen, 260.000 Frühjahrsblumen und 400.000 Schnittblumen für den internen Gebrauch – meist zu Dekorationszwecken im Rathaus und in den Amtshäusern der Stadt Wien – produziert. Weiters gibt es hier Topfpflanzen und Dekorationsbepflanzungen.

Das Palmenhaus ist das „Wahrzeichen" der Hirschstettener Anlage. Das in den fünfziger Jahren errichtete Gebäude entstand als Pendant zu den klassischen Palmenhäusern in Schönbrunn. Es dient heute als Schau- und Stellfläche für wärmebedürftige Dekorationspflanzen und als Mutterpflanzenquartier. Es ist für private Feste oder Filmaufnahmen zu mieten.

In den zum Stadtgartenamt gehörenden Baumschulen in Essling, im Spargelfeld, in Mauerbach und in Kagran werden Gehölze aller Qualitäten – vom einfachen anspruchslosen Strauch bis zum Parkbaum – herangezogen, die vor allem in den öffentlichen Anlagen Verwendung finden. Die MA 42 verfolgt seit einigen Jahren ein Programm um die Standortbedingungen von Alleebäumen zu verbessern.

Gartendirektoren in der Sommerfrische (v.l.n.r.): Kratochwjle, Afritsch, Frau Kratochwjle, Polzer, ca. 1948. (Aufnahme: Alfred Auer)

Eine weitere, erst in den letzten Jahren entstandene Serviceabteilung des Stadtgartenamtes ist der Kompostplatz in der Freudenau am Rand des Praters. Hier werden auf einer Fläche von vier Hektar jährlich bis zu 40.000 Kubikmeter Abfälle aus den Parkanlagen der Stadt kompostiert. Aus dem Laub, Grasschnitt, Häckselmaterial und dem Mähgut aus der Alten Donau entstehen nach neun Monaten rund 10.000 Kubikmeter Humus, der dann zur Bodenverbesserung wieder in die Parkanlagen zurückgeführt wird oder bei der Neuanlage ein wertvolles Grundmaterial ist und den Zukauf von teurem und ökologisch bedenklichem Torf oder sonstigem Erdmaterial erspart. Teilweise wird der Kompost auch, gemischt mit Grunderde, auf den Blumenmärkten gratis an die Bevölkerung abgegeben.

Insgesamt werden vom Stadtgartenamt heute rund 17.500.000 Quadratmeter Fläche verwaltet, dazu kommen zirka 80.000 Alleebäume. Die gärtnerische Pflegearbeit in den Parkanlagen, Grünstreifen und Alleen ist sieben Gartenbezirken zugeordnet. Eine eigene Planungsabteilung ist federführende Dienststelle für die Gestaltung neuer Grünanlagen und Fachdienststelle für die Gartenanlagen aller städtischen Objekte wie zum Beispiel Kindergärten oder städtische Wohnhausbauten. Das Budget des Stadtgartenamtes ist seit 1988 dezentralisiert. Der Neubau von Grünanlagen, Ergänzungen oder Reparaturen und die Pflegekosten müssen von den 23 Wiener Gemeindebezirken getragen werden. Hier kommt es auch auf die Initiative der jeweiligen Bezirke an, inwieweit neue Parks entstehen oder vorhandene umgestaltet werden.

Das Wiener Stadtgartenamt trägt mit seiner Tätigkeit dazu bei, eine ganz bestimmte Atmosphäre der Stadt zu pflegen und zu entwickeln. Wienspezifisch sind dabei die vielen kleinen, auch kurzfristigen Maßnahmen, die mit den langjährigen kontinuierlichen Verwaltungsaufgaben einhergehen – seien es die Betreuung von Blumenhallen, der Geburtstag einzelner Parkanlagen oder ausländische Gartenschauen, bei der die Wiener Stadtgärtner ihren Beitrag leisten.

Pflanzenaufzucht in Hirschstetten, ca. 1957

Die Gärten der Republik

Neben dem Stadtgartenamt werden viele der öffentlich zugänglichen Flächen auch von anderen Verwaltungsabteilungen betreut. Einige der Gärten, wie Schönbrunn, der Augarten, das Belvedere, der Volksgarten und der Burggarten, werden von den Bundesgärten verwaltet. Die Bundesgärten, die nach dem Zusammenbruch der Monarchie im Jahre 1918 die Betreuung der wichtigsten ehemaligen Hofgärten übernahmen und dem Bundesministerium für Landwirtschaft unterstehen, haben die Aufgabe, die ehemaligen k.k. Hofgärten nach historischem Vorbild zu erhalten und zu entwickeln. Weiters ist es ihnen ein Anliegen, die umfangreichen historischen Pflanzensammlungen zu betreuen und zu erweitern. Sie werden bei ihrer Aufgabe von den eigenen Produktionsstätten für Zierpflanzen und Gehölze, die jährlich zum Beispiel 300.000 Beetpflanzen für die Frühjahrs- und Sommerbepflanzung produzieren, unterstützt. Diese Pflanzen werden auch zur Dekoration öffentlicher und privater Anlässe wie etwa dem Opernball oder Staatsempfängen genutzt. In den Glashäusern, so zum Beispiel im Palmenhaus und im Schmetterlingshaus, gibt es immer wieder Ausstellungen und Pflanzenschauen. Derzeitiger Leiter der Bundesgärten ist Diplombiologe Dr. Peter Fischer-Colbrie.

Die Forstgebiete

Für die großen Wälder und die Wiederaufforstungsflächen wie den Wienerwald, den Laaer Wald und die Wienerberggründe ist das Forstamt der Stadt Wien, die Magistratsabteilung 49, zuständig. Rund 8.200 Hektar weitgehend bewaldete Gebiete werden vom Forstamt betreut. Das wesentliche Ziel ist „die Erhaltung und Verbesserung der bestehenden Wälder in und um Wien und die Begründung neuer, zweckentsprechender naturnaher Waldflächen zur Sicherung einer ausreichenden Zufuhr von Frischluft in das Stadtgebiet, zum Schutz des Ausflugs- und Erholungsgebietes für die Großstadtbevölkerung und zur Erhaltung der Schönheit der Landschaft" (aus der Dienstvorschrift der MA 49). Das Forstamt betreut insbesondere auch die neu entstandenen Grünräume im Süden und im Osten der Stadt, hier werden

Bruno Kreisky, Stadtrat Heller und die Gärtner der WIG 74

Natur-, Liege- und Spielwiesen sowie Naturlehrpfade angelegt, Spielplätze gestaltet und Fuß- und Radwege gebaut. Weiters werden die Stadtwanderwege vom Forstamt betreut.

Andere Verwaltungen

Neben den Bundesgärten und den städtischen Verwaltungen sind für die Pflege und Entwicklung einiger Gärten private Verwalter wie die Schwarzenbergsche Gutsdirektion oder sonstige öffentliche Organe wie das Institut für Botanik oder die Universität Wien zuständig.

All diesen Institutionen obliegt es, die kontinuierliche Betreuung der in Wien vorhandenen Grünanlagen zu sichern. Zu hoffen ist, daß die Gartenverwaltungen in Zukunft mit etwas mehr Kompetenzen ausgestattet werden, damit sie eine ihrer verantwortungsvollen Aufgabe entsprechende Stellung im Magistrat bekommen und der Erhaltung und Entwicklung der öffentlichen Grünflächen noch besser nachgehen können.

Einsamer Schneekehrer im Stadtpark

Literatur

Auböck, Maria/Kárász, János/Schmidt, Stefan, *Die Freiräume der Wiener Wohnhausanlagen 1919–34. Gestern und Heute,* unveröffentlichtes Manuskript, Wien 1991.

Auer, Alfred/Kutschera, Hans/Schmid, Elfriede, *Die Gärten der Republik.* In: Auer, Alfred, *Wien und seine Gärten,* Wien 1974, S. 98–99

Fischer, Friedrich, *Die Grünflächenpolitik Wiens bis zum Ende des Ersten Weltkriegs.*

Kratochwjle, Fritz, *Die städtischen Gärten Wiens,* Wien 1931.

Magistrat der Stadt Wien, Magistratsabteilung 42, *Unsere Gärten,* Wiener Stadtgartenamt, Beilage zur Zeitschrift *Garten* der Österreichischen Gartenbaugesellschaft 9/90.

Wichtige Park- und Alleebäume in Wien

Ein Baum in der Stadt – an seinen Knospen kann man den Frühling vorausahnen, im Sommer spendet er Schatten auf den asphalterhitzten Straßen, als Laubbaum bringt er herbstliche Farbe in das Stadtbild. Die Jahreszeiten werden von den Bäumen in die Stadt gebracht, und ihr Anblick ist eine notwendige Abwechslung in den Schluchten des Häusermeeres.

Beim Stichwort „Stadtgrün" ist der erste Gedanke „Baum"; Bäume gibt es überall im Stadtbild, Einzelbäume, Baumgruppen, Alleen in Parks und Grünzügen, an Straßen, auf Friedhöfen, an Sportplätzen oder in Privatgärten.

Geschichte des Stadtbaums

Einzelne Baumpflanzungen im öffentlichen Bereich städtischer Siedlungen hat es zu allen Zeiten gegeben. Erste Beispiele der Verwendung regelmäßig und homogen angeordneter Baumreihen zur architektonischen Gestaltung von Freiräumen fanden sich bereits in der italienischen Gartenkunst des 15. und 16. Jahrhunderts. Besonders ausgeprägt war sie im klassischen französischen Garten des Barock. Die Bäume wurden zum raumgliedernden Strukturgerüst in den neuen Garten- und Parkanlagen, und die Ordnung in der Gartenkunst beeinflußte letztlich auch den Städtebau der damaligen Zeit. Nicht nur in den Gärten wurden Bäume gepflanzt, sondern häufig auch auf den zentralen und den Ausfallstraßen der Städte. Zu den wichtigsten Wiener Alleen des 17., 18. Jahrhunderts gehören die Prater-Hauptallee, die Laxenburger Allee und die Tabor-Allee.

In Wien wurden Ende des 18. Jahrhunderts nach der Planierung des Glacis (1771) vor allem Roßkastanien – sie sollen durch die Türken nach Wien gebracht worden sein –, Pappeln und Akazien gepflanzt, sodaß es bald hieß, man könne auf dem ehemaligen Glacis in schöner Jahreszeit die angenehmsten Spaziergänge machen und die Aussicht von den Ruhebänken aus ungestört genießen.

Eine wichtige Rolle in der Stadtplanung spielt der Baum erst seit dem 19. Jahrhundert. Die zunehmende Verdichtung mit den engen Baublöcken, Mietskasernen, den Fabriken und Lagerhallen ohne Freiflächen führte zu der Forderung nach mehr Grün in der Stadt. Mit der Technisierung unserer Städte wurde der Stadtbaum in seiner Beständigkeit und Erscheinung, im Wachsen und Vergehen zu einem notwendigen Gegensatz zu der von den Menschen gebauten Umwelt.

Bedeutung der Stadtbäume

Seit der Industrialisierung gilt das besondere Anliegen vieler Städter und Stadtgärtner den Grünflächen und insbesondere den Bäumen in der Stadt. Bäume machen die Stadt zu einer vertrauten Heimat. Überall dort, wo es die urbanen Bedingungen zulassen, entstehen Alleen, Plätze mit Bäumen, oder es werden Einzelbäume gepflanzt. Ziel ist es, zwischen den Maßstäben der Architektur und dem Menschen zu vermitteln.

Bäume sind notwendig in der Stadt, weil sie das Klima angenehm verändern. Durch Befeuchtung und Kühlung gleichen sie die extremen Temperaturen aus, und sie verbessern die trockene Luft einer Stadt; sie dienen als Staubfilter und Lärmschutz und werden entlang der Ausfallstraßen zu Frischluftschneisen.

Was Bäume in der Stadt ertragen müssen

Die für die Stadt verwendeten Baumarten sind ursprünglich meist Waldbewohner und an die dort vorhandenen Standortbedingungen gewöhnt. Die häufig extremen Bedingungen in einer Stadt wirken als Streßfaktoren und mindern die Lebensqualität und -erwartung der Bäume.

Die Versiegelung des Bodens verhindert die Nährstoffzufuhr, und die Aktivität der Mikroorganismen im Boden wird reduziert. Die Verdichtung des Bodens im Wurzelbereich durch Befahren oder Betreten und die Beschränkung der Bodenfläche pro Baum begrenzen das Wurzelwachstum und damit die Entwicklung des gesamten Baums. Der Einsatz von Auftausalzen und poröse Erdgasleitungen stören die Entwicklung der Wurzelmasse und führen zu verringertem Blattwachstum, verspätetem Laubaustrieb, vorzeitigem Laubabfall und zu Anfälligkeit gegen Pilzinfektion.

Der erhöhte Abfluß der Niederschläge in die Kanalisation und der häufig immer weiter absinkende Grundwasserspiegel mindert das für die Bäume zur Verfügung stehende Wasser. Längere Vegetationsperioden in der Stadt und Übertemperaturen – in Wien durchschnittlich an 36 Tagen pro Jahr mindestens um zweieinhalb Grad höher als im Wienerwald – wirken sich auf die Vitalität der Bäume aus. Die Verringerung der relativen Luftfeuchte, die Dunstglocke und der erhöhte Staubbelag auf den Blättern führen zu einer zusätzlichen Wärmebelastung für die Bäume. Die Erhöhung der Luftschadstoffe (Schwefeldioxid, Stickoxide, Kohlenmonoxid, Kohlenwasserstoff und Staub) beeinträchtigt die Entwicklung der Bäume. Stammverletzungen (zum Beispiel durch Autos) zerstören das Kambium – zuständig für das Dickenwachstum des Baums – zwischen Rinden- und Holzteil und erhöhen die Gefahr einer Pilzinfektion.

Die Platane am „Grauen Haus"

Der Osage-Dorn hinterm Rathaus

Die gesamte Stadtvegetation dient als Bioindikator für die Umweltsituation in Wien. Frühzeitiger Blattabfall oder absterbende Bäume verweisen auf schädigende Umwelteinflüsse. Eine in Wien durchgeführte Untersuchung der Stadtbäume durch die Magistratsabteilung 22 – Umweltschutz – zeigt einen Trend zur allgemeinen Verschlechterung des Kronenzustands der Bäume nicht nur entlang der Straßen, sondern auch in Parks und Hinterhöfen, häufig in Form einer zunehmenden Kronenverlichtung.

Hilfe für die Bäume

Zur Unterstützung der Bäume in der Stadt wurde 1986 das Wiener Baumschutzgesetz verabschiedet. Es schützt alle Laub- und Nadelbäume mit einem Stammumfang von mindestens 40 Zentimeter, gemessen in einem Meter Höhe vom Beginn der Wurzelverzweigung. Müssen diese Bäume trotzdem entfernt werden, bedarf es einer behördlichen Bewilligung, und es müssen Ersatzpflanzungen geleistet werden. Der Vorteil eines solchen Gesetzes liegt darin, daß Bäume nicht mehr ausschließlich dem privaten Verständnis oder Unverständnis unterliegen, sondern der öffentlichen Kontrolle. Viele unnötige Rodungen können hiermit verhindert werden. Weiters besteht seit 1982/83 ein mit Ausnahmen behaftetes Streusalzverbot in ganz Wien.

Langfristig ist jedoch eine Verbesserung des Lebensraumes der Einzelbäume notwendig. Dazu gehören die Förderung von Versickerungsmöglichkeiten des Niederschlagswassers, großzügige Baumscheiben und die Anlage von Miniökosystemen. Kurzfristig wird den Bäumen in Wien mit künstlicher Bewässerung, Bodenaustausch oder der Sanierung von Einzelbäumen durch baumchirurgische Maßnahmen „unter die Blätter“ gegriffen, so zum Beispiel an der Ringstraße.

Bäume als Gestaltungselemente

In der Stadtentwicklung gehören Plätze und Straßen mit Bäumen zu den wichtigsten Gestaltungselementen. Sie sind wesentliche Bestandteile des allgemeinen Grünsystems. Die Stadt soll wieder besser durchlüftet und mit ihrem Umland vernetzt werden. Die Wohnqualität, auch in den innerstädtischen Bereichen, soll insge-

Ein Blauglockenbaum in voller Blüte

Winteraspekte im Rathauspark

samt gesteigert werden. Die Diskussionen um Baumpflanzungen, die sich zunächst meist an der Breite und Bedeutung der Straßen orientierte, geht nun langsam in die Richtung, daß möglichst alle Straßen mit Bäumen ausgestattet werden sollten.

Überwiegend erfreuen sich die Stadtbäume großer Beliebtheit bei der Bevölkerung, und ihre hygienische und stadtklimatische Bedeutung ist unumstritten. Ein großes Gewicht hat in diesem Zusammenhang auch die ästhetische Bedeutung der Bäume: Sie durchbrechen die Regelmäßigkeit und teilweise Monotonie der Baustrukturen. Bäume fördern das sinnliche Erlebnis, lassen Jahreszeiten, Luft, Form und Farbe erleben und stellen durch Pflege und Ernten, zum Beispiel in den Schrebergärten, einen starken Naturbezug her.

Jedoch ist Baum nicht gleich Baum, wichtig sind einerseits die Standortvoraussetzungen, andererseits aber auch die Ansprüche der einzelnen Baumarten. Eine Baumart, die in städtischen Parkanlagen besonders gut gedeiht, ist als Straßenbaum oft völlig

Platanenblätter im Sonnenlicht

ungeeignet. Größe, Wuchsform und Standortansprüche sind wichtige Auswahlkriterien bei Neupflanzungen.

Eichen, Linden, Kastanien, Platanen sind zum Beispiel ausgesprochene Großbäume und brauchen viel Raum. In engen Straßenräumen sind kleinkronige Bäume oder Kugelformen sinnvoller.

Einzelbäume sind Markierungs- und Orientierungspunkte in der Stadt, sie prägen den Charakter von Räumen, Gebäuden oder Straßen, etwa die Platane vor dem „Grauen Haus", dem Gefängnis an der Zweierlinie.

Bäume in Reihen oder Alleen leiten durch die Stadt, zum Beispiel die Alleen an der Ringstraße, sie bilden oft ein schützendes Dach über Fuß- und Radwegen. Eine Allee verbindet häufig zwei wichtige Punkte miteinander, so etwa die Prater-Hauptallee: heute die Verbindung zwischen dem Paterstern und dem Lusthaus (Jagdhaus des Kaiserhauses; sie reichte einst vom Josefstöckel, dem Wohnsitz Kaiser Josefs II. im Augarten, bis in den Prater).

Bäume in der Nähe von Häusern sind Regen- und Sonnenschutz, geben Geborgenheit, schaffen Identität, man wohnt in

Wien am Buchenweg, Erlenweg, Espenweg, in der Lindengasse, im Ahornhof oder in der Kastanienallee.

Die natürliche Waldgesellschaft in Wien ist der Traubeneichen-Hainbuchen-Wald und der Rotbuchenwald, dessen hallenartige Ausprägung insbesondere im Wienerwald zu bestaunen ist. In den Donaurandbereichen gehört die jüngere „weiche Au“, die aus Weichhölzern wie Weiden und Pappeln besteht, zum landschaftlichen Charakter. An der Alten Donau findet man einige sehr imposante Pappelreihen. In den stromferneren Bereichen der „harten Au“ herrschen die Harthölzer wie Eiche, Esche und Ulme vor.

Eine über 300jährige Eiche im Lainzer Tiergarten zeigt die Geschichte des Waldes und seiner Bedeutung für die Stadt Wien auf. „Sie keimte zur Zeit Leopolds I. (1658–1705), dem Großvater Maria Theresias, als Holz noch der einzige Brennstoff und wichtiges Baumaterial war. Sie mußte miterleben, wie nach der Erfindung der Eisenbahn große Mengen Kohle nach Wien transportiert und Mitte des 19. Jahrhunderts Holz als Brennstoff verdrängt wurde. Der Baum erlebte 1872 die Rettung des Wienerwaldes durch Joseph Schöffel und überdauerte im Schutz der Tiergartenmauer die Rodung zur Linderung der Holz- und Wohnungsnot nach dem ersten Weltkrieg, welchen in anderen Teilen des Wienerwaldes zahlreiche Eichen zum Opfer fielen. Seit 1941 ist der Lainzer Tiergarten Naturschutzgebiet, im Naturwaldreservat am Johannser Kogel können heute Bäume wie diese eines natürlichen Todes sterben“ (Museum der Stadt Wien: Wiener Landschaften).

Zu den wichtigsten alteingesessenen Straßenbäumen in Wien, die im folgenden teilweise ausführlicher beschrieben werden, gehören Linde, Ahorn, Roßkastanie, Platane, Esche und der Zürgelbaum. Der weiße Maulbeerbaum (Morus alba) war lange Zeit ein vielverwendeter und beliebter Stadtbaum in Wien, im Allgemeinen Krankenhaus lassen sich noch einige Restbestände bewundern. Heute wird er kaum noch ausgepflanzt.

Die heute an den Straßen genutzten Arten werden nach Gestalt, Wuchshöhe und insbesondere Schadstoffverträglichkeit ausgesucht, hierzu gehören zum Beispiel Gleditschie, Ginkgo, Japanischer Schnurbaum, Robinie oder Baumhasel.

Ahorn (Acer)

Zu den Bäumen mit den schönsten und vielfältigsten Blättern und herbstlichen Verfärbungen zählen die Ahorne. Zur Familie der Ahorne gehören in der ganzen Welt etwa 150 Arten. In den Wiener Straßen und Parks sind vor allem der Spitzahorn (Acer platanoides) und der Bergahorn (Acer pseudoplatanus) verbreitet. Sie zählen zu den wuchsfreudigsten, winterhärtesten und anspruchslosesten aller großen Bäume. Der Bergahorn gehört zu den Riesen unter den Ahornen, der bereits nach sechzig Jahren eine Höhe von 25 Metern erreichen kann. Im Frühjahr schüttet er seine Früchte so verschwenderisch aus, daß man ihn, ohne nach oben zu blicken, an dem Früchteteppich auf der Straße erkennen kann. Der Spitzahorn ist feiner und ein beliebter Straßenbaum. Seine Blätter sind platanenähnlich und verfärben sich im Herbst goldgelb. Die Ringstraße ist heute überwiegend von Spitzahornen und einigen Bergahornen bewachsen.

Linde (Tilia)

In Wien sind insbesondere die Sommerlinde (Tilia platyphyllos), die Ungarische Sommerlinde (Tilia tomentosa) und die Winterlinde (Tilia cordata) vorhanden. Zu vielen Schlössern und großen Landsitzen gehören Lindenalleen, in Wien zum Beispiel zum Belvedere. Die Dorflinde war schon immer ein beliebter Treffpunkt und Versammlungsort. Die Linde symbolisiert, als typisch weiblicher Baum, Fruchtbarkeit, Liebe und Gerechtigkeit. Linden sind starkästige Bäume mit reichbelaubten Kronen, die ihre oberen Äste hochrecken und die unteren eher hängen lassen und gerne turmförmig in die Höhe wachsen. Sie haben die zarteste Belaubung aller Großbäume, und im Sommer erfüllt der Duft ihrer Blüten die Straßen und Plätze. In Wien ist die Linde als Straßenbaum vor allem im Cottageviertel, in Gersthof und am Türkenschanzpark im 18. Bezirk verbreitet.

Roßkastanie (Aesculus)

Die Roßkastanie kam zur Zeit der Türkenkriege nach Europa und nach Wien und entwickelte sich zu einem wichtigen Stadtbaum. Mit ihren großen klebrigen Knospen, dem markanten fünffingrigen Blatt, der hohen kerzenförmigen Blüte, den stacheligen grünen Fruchtschalen und den glänzenden, nicht eßbaren Kastanien hat sie einige unverwechselbare typische Merkmale. Sie ist heute ein verbreiteter Zierbaum: winterhart, raschwüchsig und anspruchslos in bezug auf den Boden. Der Baum entwickelt auf guten Standorten eine mächtige breite Krone. Er wird meist als schattenspendender Park-, Allee- oder Dorfplatzbaum genutzt. Die Früchte können der Wildfütterung dienen. Da er empfindlich gegenüber Bodenverdichtung ist und auch intensive Strahlung und Hitze nicht so gut verträgt, wird er heute wieder weniger als Straßenbaum verwendet. In Wien sind besonders schöne Standortbeispiele die Prater-Hauptallee und die Schönbrunner Schloßstraße.

Platane (Platanus orientalis)

Zu den mächtigsten und eindrucksvollsten Park- und Alleebäumen gehört die Platane. Ihre große Attraktion ist der Stamm, der meist zielstrebig emporwächst und mit großen grünen Flecken gescheckt ist, wo sich die dunklere Außenrinde in Schuppen gelöst hat. Die Wintersilhouette mit den vielen kleinen Kugelfrüchten, die von den Ästen herabhängen, ist besonders reizvoll. In Wien gehört die Platane entlang der Ringstraße gemeinsam mit den Ahornen zum Stadtbild. Ein besonders eindrucksvolles Exemplar befindet sich am Rennweg vor der Staatsdruckerei. Die Platane ist einer der beliebtesten Straßenbäume, sie wird gerne als Schattenspender verwendet.

Esche (Fraxinus)
In der nordischen Mythologie haben die Eschen eine bedeutende Rolle. Sie wurden verehrt als der Weltenbaum Yggdrasil, als größte unter den Bäumen, die in den Himmel hineinragen. Die gemeine Esche (Fraxinus exelsior) gehört mit 45 Metern zu den höchsten Laubbäumen Europas. Als eine der dekorativsten Eschenarten wurde in Wien früher die Blumen- oder Mannaesche (Fraxinus ornus) viel verwendet. Sie entfaltet im Mai ihre Fülle an duftenden und cremeweißen Blüten. Dieser kaum mehr als acht Meter hoch werdende kugelkronige Baum hat üppig glänzende Blätter, und aus Rindeneinschnitten fließt ein an Mannit-Zucker reicher Saft.

Zürgelbaum (Celtis)
Sehr eindrucksvoll am Zürgelbaum ist seine Borke. Im mittleren Alter bedeckt er seinen Stamm mit dicken Korkwülsten, die in größeren Abständen meist senkrecht angeordnet sind. Der Abendländische Zürgelbaum (Celtis occidentalis) war um die Jahrhundertwende ein beliebter Baum im Stadtraum. Er wurde zum Beispiel im Lainzer Spital, im 3. Bezirk und entlang der Hainburger Straße angepflanzt. Da seine Entwicklungszeit aber sehr langsam ist – doppelt so lang wie die der Linden –, wird er heute nicht mehr so häufig verwendet.

Japanischer Schnurbaum (Sophora japonica)
Kennzeichen des Schnurbaums sind seine sehr feinen gefiederten Blätter und die cremeweißen oder blaßrosa Blüten, die erst im August erscheinen. Er hat sich in Wien seit der Jahrhundertwende zu einem der beliebtesten Stadtbäume entwickelt und steht auf vielen neuen Plätzen und in Parks, zum Beispiel vor der Altlerchenfelder Kirche, im Hermann-Leopoldi-Park oder am Meidlinger Marktplatz.

Gleditschie (Gleditsia)

Der Christusdorn oder Gleditschie (Gleditsia triacanthos) ist unverwechselbar durch seine bis zu acht Zentimeter langen, häufig verzweigten, rotbraunen Dornen, die oft sogar unten am Stamm wachsen. In der Stadt findet man heute meist dornenlose Zuchtformen. Der bis zu 30 Meter hohe Baum hat einen hellgrauen Stamm mit rissiger Borke. Er wird wegen seines hochwüchsigen guten Habitus gerne als Ulmenersatz verwendet. In Wien findet man ihn an der Schönbrunner Straße und an der neugestalteten Mariahilfer Straße.

Robinie (Robinia)

Die gemeine Robinie (Robinia pseudoacacia) war einer der ersten amerikanischen Bäume, die nach Europa geschickt wurden. Bereits um 1600 wurde sie in Paris von Jean Robin, dem Hofgärtner Heinrichs IV. gezogen. Sie wächst sehr schnell und hat ein festes und haltbares Holz. Unverkennbar ist ihr Wuchs, die Äste im Zickzack, die von einem hellgrauen Stamm mit tiefrissiger Borke ausgehen. Wenn die weißen Blütentrauben erscheinen, ist die Luft zwei Wochen lang mit einem süßlichen Duft erfüllt. Die dornenlose Kultursorte „Inermis" ist gut als Straßenbaum geeignet. Die Robinie wurde in Wien vor allem in den siebziger Jahren als Straßenbaum gepflanzt.

Ginkgo (Ginkgo biloba)

Der Ginkgo – wegen seiner Blattform auch Entenfußbaum genannt – gehört zu den ältesten Lebewesen der Erde. Mehr als 200 Millionen Jahre hat er seine Form unverändert bewahrt. Er gehört, wie die Nadelbäume, zu den nacktsamigen Pflanzen, bei denen die Samenanlagen unbedeckt auf den Samenschuppen liegen. Ausgewachsen ist er 20 bis 23 Meter hoch. Am schönsten ist er im Spätherbst, wenn sich das Grün seiner Blätter in ein reines Buttergelb verwandelt. Der Ginkgo wird wegen seiner schmalen hohen Form und seiner

Resistenz gegenüber Luftverschmutzung gerne als Straßenbaum verwendet, in Wien zum Beispiel im 6. Bezirk in der Webgasse.

Literatur:

Hennebo, Dieter, *Städtische Baumpflanzungen in früherer Zeit.* In: *Bäume in der Stadt,* hg. v. Hermann Meyer, Hannover 1978.

Johnson, Hugh, *Das große Buch der Bäume,* Bern 1976.

Meyer, Hermann, *Bäume in der Stadt,* Hannover 1978.

Museum der Stadt Wien (Hg.), *Wiener Landschaften,* Ausstellungskatalog, Wien 1993.

NDS, Niedersächsisches Sozialministerium (Hg.), *Grün im Städtebau,* Hannover 1982.

Pillmann, Werner, *Der Zustand der Wiener Stadtbäume,* hg. v. Österreichisches Bundesinstitut für Gesundheitswesen, Wien 1990.

SPAZIERROUTEN FÜR GARTENFREUNDE

Die in diesem Buch vorgestellten Anlagen haben wir für Sie zu Spazierrouten zusammengestellt, die je nach Interesse an den Stadtrand oder in das Zentrum, zu kleinen Anlagen oder zu den ehemals kaiserlichen Gärten führen sollen. Die großen Routen sind über die ganze Stadt gespannt :

Die Parkanlagen an der Ringstraße
Route vom Rathauspark zum Stadtpark: *Ringstraße* ➢ *Rathauspark* ➢ *Volksgarten* ➢ *Burggarten* ➢ *Stadtpark*

Die ehemaligen kaiserlichen Gärten
Augarten ➢ *Schönbrunn* ➢ *Belvedere*

Die Parkanlagen und kleine Freiräume im dichten Stadtgebiet
Route im 3. und 4. Bezirk: *Karlsplatz* ➢ *Botanischer Garten* ➢ *Palais Schwarzenberg* ➢ *Alois-Drasche-Park*
Route vom 8. über den 18. in den 9. Bezirk: *Schönbornpark* ➢ *Bennoplatz* ➢ *Währinger Park* ➢ *Strudelhofstiege*

Landschaftsräume und Parkanlagen an der Peripherie der Stadt
Route vom 10. zum 11. Bezirk: *Waldmüllerpark* ➢ *Wienerberg* ➢ *Laaer Wald* ➢ *Kurpark Oberlaa* ➢ *Friedhof St. Marx*
Route vom 16. zum 19. Bezirk: *Kongreßpark* ➢ *Geymüller Schlössel* ➢ *Pötzleinsdorfer Park* ➢ *Türkenschanzpark* ➢ *Wertheimsteinpark*
Route 2., 21. und 22. Bezirk: *Wasserpark* ➢ *Alte Donau* ➢ *Donaupark* ➢ *Donaubereich Wien* ➢ *Lobau* ➢ *Prater*

Parkanlagen im und am Wienerwald
Hermesvilla und Lainzer Tiergarten ➢ *Dehnepark* ➢ *Neuwaldegg, ehemaliger Schwarzenbergpark*

Neue Gartenprojekte
Wilhelmsdorfer Park ➢ *Andreaspark* ➢ *Tigerpark* ➢ *Setagayapark* ➢ *Rochuspark* ➢ *Kardinal-Nagl-Platz*

EMPFEHLENSWERTE KINDERSPIELPLÄTZE

1. Bezirk	Hermann-Gmeiner-Park, Rathauspark
2. Bezirk	Augarten, Mexikoplatz, Prater – Jesuitenwiese, Prater – Hauptallee (hinter dem Schweizerhaus)
3. Bezirk	Josef-Pfeifer-Park, Rochuspark, Stadtpark
4. Bezirk	Alois-Drasche-Park, Resselpark
5. Bezirk	Willy-Frank-Park
6. Bezirk	Alfred-Grünwald-Park
7. Bezirk	Andreaspark (in Bau), Josef-Strauß-Park
8. Bezirk	Hamerlingpark, Schönbornpark, Tigerpark (wird 1995 eröffnet)
9. Bezirk	Arne-Carlson-Park, Liechtensteinpark
10. Bezirk	Kurpark Laaer Berg , Waldmüllerpark, Wienerberggelände
11. Bezirk	Hyblerpark, Luise-Montag-Park
12. Bezirk	Flohberg, Füchselhofpark, Wilhelmsdorfer Park
13. Bezirk	Am Küniglberg, Roter Berg
14. Bezirk	Dehnepark, Matznerpark
15. Bezirk	Vogelweidpark
16. Bezirk	Kongreßpark
17. Bezirk	Lorenz-Bayer-Park, Pezzlpark, Schwarzenbergallee
18. Bezirk	Türkenschanzpark, Pötzleinsdorfer Schloßpark, Währinger Park
19. Bezirk	Hohe Warte (Volkspark), Trautenauplatz
20. Bezirk	Brigittenauer Park, Mortarapark, Sachsenplatz
21. Bezirk	Donauinsel bei Floridsdorfer Brücke, Floridsdorfer Aupark , Schweigergasse, Wasserpark
22. Bezirk	Donaupark, Donauinsel gegenüber Kaisermühlen, Hirschstettner Aupark
23. Bezirk	Maurer Rathauspark, Föhrenwaldl, Wienerflur (Baslergasse, Porschegasse)

Quellen: „Kind in Wien“, Falter Verlag

Magistratsdirektion 42

HUNDEZONEN IN GRÜNANLAGEN:

1. Bezirk	Stadtpark, Wienflußpromenade
2. Bezirk	Prater
3. Bezirk	Stadtpark, Wienflußpromenade, Linke Bahngasse (vor Universität für Veterinärmedizin), Kardinal-Nagl-Park, Arenbergpark, Puntigamerwiese (Landstraßer Gürtel/Ghegastraße)
5. Bezirk	Spengergasse (vorm Bacherpark), Klieberpark, Willy-Frank-Park, Einsiedlerpark
6. Bezirk	Linke Wienzeile (vorm Alfred-Grünwald-Park), Esterházypark
8. Bezirk	Schönbornpark, Hamerlingpark, Tigerpark
9. Bezirk	Lichtentaler Park
10. Bezirk	Grünanlage Eisenstadtplatz, Hebbelpark, Heubergstätten, Humboldtpark (nicht offiziell), Grünanlage Wieselburger Gasse/Klausenburger Straße, Antonsplatz
11. Bezirk	Am Kanal (von Geiselbergstraße bis Ostbahn bzw. Lorystraße)
12. Bezirk	Korbergasse 5, Grünfläche Edelsinnstraße (zwischen Philadelphia- und Wienerbergbrücke), Flohberg, Zanaschkagasse, Längenfeldgasse (vorm Steinbauerpark), Untermeidlinger Straße (vorm Meidlinger Friedhof), Breitenfurter Straße (bei Fa. Grundig), Theresienbadpark, Steinbauerpark, Dunklergasse, Schlöglgasse, Vierthalergasse
13. Bezirk	Roter Berg, Napoleonwald
14. Bezirk	Matznerpark
15. Bezirk	Vogelweidpark, Dadlerpark
16. Bezirk	Kongreßpark
17. Bezirk	Lorenz-Bayer-Park
18. Bezirk	Währinger Park
19. Bezirk	Trautenauplatz „Olympiapark"
20. Bezirk	Forsthauspark, Allerheiligenpark, Wehlistraße/Robert-Blum-Gasse
21. Bezirk	Grünfläche Illgasse/Aistgasse, Floridsdorfer Aupark
22. Bezirk	Hirschstettner Badeteich
23. Bezirk	Draschepark entlang der ÖBB, Grünfläche Th.-Hansen-Gasse/R.-Waisenhorn-Gasse, Zanaschkagasse

PARKANLAGEN MIT HUNDEVERBOT

g = generell, tw = teilweise

1. Bezirk	Hermann-Gmeiner-Park (g)
2. Bezirk	Prater – Jesuitenwiese (g), Parkanlage Weintraubengasse 23 (g)
3. Bezirk	Kardinal-Nagl-Park (tw), Schweizergarten (tw), Josef-Pfeifer-Park (g), Biedermeierfriedhof Sankt Marx (g), Rochuspark (tw)
4. Bezirk	Parkanlage Margaretenstraße 30 Planquadrat (g)
5. Bezirk	Rubenspark (tw), Bacherpark (g), Einsiedlerpark (tw), Klieberpark (tw), Willy-Frank-Park (tw)
6. Bezirk	Vincenz-von-Paul-Park (g), Parkanlage Millergasse /Mittelgasse (g), Hubert-Marischka-Park (tw), Esterházypark (tw), Alfred-Grünwald-Park (g)
7. Bezirk	Karl-Farkas-Park (g), Josef-Strauß-Park (g), Siebensternpark (g), Weghuberpark (tw), Gutenbergpark (g), Andreaspark (in Bau) (g)
8. Bezirk	Hamerlingpark (tw), Schlesingerplatz (g), Schönbornpark (tw), Tigerpark (in Bau) (tw)
9. Bezirk	Lichtentaler Park (tw), Liechtensteinpark (g)
10. Bezirk	Otto-Benesch-Park (g), Alois-Greb-Park (g), Belgradpark (g), Eisenstadtplatz (tw), Hebbelpark (tw), Humboldtpark (nicht offiziell) (tw), Antonsplatz (tw)
11. Bezirk	Luise-Montag-Park (g), Herderpark (g)
12. Bezirk	Flohberg (tw), Wilhelmsdorfer Park (g), Theodor-Körner-Park (g), Schedifkaplatz – Schmetterlingswiese (g), Mießbachgarten (g), Steinbauerpark (tw), Füchselhofpark (g), Schlöglgasse (tw)
13. Bezirk	Grünanlage Küniglberg (tw), Streckerpark (tw), Roter Berg (tw)
15. Bezirk	Dadlerpark (tw), Vogelweidpark (tw)
16. Bezirk	Huberpark (g)
17. Bezirk	Parkanlage Herbeckstraße (g)
18. Bezirk	Pötzleinsdorfer Schloßpark (g), Parkanlage Kutschkergasse (g), Parkanlage Hockegasse 41 (g)
19. Bezirk	Hohe Warte/Hintergärtengasse (tw), Raimund-Zoder-Park (g), Setagayapark (g), Lagerwiese Hackenberg (g)

20. Bezirk	Jakob-Winter-Park (g), Parkanlage Spielmanngasse/Dietmayrgasse (g), Schmetterlingspark (g)
21. Bezirk	Floridsdorfer Aupark (tw)
22. Bezirk	Hirschstettner Badeteich (tw)
23. Bezirk	Draschepark (tw), Föhrenwald – Rudolf-Zeller-Gasse gegenüber Nr. 77 (g), Schrailplatz/Meisgeyergasse (g), Haeckelstraße gegenüber Korbgasse/Liesingbach (g), Grünfläche Pollakgasse/Petersbach (g)

ADRESSEN ZUM ESSEN IM GRÜNEN

(eine Auswahl)

1. Bezirk	**Burggarten**
	Burggarten-Meierei, Palmenhaus,
	1010 Wien, Burggarten, Tel. 533 10 33
	Volksgarten
	Volksgarten-Meierei,
	1010 Wien, Volksgarten, Tel. 533 21 05
2. Bezirk	**Prater**
	Café-Meierei Holzdorfer,
	1020 Wien, Prater-Hauptallee 3, Tel. 218 02 66
	Zum Jägerhaus,
	1020 Wien, Freudenau 255, Tel. 218 95 77
	Lusthaus im Prater,
	1020 Wien, Freudenau 254/Ende Prater-Hauptallee, Tel. 218 95 65
3. Bezirk	**Stadtpark**
	Café-Meierei Stadtpark,
	1030 Wien, Heumarkt 2a, Tel. 714 61 59-0
4. Bezirk	**Karlsplatz**
	Café-Restaurant Resselpark,
	1040 Wien, Wiedner Hauptstraße 1/Ecke Karlsplatz, Tel. 505 56 28
	Café Otto Wagner,
	1040 Wien, U-Bahn-Passage, Tel. 505 99 04
	Café Museum,
	1010 Wien, Friedrichstraße 6, Tel. 56 62 02
	Café in der Kunsthalle,
	1040 Wien, Karlsplatz 4, Tel. 586 98 64
8. Bezirk	**Bennoplatz**
	Zum Prinzen Ferdinand,
	1080 Wien, Bennoplatz 2, Tel. 402 94 17
10. Bezirk	**Kurpark Oberlaa**
	Kurkonditorei Oberlaa,
	1100 Wien, Kurbadstraße 10, Tel. 68 16 11-269
	Wienerwald,
	1100 Wien, Kurpark Oberlaa, Tel. 68 11 86

13. Bezirk **Lainzer Tiergarten**
Hermesvilla,
1130 Wien, Lainzer Tiergarten, Tel. 804 13 23
Die Gärten von Schönbrunn
Café-Meierei Schönbrunn,
1130 Wien, Schönbrunner Schloßpark, Tel. 833 89 62
Schönbrunner Stöckl,
1130 Wien, Schönbrunn Eingang Meidlinger Tor, Tel. 83 42 29
Restaurant Schloß Schönbrunn,
im Schönbrunner Schloß, Tel. 83 12 68

14. Bezirk **Dehnepark**
Zlamal (Kleines Schutzhaus),
1140 Wien, Rosentalgasse, Tel. 667 94 08-18

18. Bezirk **Türkenschanzpark**
Restaurant im Türkenschanzpark,
1180 Wien, vis-à-vis Hasenauerstraße, Tel. 47 43 76

Gasthäuser an der Alten Donau

Birners Strandgasthaus,
1210 Wien, An der oberen Alten Donau 47, Tel. 38 53 36
Gasthaus Neuer
1210 Wien, Ferdinand-Kaufmann-Platz 3a, Tel. 38 63 76
Zur alten Kaisermühle,
1220 Wien, Alte Donau, Fischerstrand (März bis September), Tel. 23 51 67
Danubio (italienisch),
1220 Wien, An der unteren Alten Donau 103, Tel. 219 39 69
Hahnemann,
1220 Wien, Laberlweg 1 (1. April bis 1. Oktober), Tel. 23 12 16
Hofbauers Ufertaverne,
1220 Wien, An der oberen Alten Donau 61, Tel. 23 12 92
Neubrasilien,
1220 Wien, An der unteren Alten Donau 61 (Mai bis Mitte Oktober), Tel. 23 12 92
Wögerer,
1220 Wien, An der oberen Alten Donau 119, Tel. 25 51 15

22. Bezirk

Donaupark

Donauturm,
1220 Wien, Donauturmstraße 4, Tel. 23 53 68-32
Isola,
1220 Wien, Donauturmstraße 4, Tel. 23 53 70-20

Lobau

Zum Roten Hiasl,
1220 Wien, Am Schutzdamm 128
(Raffineriestraße/Biberhaufenweg), Tel. 220 71 22
Zum Uferwirt,
1220 Wien, Lobaustraße 85, Groß Enzersdorf, Tel. 02249/27 33

ÖFFNUNGSZEITEN DER PARKANLAGEN

Die meisten Parkanlagen in Wien sind rund um die Uhr geöffnet, manche werden jedoch bei Einbruch der Dunkelheit geschlossen. In der Folge werden jene Anlagen angeführt, die nachts geschlossen sind. Diese Parks schließen bei Sonnenuntergang und öffnen bei Sonnenaufgang, das bedeutet, daß sich die Öffnungszeiten im Laufe des Jahres verändern. Sie sind an den Toren der jeweiligen Parks angeschrieben.

1. Bezirk	Burggarten, Volksgarten
2. Bezirk	Augarten
3. Bezirk	Belvedere, Botanischer Garten, Friedhof St. Marx
6. Bezirk	Alfred-Grünwald-Park, Grünanlage Millergasse/Mittelgasse, Vincenz-von-Paul-Park, Karl-Farkas-Park, Josef-Strauß-Park
8. Bezirk	Schönbornpark, Tigerpark (in Bau)
9. Bezirk	Lichtensteinpark
10. Bezirk	Kurpark Oberlaa
12. Bezirk	Viertälerpark, Wilhelmsdorfer Park
13. Bezirk	Lainzer Tiergarten, Schloßpark Schönbrunn
16. Bezirk	Grünanlage Wichtlgasse, Huberpark
18. Bezirk	Pötzleinsdorfer Schloßpark, Türkenschanzpark
19. Bezirk	Setagayapark
20. Bezirk	Pappenheimpark, Jakob-Winter-Park

GARTENVERWALTUNGEN IN WIEN:

Magistratsabteilungen

MA 18 – Stadtstrukturplanung,
1010 Wien, Rathausstraße14–16, Tel. 4000-0
MA 19 – Stadtgestaltung,
1120 Wien, Niederhofstraße 23, Tel. 811 14-0
MA 21 – Flächenwidmungs- und Bebauungsplan,
1010 Wien, Rathausstraße 14–16, Tel. 4000-0
MA 22 – Umweltschutz,
1010 Wien, Ebendorferstraße 4, Tel. 4000-0
MA 27 – Erhaltung der städtischen Wohnhäuser,
1010 Wien, Doblhoffgasse 6, Tel. 4000-0
MA 42 – Stadtgartenamt,
1030 Wien, Am Heumarkt 2b, Tel. 711 16-0
MA 43 – Städtische Friedhöfe,
1010 Wien, Werdertorgasse 6, Tel. 534 69-0
MA 44 – Bäder,
1100 Wien, Reumannplatz 23, Tel. 601 12-0
MA 45 – Wasserbau,
1160 Wien, Wilhelminenstraße 93a, Tel. 45 85 29-0
MA 49 – Forstamt,
1010 Wien, Volksgartenstraße 3, Tel. 4000-0

Verwaltung der Bundesgärten

Direktion und Verwaltung Schönbrunner Schloßgarten
1130 Wien, Schönbrunn Bauhofstöckl, Tel. 877 50 87-0,
Verwaltung Augarten
1020 Wien, Obere Augartenstraße 1, Tel. 214 47 57,
Verwaltung Belvedere
1030 Wien, Prinz-Eugen-Straße 27, Tel. 78 41 20
Verwaltung Burggarten und Volksgarten
1010 Wien, Josefsplatz 1, Tel. 533 90 83

Andere Gartenverwaltungen

Schwarzenbergsche Administration
1030 Wien, Rennweg 2, Tel. 78 71 99-0

Verwaltung Botanischer Gärten

Institut für Botanik, 1030 Wien, Rennweg 14, Tel. 79 79 4-0

BERUFSVERBÄNDE UND AUSBILDUNGSSTÄTTEN

Österreichische Gartenbaugesellschaft
1010 Wien, Parkring 12, Tel. 512 84 16-0

Verband der österreichischen Garten- und Landschaftsarchitekten (ÖGLA)
1160 Wien, Kulmgasse 9, Tel. 450 46 75

Forum Landschaftsplanung
1090 Wien, Altmüttergasse 5/13, Tel. 319 96 72

Höhere Bundes- und Lehrversuchsanstalt für Gartenbau
1130 Wien, Grünbergstraße 24, Tel. 813 59 50-0

Institut für Landschaftsplanung der Technischen Universität
1040 Wien, Karlsplatz, Tel. 588 01-0

Institut für Landschaftspflege und Freiraumgestaltung der Universität für Bodenkultur
1190 Wien, Peter-Jordan-Straße 82, Tel. 476 54-0

ADRESSEN FÜR ÖKOLOGIE UMWELT- UND NATURSCHUTZFRAGEN

Ludwig Boltzmann Institut für biologischen Landbau
1110 Wien, Rinnböckstraße 15, Tel. 749 79 72-41

Ökologie-Institut
1070 Wien, Seidengasse 13, Tel. 523 61 05-0

Österreichische Gesellschaft für Historische Gärten
1030 Wien, Dannebergplatz 8/9

Österreichische Naturschutzjugend, Landesgruppe Wien
1140 Wien, Linzer Straße 418, Tel. 914 14 73

Österreichischer Naturschutzbund, Landesgruppe Wien
1070 Wien, Messepalast, Stiege 13, Tel. 522 35 97

Servicestelle für Umwelt- und Bürgerinitiativen
1082 Wien, Rathaus, 4. Stiege/Halbstock/Zimmer 241, Tel. 4000-0

Umweltberatung Österreich
1060 Wien, Mariahilfer Straße 89/22, Tel. 587 73 93

Umweltbundesamt – Zentralstelle
1090 Wien, Spittelauer Lände 5, Tel. 313 04-0

Verein der Freunde des Botanischen Gartens der Universität Wien,
c/o Institut für Botanik
1030 Wien, Rennweg 14, Tel. 79 79 4-0

WWF Österreich
1160 Wien, Ottakringer Straße 114–116, Tel. 409 16 41-0

Wiener Naturschutzjugend
(siehe Landesgruppe Wien, Österr. Naturschutzbund)

Wiener Umweltanwaltschaft
Ernst-Happel-Stadion, Sektor E,
1020 Wien, Meiereistraße 2, Tel. 727 04-0

Wienerwaldkonferenz, Verein der Freunde der Wienerwaldkonferenz zur Erhaltung der Wienerwaldlandschaft
Rathaus Purkersdorf, 3002 Purkersdorf, Tel. 02231/34 01 70

LITERATURHINWEISE

Bücher

ARGE im Institut für Wissenschaft und Kunst, *Naturgeschichte Wiens*, 4 Bände, Wien 1970, 1972, 1974.

Auböck, Maria, *Die Gärten der Wiener*, Wien 1975.

Auer, Alfred (Hg.), *Wien und seine Gärten*, Wien 1974.

Banik-Schweitzer, Renate/Ehalt, Hubert Christian/Ehmer, Josef/Hovorka, Hans/Lachnit, Peter/Meißl, Gerhard/Redl, Leopold/Silveri-Woda, Brigitte (Hg.), *Wien wirklich, ein Stadtführer durch den Alltag und seine Geschichte*, Wien 1983.

Berger, Eva/Gälzer, Ralph, *Parkpflegekonzept Stadtpark Wien*, Schriftenreihe des Instituts für Landschaftsplanung und Gartenkunst, Heft 11, TU Wien, Wien 1989.

Czeike, Felix, *Geschichte der Stadt Wien*, Wien 1981.

Fischer, Friedrich, *Die Grünflächenpolitik Wiens bis zum Ende des Ersten Weltkriegs*, Wien 1971.

Fischer, Gerhard (Hg.), daedalus, *Die Stadt und die Wildnis, Wien 1000–1500*, Frankfurt 1992.

Dendrologische Gesellschaft zur Förderung der Gehölzkunde und Gartenkunst in Österreich-Ungarn (Hg.), *Die Gartenanlagen Österreich-Ungarns in Wort und Bild*, 6 Bände, Wien 1909–1914.

Gollwitzer, Gerda, *Gartenlust*, München 1961.

Groner, Richard, *Wien, wie es war*, vollständig überarbeitet und erweitert von Felix Czeike, Wien 1965.

Hajós, Géza, *Romantische Gärten der Aufklärung. Englische Landschaftskultur des 18. Jahrhunderts in und um Wien*, Wien 1989.

Kaut, Hubert, *Wiener Gärten. Vier Jahrhunderte Wiener Gartenkunst*, Wien 1964.

Killmeyer, Franz, *Friedhöfe in Wien*, Wien 1986.

Kratochwjle, Fritz, *Die städtischen Gärten Wiens*, Wien 1931.

Lang, Anton, *Vom Nikolsdorfer Park zum Waldmüller-Park*. In: *Jahrbuch der Stadt Wien*, Wien 1991.

Loidl-Reisch, Cordula, *Freiräume im städtischen Kontext von Wien – ein Vokabular. Ansätze zur Typologie öffentlich zugänglicher Freiräume*, im Auftrag der MA 18, Wien 1992.

Mauthe, Jörg/Peer, Fred, *Wien. Spaziergang durch eine Stadt*, Wien 1984.

Neubauer, Erika, *Wiener Barockgärten,* Dortmund 1980.
Österreichische Gesellschaft für Historische Gärten (Hg.), *Historische Gärten in Österreich. Vergessene Gesamtkunstwerke,* Wien 1993.
Pircher, Wolfgang, *Verwüstung und Verschwendung,* Wien 1984.
Riedl-Dorn, Christa, *Die grüne Welt der Habsburger,* Ausstellungskatalog, Veröffentlichungen des Naturhistorischen Museums Wien, Neue Folge 23, Wien 1989.
Riese, Bettina, *Baumzeit,* Berlin 1982.
Rigele, Brigitte/Tschulk, Herbert, *Gartenkultur in Wien. Von der Aufklärung bis zur Gründerzeit.* In: *Wiener Geschichtsblätter,* Beiheft 2/1992.
Sinhuber, F. Bartel/Stumpf, Fritz Karl, *Wien – Metamorphosen einer Stadt.* In: *Fotografien von gestern und heute,* München 1992.
Historisches Museums der Stadt Wien (Hg.), *Wiener Landschaften,* Ausstellungskatalog zur Sonderausstellung, Wien 1994.

Zeitschriften:

Der Aufbau, Hefte 7 und 8/1970, Erholungsflächen.
Der Aufbau, Heft 6 und 7/1983, Umweltschutz und Grünpolitik.
Garten. Magazin für alle, Heft 3/1987, Geschichte der Österreichischen Gartenbaugesellschaft.
GEO Spezial – Wien, Wien 1986.
Garten, Heft 9/90.
Perspektiven, Heft 4/1992, Wiener Stadtgrün.
Perspektiven, Heft 6 und 7/1993, Rückgewinnung der Lebenswelt.
Perspektiven, Heft 8/1993, Raum-Bildung.

LISTE DER PARKANLAGEN

(mit Angabe von Haupteingang und Verkehrsanbindung und Hinweisen für Behinderte)
* rollstuhlgerechter Eingang
# für Rollstuhlfahrer anstrengend

1. BURGGARTEN *
1010, Burgring
57A, 1, 2, D, J Burgring

2. RATHAUSPARK *
1010, Dr.-Karl-Lueger-Ring
U2 Rathaus, 1, 2, D, J Rathausplatz/ Burgtheater

3. RINGSTRASSE
1010, Stubenring bis Schottenring, verbunden durch Franz-Josefs-Kai
U1, U2 Karlsplatz, U2 Schottentor
U3 Volkstheater, Stubentor, 1, 2, D, J

4. STADTPARK *
1010, Parkring
U3 Stubentor, U4 Stadtpark
1, 2 Weihburggasse

5. VOLKSGARTEN *
1010, Dr.-Karl-Renner-Ring
U3 Volkstheater, 46, 49, 48A, D, J, 1, 2 Dr.-Karl-Renner-Ring

6. AUGARTEN *
Haupteingang: 1020, Obere Augartenstraße,
weitere Eingänge: 1020, Klanggasse/Heinestraße, Wasnergasse, Gaußplatz
32, 31, 5A Obere Augartenstraße
5 Nordwestbahnstraße, Wasnergasse
21, N Heinestraße

7. PRATER *
Haupteingang: 1020, Praterstern
Zum Lusthaus: 1020, Prater Hauptallee
U1, S7, 5, 21, D, 80A, R15, R30, Praterstern/Wien Nord 21, R80 und S80 Stadlauer Brücke, N Prater Hauptallee, 81 Messegelände

8. DIE GÄRTEN DES BELVEDERE#
Unteres Belvedere: 1030, Rennweg
Oberes Belvedere: 1040, Prinz-Eugen-Straße 27
Vom Südbahnhof: 1030, Landstraßer Gürtel
71 Unteres Belvedere, D Schloß Belvedere, S1, S2, S3, S15 Südbahnhof

9. BOTANISCHER GARTEN
Haupttor: 1030, Mechelgasse/ Praetoriusgasse
71 Unteres Belvedere
O, S1, S2, S3, S15 Rennweg
Zweites Tor:
1030, Landstraßer Gürtel 1
D, O, 18, 13A, S1, S2, S3, S15 Südbahnhof

10. KARDINAL-NAGL-PLATZ*
1030, Kardinal-Nagl-Platz
U3, 79A, 77A Kardinal-Nagl-Platz

11. ROCHUSPARK *
1030, Rochusgasse
U3, 4A, 74A Rochusgasse

12. FRIEDHOF ST. MARX
1030, Leberstraße 6-8
71 Litfaßstraße, 74A Hofmannsthalgasse, S7 Rennweg

13. GARTEN PALAIS SCHWARZENBERG
1030, Prinz-Eugen-Straße
D Gußhausstraße oder Plößlgasse

14. ALOIS-DRASCHE-PARK
1040, Kolschitzkygasse
13A Rainergasse, 18, 62, 65 Blechturmgasse

15. KARLSPLATZ *
1040, Lothringerstraße
U1, U2, U4 Karlsplatz, 62, 65 Karlsplatz, 71, D Lothringerstraße

16. ANDREASPARK
1070, Andreasgasse/Richtergasse
U3 Zieglergasse

17. BENNOPLATZ*
1080, Florianigasse
U6 Josefstädter Straße

18. SCHÖNBORNPARK *
1080, Florianigasse
5 (31/5), 13A Laudongasse

19. TIGERPARK
1080, Tigergasse
5 (31/5), J Albertgasse, 46 Schottenfeldgasse

20. STRUDELHOFSTIEGE#
1090, Ayrenhoffgasse
D Fürstengasse, 40A Bauernfeldplatz 37, 38, 40, 41, 42 Sensengasse

21. ERHOLUNGSGEBIET LAAER WALD

22. KURPARK OBERLAA
1100, Filmteichstraße
67 Kurzentrum Oberlaa, 271 AUA Hauptbüro, 68A Laaer Berg – Kurpark Nordeingang

23. WALDMÜLLERPARK *
1100, Landgutgasse
18, 62, 65, WLB Kliebergasse
S1, S2, S3, S15 Matzleinsdorfer Platz

24. WIENERBERG#
1100, Otto-Probst-Straße
67 Wienerfeldgasse, Otto-Probst-Straße

25. WILHELMSDORFER PARK
1120, Aßmayergasse, 59A, 62, 64 Aßmayergasse, 15A Flurschützstraße/Längenfeldgasse

26. LAINZER TIERGARTEN, HERMESVILLA *
1130, Hermesstraße
60B Lainzer Tor

27. SCHÖNBRUNN #
Haupteingang: 1130, Schönbrunner Schloßstraße
Von Hietzing: Hietzinger Tor, 1130, Am Hietzinger Platz
Von Meidling: Meidlinger Tor, Grünbergstraße
Eingang Gloriette und Bundesbad: Theresienbrücke
U4 Schönbrunn oder Hietzing
15A, 10, 58 Schloß Schönbrunn
60 (60/62) Hietzing

28. DEHNEPARK #
1140, Dehnegasse
49 Rosentalgasse, 47A, 48A Pulmologisches Zentrum

29. KONGRESSPARK *
1160, Sandleitengasse
S45, 43, 44B Hernals, 10, 44 Liebknechtgasse

30. SCHWARZENBERGPARK*
1170, Exelbergstraße
43 Neuwaldegg, 43B Marswiese

31. GEYMÜLLERSCHLÖSSEL #
1180, Khevenhüllergasse 2
41 Pötzleinsdorf

32. PÖTZLEINSDORFER PARK #
1180, Pötzleinsdorfer Straße/ Geymüllergasse
41 Pötzleinsdorf

33. TÜRKENSCHANZPARK#
1180, Hasenauerstraße
10A, 40A Dänestraße

34. WÄHRINGER PARK*
Haupteingang: 1180, Mollgasse
Andere Eingänge: Gymnasiumstraße, Philippovichgasse
U6 Nußdorfer Straße, 35A Währinger Park, 37, 38 Glatzgasse

35. SETAGAYAPARK
1190, Hohe Warte/Gallmeyergasse
37 Barawitzkagasse

36. WERTHEIMSTEINPARK UND BLINDENGARTEN*
Oberer Zugang über Wertheimsteinpark: 1190, Döblinger Hauptstraße
Unterer Zugang über 1190, Heiligenstädter Straße
D Rampengasse, 37 Pokornygasse

37. ALTE DONAU

1210, An der oberen Alten Donau, und 1220, Kaisermühlen

S1, 2, 3, 15 Strandbäder, U1, 20B Alte Donau, 90, 91 Kaisermühlen U1, 26, 92A, 93A Kagran

38. FLORIDSDORFER WASSERPARK

1210, An der oberen Alten Donau

31, 31/5, 32, 20B Floridsdorfer Hauptstraße/Am Hubertusdamm S1, 2, 3, 15 Strandbäder

39. DONAUBEREICH WIEN *

1200, 1020, Handelskai

31, (31/5), 32 Floridsdorfer Brücke U1 Donauinsel

40. DONAUPARK – WIG 64*

1220, Arbeiterstrandbadstraße

U1 Alte Donau, 20B Standbad Alte Donau oder Arbeiterstrandbad

41. LOBAU*

1220, Saltenstraße

26A Saltenstraße, 91A Panozzalacke, Ölhafen

ABBILDUNGSVERZEICHNIS

Albertina: Seite 27

Archiv Auböck: Seite 15, 16, 17, 18, 46, 50, 98, 116, 117, 118, 124, 146, 148, 151, 157, 159, 176, 196 links, 206, 221 links und rechts oben, 236, 237 rechts unten, 304, 324, 325, 326, 327

Archiv Clemens Lutz: Seite 72, 88, 126 rechts oben und unten, 135, 225

Archiv Thomas Proksch: Seite 251

Bildarchiv der Österreichischen Nationalbibliothek: Seite 33, 34, 36, 37, 62, 70, 95, 105, 112, 163, 256, 303, 305,321

Botanischer Garten: Seite 111

Damir Fabijanić: Seite 44, 183 rechts unten, 186, 272

Gartenbaumuseum Wien Oberlaa: Seite 39, 40, 41, 67, 75 links oben, 128, 175, 177 links, 191, 213 rechts, 215, 238, 241, 249, 250, 260, 261 links, 278, 289, 310, 311, 312, 313, 315

Ingrid Gregor: Seite 63 links unten, 64 links und rechts oben, 69, 81 rechts unten, 84 links, 85, 93, 102, 103, 106, 119 rechts, 140 rechts oben, 141, 142, 143, 153, 154, 155, 161, 188 rechts, 196 rechts oben und unten, 208, 227 links oben, 230 rechts oben und unten, 231, 237 links, 240, 242 rechts, 248, 255, 258 rechts und links unten, 277 rechts unten, 280, 319, 322

Historisches Museum der Stadt Wien: Seite 9, 23, 26, 30, 55, 56, 61, 73, 74, 79, 83, 94, 96, 107, 129, 139, 167, 192, 195, 202, 203, 220, 222, 229, 232 links, 257, 290, 316

Kunsthistorisches Museum, Wien: Seite 193

Landesbildstelle Wien: Seite 86

MA 18: Seite 265, 267, 281

MA 42: Seite 244, 246

MA 49: Seite 180, 181, 201 rechts unten, 264 (Foto Antonicek), 268, 273 links, 284 rechts oben, 285 rechts, 288, 291

Österreichische Galerie. Belvedere Wien: Seite 29

Sammlungen der Bundesmobilienverwaltung, ehem. k.k. Hofmobiliendepot, Wien: Seite 19

Christian Schörg: Seite 121, 122

Manfred Seidl: Seite 53, 54, 57, 58, 60, 63 links oben und rechts, 64 rechts unten, 68, 75 rechts und links unten, 77, 81 links und rechts oben, 84 rechts, 87, 89, 99, 101, 110, 113, 115, 119 links, 126 links, 128, 131, 132, 133, 134, 140 links und rechts unten, 145, 149, 150, 162, 165, 166, 168, 169, 171, 173, 177 rechts, 179, 183 links und rechts oben, 185, 188 links, 189, 197, 200, 201 links und rechts oben, 205, 209, 211, 212, 213 links, 214, 217, 219, 221 rechts unten, 223, 226, 227 rechts und links unten, 230 links, 232 rechts, 234, 237 rechts oben, 242 links, 243, 251 rechts, 253, 258 links oben, 261 rechts oben und unten, 271, 273 rechts oben und unten, 275, 276, 277 links und rechts oben, 284 links und rechts unten, 285 links, 292, 296, 297, 298, 299, 301, 302, 307, 309

Christian Wachter: Seite 91

NOTIZEN

NOTIZEN

NOTIZEN